珍藏本
纪念版

汉译世界学术名著丛书

护教篇

〔古罗马〕德尔图良 著

涂世华 译

2017年·北京

Quintus S. F. Tertullianus

APOLOGETICUS

本书根据 **Loeb** 丛书本译出

汉译世界学术名著丛书
（120 年纪念版·珍藏本）
出 版 说 明

2017 年 2 月 11 日，商务印书馆迎来 120 岁的生日。120 年前，商务印书馆前贤怀揣文化救国的理想，抱持"昌明教育，开启民智"的使命，立足本土，放眼寰宇，以出版为津梁，沟通中西，为中国、为世界提供最富智慧的思想文化成果。无论世事白云苍狗，潮流左右激荡，甚至战火硝烟弥漫，始终践行学术报国之志，无改初心。

迻译世界各国学术名著，即其一端。早在 20 世纪初年便出版《原富》《天演论》等影响至今的代表性著作，1950 年代后更致力于外国哲学和社会科学经典的译介，及至 1980 年代，辑为"汉译世界学术名著丛书"，汇涓为流，蔚为大观。丛书自 1981 年开始出版，历时三十余年，迄今已推出七百种，是我国现代出版史上规模最大、最为重要的学术翻译工程。

丛书所选之书，立场观点不囿于一派，学科领域不限于一门，皆为文明开启以来，各时代、各国家、各民族的思想与文化精粹，代表着人类已经到达过的精神境界。丛书系统译介世界学术经典，引领时代思想，为本土原创学术的发展提供丰富的文化滋养，为推动中国现代学术和现代化进程做出了突出的贡献。

为纪念商务印书馆成立120周年，我们整体推出“汉译世界学术名著丛书”120年纪念版的珍藏本，寄望既利于文化积累，又便于研读查考，同时向长期支持丛书出版的译者、编者和读者致以敬意。

两甲子后的今天，商务印书馆又站在了一个新的历史时间节点上。我们不仅要铭记先辈的身影和足迹，更须让我们的步伐充满新的时代精神。这是商务人代代相传的事业，更是与国家和民族的命运始终紧密相连的事业。我们责无旁贷，必须做好我们这代人的传承与创造，让我们的努力和成果不仅凝聚成民族文化的记忆，还能成为后来人可以接续的事业。唯此，才能不负前贤，无愧来者。

商务印书馆编辑部

2017年10月

中译本序

涂世华

德尔图良，公元155年生于迦太基。其父为该地前执政官手下的百夫长。父母均系教外人。他受过良好的法学教育，以后在罗马成了一位有名的律师。公元193年皈依基督教之后，定居于迦太基。公元195年左右，他担任了为慕道者讲授教理的职务，并开始以其良好的法学、文学与哲学的修养，为阐明基督教信仰服务。他在195至220年之间，在教学工作之余，写了大量的著作，对教会的神学产生了永久性的影响。然而德尔图良是一个热情奔放、正直认真、不知妥协的人；同时他性情急躁，易于激动。这样的性格很容易走上过激的道路。事实上，他从公元207年起，就公开站在孟他努主义者一边。这是他过激性格的悲剧。

德尔图良是基督教文坛上的一位奇才，是西方教会在奥古斯丁之前最伟大的教父，也是整个教父时代中最杰出的代表之一。他的文章有如湍急的洪流，自天而降，酣畅淋漓，气势磅礴，又如脱缰之马，不受拘束，奔腾跌宕，一泻千里。诚可谓文如其人。他熟谙修辞学的精义，却又不受其一般规则的限制，而以其横溢的才华和奇想，不断创造新词新句。从他的笔下源源涌现的警句，如“基督徒的血就是种子”、“这是定而不移的，因为它是不可能的”、“上主在幼小时就是伟大的”等等，都是众所周知。他经常以反论的形式提出问题，用归谬法从反面指明错误，双关语和俏皮话随处可见。他善于贬斥之道，其抨击威力令人生畏，讽刺是他常用的武器。他在行文中总像略带怒气，即使是阐述基督教美德的著作，也不失论战性质。他作为一位杰出的雄辩家，其语言精练，词句简洁，但一连串的急促短句往往使人喘不过气来，而使其文章显得晦涩难读。当然德尔图良是拉丁散文作家中最难读的一个，而著名的大评论家 **DeLabriole** 说，一个人如果爱上了他这种富有刺激性的散文，那么连塔西佗（**Tacitus**）在内的其他拉丁作家都会令其感到乏味了；而 **Wright** 教授则认为，德尔图良是对拉丁语言的发展最有影响的五大拉丁作家之一。这一点是与事实相符的。

德尔图良现存的原著只有三十一种，已经散失的至少有十七种，其中包括希腊文原著四种中的三种。从这些著作的不断被后世西方基督教人士引用，可见它们在教父时代的影响之广。德尔图良的著作很早就有文集传世，如圣杰罗姆（**St. Jerome**）称居普良（**Cyprian**）“没有哪一天不读一段德尔图良著作”，他每天都会要求别人“给我老师”，说明当时已经有他的文集问世了。据今所知，从中世纪初起，至少有六种德尔图良文集流传下来。

德尔图良的著作主要可分为三大类：一是护教类，二是论战类，三是修持伦理类。护教类著作是针对不信教的教外人的攻击，为基督教作辩护的；论战类的著作是针对异教徒的攻击，为基督教的真理作辩护的；修持伦理类是关于基督教教规与灵修之类的著作。护教类的著作有《致外邦人》、《护教篇》、《灵魂的证言》、《致斯卡普拉》、《驳犹太人》、《论偶像崇拜》、《论戏剧》、《论花环》等。论战类的著作有《论异教徒的长期占有》、《驳马吉安》、《驳赫尔摩根异端》、《驳瓦伦提尼派》、《论洗礼》、《治蝎毒剂》、《论基督的肉体》、《论肉体复活》、《驳普拉克色亚斯》、《论灵魂》等。修持伦理类有《致殉教者》、《论妇女的妆饰》、《论祈祷》、《论忍耐》、《论补赎》、《致夫人书》、《贞洁劝言》、《一夫一妻制》、《论贞女的面纱》、《关于逃避教难》、《论斋戒》、《论端庄》、《论大披肩》等。此外，德尔图良还有不少著作曾由前人引用，但以后逐渐散失了。至于希腊文的著作除一篇外已荡然无存，实为基督教文库之一大损失。

本书《护教篇》，是香港汉语基督教文化研究所委托我翻译的，共收有德尔图良的五篇护教著作：《护教篇》、《论偶像崇拜》、《论戏剧》、《论花环》和《致斯卡普拉》。这五篇可以基本代表德尔图良在护教学上所取得的辉煌成就。"护教篇"是早期基督教文献中的伟大经典著作之一，写于公元 197 年，在他接受基督教信仰后不久，远在其陷入孟他努主义之前。该篇与"致外邦人"虽同为护教著作，而且内容大致相同，但它采用的是法庭辩护形式，其组织结构更为紧凑，说理更为有力。它的对象不是一般的外邦人，而是罗马帝国各省的执政官，上书的目的不仅在于为自己辩护，更是要尽力将这些官员们说服。书中首先指出，罗马帝国对基督徒的仇恨和迫害有违正义，因为它们是以无知和种种误解为根据的。基督教与人无争，与世无求，她的归宿与希望都在天上，但其对现世的唯一要求，是不要不明不白地被人定罪。现在的法庭直接以基督教为非法，对基督徒不加审问，凭空定罪，这是完全违背法律程序和正义原则的。书中接着指出，所谓基督徒在集会中杀婴乱伦等等，纯属谣言，"连你们自己也不相信，因而在法庭审问中从未提到此

类情节。可是你们控告基督徒的种种骇人听闻的罪行中，有许多却是教外人自己干过的事。你们指控基督徒的最大罪过是不敬你们的神，不拜皇帝”。可是作者以确凿的事实证明，这些所谓的神原本是人，有的生前还有种种劣迹，是死后才被封为神的，所以不值得崇拜。作者着重指出，基督徒不信罗马国教，不拜皇帝，并不等于不敬神，而是只敬拜创造天地万物的唯一真神，这就是我们《圣经》上所说的上帝，其他所有众神尽属虚妄。作者在此处提出了宗教信仰自由的要求。他指出，可是罗马人不许我们选择其他的神，剥夺了我们的宗教信仰自由，也就不存在什么不敬神的罪名了。埃及人可以敬拜任何鸟类为神，罗马帝国各省都有它们自己的神，就是不许我们敬拜天地万物的真主宰，这是没有道理的。

作者随后驳斥了罗马人靠众神保佑来统治世界的错误观点。统治世界的大权是唯一的真主宰所赐予的。基督徒不拜那些所谓的国神不是出于顽固，而是因为我们知道这些国神实为邪魔；即使要为皇帝祈求安康，也不可向他们献祭，他们也根本无力给予皇帝什么助佑；所以不敬这些邪神不能算什么罪过。同时他们却经常为皇帝祈求这位唯一的真主宰，只有他才是万能的。“我们不断地为我们的君王献上祈祷。我们为他祈求长寿，为帝国祈求安定，为皇室祈求保佑，以英勇赐予三军，使众元老忠诚，民众有德，世界太平，万事如意，均如皇帝之心。”如此忠于君王和帝国的基督徒，怎么能加之以叛逆和不虔敬的莫须有罪名呢？

为了使罗马帝国官员们真正了解基督徒的具体情况，进一步明了基督徒并非帝国和人类的敌人，以及剥夺其结社与活动合法地位的不当，作者如实地描绘了早期基督徒聚会与崇拜的动人情景。

> 我们是一个以共同的宗教信仰、统一的教规和一种共同盼望的纽带紧密结合起来的团体。我们以集会和聚会的形式聚在一起，集中力量向上帝献上祈祷。……我们也为皇帝们，他们的大臣以及所有在位者，为世界的幸福、为全面和平以及末日终结的延迟到来祈祷。如果遇到某个时期的特点需要向基督徒进行预告或者加以提醒，我们就聚在一起恭读《圣经》……通过圣言都可以鼓舞我们的希望，使我们的信心更加坚定；而且通过重温上帝的诫命也可以巩固我们的善行。在这里既有劝告，也进行训斥和神圣的惩处。……在每个月的规定日，每人可随意作少量的奉献……这些奉献是一种慈善储蓄基金……为了资助和埋葬穷人，接济无力自养、失去双亲的子女，供晚年困在家里的老人之需……这种非常高尚的爱心行为……使许多人给了我们一种标志。他们说，看他们是如何相亲相爱……我们互称弟兄……我们彼此一心一德，毫不迟疑地彼此分享我们的现世财物……[i]

在此作者驳斥了所谓基督徒无益于人生的谬论，并且指出，时时处处与你们一同生活的基督徒，与你们一同打仗，一同经商，以自己的劳动为大家创造财富，他们照章纳税，为人类社会大家庭造福，怎能说他们无益于人生大事呢？他又进一步指出，基督徒在社

i 见本书第 88—89 页。——编注

会道德上也是有巨大贡献的。在那被控以种种暴行者的长长名单中,有哪个罪犯曾列入基督徒之数?当他们仅以基督徒之名被传到你们法堂之上时,是否发现其中有这类坏人?没有。基督徒都是遵纪守法的,除非他是个不合格的基督徒。而这样一大批善良有德之士遭到杀害,不能不说是我们社会的一大损失。

可是当基督教的真理大白于天下,当基督教的价值为世人所共知,她的贡献为大众所公认之际,有人却说她不是什么神圣的东西,只是一种新的哲学。作者郑重指出,基督教绝不只是关于人生的思辨结果,而是上帝的一种启示,是上帝昭示予人的上天真理。因此迫害教会者无法摧毁她:"你们的任何暴行,无论如何精心策划,都不会对你们有利;对我们倒是一种吸引。我们越是遭到你们的屠杀,人数越是增加:基督徒的血就是种子。"

第二篇是"论偶像崇拜"。学者们认为,这一篇写在与"论花环"同一时代(公元211年),因为在本篇中提到了基督徒能否参加军队的重要问题。不仅如此,而且进一步提到了,基督徒应断绝与偶像崇拜的一切羁绊。作者首先指出了偶像崇拜的罪恶本质,即拒不予上帝以其应得的尊崇,而将其给予他人、他物,从而与上帝对抗。但是所有的罪恶就其本质而言,都是与上帝对抗,在这种意义上也都是偶像崇拜。所以说偶像崇拜是多种多样的,作为基督徒应对其一律深恶痛绝。事实证明,偶像崇拜首先是由偶像制造者引起来的,因而制造偶像者与崇拜偶像者犯同样的罪过,甚至一切为异教服务者,如星象术士、术数论者、学校教师、文学教授,尤其是格斗教练、香火商人、巫师和魔法师等,其职业内容涉及偶像崇拜或为其服务者,都是教会所不能容许的。也许有人说,这样将何以谋生呢？作者认为，基督徒为了信仰死都不怕，难道还怕饥饿吗？事实上，也不乏其他可供选择的职业。教师虽不能当，学生却还是可以学习。

此后作者根据《旧约》十诫中的“禁止形象仿佛”（出 20：4），特别谴责了绘画以及塑造和雕刻等仿型技艺，并且不许基督徒参加公共庆祝活动，因为其中往往有偶像崇拜的成分。基督徒能参加国家公职吗？作者认为不能，因为其中有许许多多的偶像崇拜的机会，而且无法避免。德尔图良强调，基督徒在洗礼中早已宣誓弃绝魔鬼、世俗及其虚荣，因而世俗的一切权势地位不仅与上帝无关，还是上帝的敌人。于是他在这一思想基础上坚决反对从军。

第三篇是“论戏剧”。本篇作于公元 197 年，书中还涉及到偶像崇拜问题，可见它也在“论偶像崇拜”之前。“论戏剧”一书是为慕道者们写的，这从开始的一段话中就可以看出来：“上帝的众位仆人，当你们来到上帝的台前，把你们隆重地献给他的时候，要尽力好好了解信仰的条件、真理的道理，以及基督教纪律的法规，在这些法规所禁止的其他世俗罪恶之中，就有戏剧的娱乐。”文中对马戏场、圆形剧场的活动，以及竞技与格斗等，都作了彻底的批判。全文可分为历史与伦理两大部分。作者在历史部分中，从这些活动的起源、历史、名称、仪式以及举行的地点证明，这些活动都不过是偶像崇拜的一种形式而已，因此，这种娱乐基督徒都不能参与。在伦理部分中作者强调指出，戏剧除牵涉到偶像崇拜问题外，还会引起观众感情激化到情欲冲动；剧场甚至往往是一切不端行为的发源地，基督徒理当避而远之。

第四篇是“论花环”。有人推断，本篇作于公元 204 年，但学者们一般认为作于公元211年。据罗马史记载，罗马帝国皇帝塞维鲁斯（**Septimius Severus**）于公元211年2月4日驾崩时，他已经在位的儿子给军队颁赐了一批赏金。当这批赏金分发到军营中时，便出现了本篇开头所描写的一幕：

> 头戴花环的一些士兵迎上前来。其中之一，更应说是上帝的士兵，比其他以为可以侍奉两个主子的弟兄更加沉着，只有他光着头，将没有戴的花环拿在手中——仅凭这一特点，大家就认出这是位基督徒——显得高贵不凡。于是大家开始指出他，在远处的对他嘲笑，在近处的对他咬牙切齿。他一离开队伍，就被人告到法庭。法庭随即问他为何衣着这样与众不同？他说，他无权和别人那样戴花环。再问其原因时，他答道，我是一个基督徒。[i]

最后这位士兵为维护其信仰纯洁而被判刑，在狱中等待领受殉教者的花环。本篇是为上帝的这位勇兵作辩护的，目的是要证明戴花环与基督教信仰不符。作者指出，花环的起源与偶像崇拜有密切联系。至于军人的花环更不可戴，因为战争与从军都无法与信仰相容，一个基督徒既已在洗礼中宣誓忠于基督，就不能又从军宣誓忠于君王。

最后一篇是“致斯卡普拉”。斯卡普拉为3世纪初（211—213）镇守非洲的前执政官。他千方百计迫害基督徒，甚至将他们送去喂野兽或者活活烧死。德尔图良给他写这封公开信的时间可能在

---

i 见本书第193页。——编注

公元212年，因为书中提到当年的日全蚀作为上天震怒的征兆。这封公开信既是基督徒宗教自由权利的宣言书，又是为他们的清白忠诚辩护的申诉书，也是向迫害者指出上天震怒种种征兆的警告书；义正辞严，而又情真意切，对所有的人，包括自己的仇人都关怀备至，充分表达了基督徒悲天悯人的高尚胸怀。这一情文并茂的护教精品，为本文集作了绝妙的结束。

德尔图良以其旷世的才华与渊博的学识，及其对真理的执着追求和为福音作证的无比激情，在2世纪后期基督教艰难的草创时期，以其辉煌的护教巨著为后世留下了一份宝贵的精神财富，这是大家一致承认的。可是有人说，德尔图良的护教著作中往往有过激言论，恐难对基督徒为人处世发挥其应有的指导作用。我看也不尽然。德尔图良护教著作的某些地方，尤其放到我们今天的具体情况下，确实使人难以接受，如禁止教徒看戏和参加公共庆祝活动，禁止教徒从军、任教和担任公职等，但是在当时罗马帝国偶像崇拜渗透各个领域的情况下，在国家和社会完全与教会处于敌对地位，毫无信仰自由权利可言的条件下，确实也难以想象从军、任教和担任公职的同时，又如何能做一个合格的基督徒。在今天看来似乎过激的言论，在当时的罗马社会里并不那样过激，这从德尔图良护教著作在初期教会中畅销的事实中可以得到证实。不仅如此，罗马帝国时代的戏剧与娱乐活动，除不时带有偶像崇拜成分之外，凶杀和色情的内容随处可见，一个洁身自爱的基督徒也确实不宜涉足这类场所。如果说，德尔图良的立论未免矫枉过正的话，那么，对我们今天的基督徒，尤其是青少年，慎重对待娱乐问题、避免精神污染、保持心身纯洁，他的话也不失为一声有益的警钟。

德尔图良的护教文集不仅驳斥了一些对基督教的错误观点，而且从正面精辟地系统阐述了教义精神，如实地介绍了初期教会的具体生活情况，有些资料十分宝贵。这对今天教外的朋友了解我们的教会，以及我们基督徒与其他各界朋友展开交流与对话，仍然大有裨益。时至21世纪的今天，我们感到自己有责任将基督教的这一经典著作介绍给海内外的中文读者。于是本人不揣冒昧，大胆接受了香港汉语基督教文化研究所的嘱托，将德尔图良的《护教篇》等著作译成中文。翻译是根据 **S. Thelwall** 主教的英译本，同时参照 **Migne**、**Patrologie** 中的拉丁原文。**Thelwall** 主教的译文在某些地方，适当补充了原作者为了行文简洁而省去的潜台词，从而使人们更易于了解作者的原意。该英译本中虽有不少注释，但我为海内外广大中文读者着想，又根据 **Migne**、**Patrologie** 拉丁文本和 **T. R. Glover** 的英译本，适当加以补充。另外对某些有关希腊罗马神话的人物和事迹，以及有关的历史人物和事迹，我也尽量作了补充注释。遗憾的是我这支秃笔未能很好地传达原文的风采，而且难免有错误之处，尚望各位读者予以谅解和指正。

中译本导言

王晓朝

德尔图良(**Tertullian**)[①]是古罗马帝国时期北非的一位基督教作家,“最后一位希腊护教士和最早的一位拉丁护教士”。[②] 他的护教论著作历来为人们所称道,是当时涌现的许多同类著作中的佼佼者。从思想与时代的关系来看,任何护教著作都是作者对他所处的那个文化环境和具体景况作出的反映。为了理解德尔图良的思想,我们需要了解罗马帝国文化与早期基督教的概况。

时代背景

罗马人的发迹地在拉丁姆平原的罗马城。这个由拉丁民族建立的大帝国是古代地中海世界及其周边地区东西方民族文化融合的政治架构,也是基督教诞生后所面对的第一个大帝国。细察罗马帝国的历史可以看出,到戴克里先(**Diocletian**)登基为止的帝政

---

① 中国大陆学术界通译为德尔图良或特尔图良。

② H. V. Campenhausen, *The Fathers of the Latin Church*(《拉丁教会的教父》), London,1964,第35页。

时期实际上就是罗马帝国文化的成形期。在这一阶段开始的时候，其文化形式呈现多样性，但总体上受希腊和拉丁两大传统支配，并逐渐融为一体。希腊传统以古典文化为基础，这一传统因素在经历了希腊化时期以后仍在发挥重要作用。罗马文化的发展原先独立于希腊文化。但是，罗马人在过去的世代里，尤其在精神领域中，已经从希腊人那里借用了许多东西，并有所发明和创造。罗马帝国的建立使希腊与拉丁两大传统融会在一起，成为罗马帝国文化的主流层面，因此，成形期的罗马帝国文化又称“希腊罗马文化”。这是一种有待整合的多民族文化的共生形态，而不是统一的民族文化，真正的文化整合还有待基督教上场唱主角。在罗马帝国这个文化大熔炉中，东西方传统文化得到锻造，融为一个整体，一种真正世界性的而本质上又有别于希腊、罗马或东方的文化成形了。这就是基督教文化。

基督教的诞生与罗马帝国的建立几乎同步，罗马帝国文化的成形期就是基督教的上升期。“希腊罗马世界是基督教的播种者耕耘的土地，种子的生长不仅依靠它本身具有的生命力，而且也取决于土壤的适宜与肥沃。”[①]在罗马帝国初期的文化环境中，基督教崛起了。在短短不到一代人的时间里，基督教离开了犹太教的母腹，以新的面貌出现在耶路撒冷、罗马、安提阿、亚历山大里亚这些大城市中。凭藉她承受的希伯来文化遗产、她的远见卓识和有

---

① S. Angus, *The Religious Quests of the Graeca-Roman World: A Study in the Historical Background of Early Christianity*(《对希腊罗马世界的宗教征服：早期基督教历史背景研究》)，New York, 1929；第二次印刷，1967，第9页。

进取心的成员、她的早期领导人的非凡经历和坚定信念，基督教在3个半世纪内已经在力量上超过了她的所有竞争者，基督教文化上升为罗马帝国的主流文化。

宗教在文化急剧变迁的历史时期赢得大量信众是常有的事，而宗教的迅速发展又往往与具有社会政治影响力的一整套观念联系在一起。公元180年以前，基督教的社团相对比较弱小，不太为外人所知。在后续的那一个世纪里，基督教取得了长足的进步，教徒数量有了惊人的增长。而此刻的罗马帝国正受到内乱的困扰，苦难和动荡取代了前两个世纪的繁荣。[①] 惊恐不安的人们向宗教寻求避难所，各种秘仪盛行。为时代所崇尚的社会模式被削弱，传统信仰发生动摇。在这种情况下，传播新的信仰变得相对容易起来。得益于外在文化环境的变化，基督教迅速地发展起来。随着信众的增加，基督教会的成分也有了变化。以前的基督教会几乎全部由贫苦阶层组成，绝大多数基督徒都是农民、匠人、妇女、儿童、乞丐、奴隶。[②] 从2世纪中叶开始，越来越多有文化教养的人士进入教会，其中包括一些著名的学者，如亚历山大里亚的克莱门(**Clement**)、俄里根(**Origen**)等等。政府官吏也有许多加入了基督教会，有些还是行省总督一类的高级官僚。[③]

基督教向异邦人的世界扩展的时候，她的皈依者主要是讲希

① M. Rostovtzeff, *Social and Economic History of the Roman Empire*(《罗马帝国社会经济史》)，卷二，Oxford, 1957，第305页。

② 参E. Gibbon, *The History of the Decline and Fall of the Roman Empire*(《罗马帝国衰亡史》)，七卷本，卷二，London，1896—1900，第65页。

③ Eusebius, *Historia Ecclesiastica*(《教会史》)，xiii. 1，K. Lake译，The Loeb Classical Library，1967。

腊语、有希腊文化背景的民众。希腊语多年来都是唯一的教会用语，但这种状况没能一直延续下去。公元2世纪下半叶，基督教已经在讲拉丁语的帝国西部站住了脚。北非成了拉丁基督教文献的最初产地，包括一部分《圣经》在内的基督教重要书籍在这里译成拉丁文。“对所谓拉丁基督教的形成和发展产生最大影响的荣誉应当归于非洲人。”①到了2世纪末，维克特（**Victor**），一位出生于非洲但有拉丁血统、讲拉丁语的人，当了主教。他和其他来自非洲的基督徒进一步加强了罗马教会的拉丁成分。3世纪上半叶，原先在礼拜仪式中使用希腊语的教士变成以讲拉丁语为主了。一些对“拉丁基督教”的形成至关重要的早期基督教作家在罗马辛勤地耕耘着。基督教的信仰与占主导地位的拉丁文化在罗马结合起来，罗马教会逐步拉丁化了。

“护教士”是教父学研究中的一个专门术语，传统上指的是公元2世纪中叶的一批基督教作家。他们试图向希腊罗马世界解释基督教，在此过程中，基督教神学作为对基督教信仰的一种理性解释而发展起来。② “护教论是训练有素的神学家和哲学家为基于理性的基督教信仰所作的辩护。”③它在历史上始于基督教的发言人向非基督徒的陈述，但它的内容也包括教会内部保卫正统、反对异端的争论。那些最先担负起捍卫基督教的任务，把基督教的活

① B. Altaner, *Patrology*〔《教父学导读》（英译本）〕, H. C. Graef 译, Edinburgh, 1958，第162页。

② K. Baus, History of the Church（《教会史》），载 *From the Apostolic Community to Constantine*，卷一，London，1965，第171页。

③ F. L. Cross, *The Oxford Dictionary of the Christian Church*（《牛津基督教会辞典》），Oxford University Press, London，1957，第71页。

动和信仰向外部世界作介绍的基督教作家被人们称作护教士。在他们所处的时代，基督教开始在有文化教养的阶层中寻求皈依者，而基督教与罗马帝国的冲突也已经达到决定其生死存亡的关头。护教士的目标是让外界能公正地倾听基督教的诉说，消除流行的误解与诽谤。为了达到这一目的，他们需要提供关于基督教的信仰、修行、祭仪的解释。罗马帝国的护教士分为希腊护教士与拉丁护教士。拉丁教父学著作的源起比希腊教父学大约晚一百年。德尔图良就是拉丁护教论神学的奠基人。从拉丁教父思想的发展和拉丁神学思想的创建来看，拉丁教父是希腊教父的学生，希腊教父是拉丁教父最早的老师。然而，拉丁教父的文献不能视为对希腊教父学的简单模仿，而应看作“教会生活和基督教神学的一种新的、充满活力的、独立的形式。它在过去已经证明了自己并不劣于希腊教父学，而且很可能在对世界历史的影响上超过了它的老师”。[①] 一般说来，那些罗马帝国东部的教父由于生活在希腊思想之中，倾向于哲学思考，而那些西部的教父则更多地与基督教的敌人进行论战。德尔图良为基督教所作的辩护以及对异教文化的批判为后世提供了一个范例。这就是德尔图良的护教论至今仍旧具有生命力的原因。

生平与著述

有关德尔图良生平的传记性材料主要来自古代基督教历史学

① H. V. Campenhausen，《拉丁教会的教父》，同前，第 1 页。

家圣杰罗姆和卡撒利亚的欧西庇乌(Eusebius)。[①] 尽管这些记载都不是确凿无疑的,但仍然有助于我们了解德尔图良的文化背景和思想。因为,除了这些材料以外,我们没有其他关于德尔图良的传记材料。[②]

德尔图良的生卒年月均不确定。据学者们推测,他约于公元155年前后生于北非的迦太基(**Carthage**),死于230年或240年。德尔图良在他的拉丁文著作中的署名是昆图斯·塞普提缪·佛洛伦斯·德尔图良(**Quintus Septimius Florens Tertullian**)。像许多早期基督教护教士一样,德尔图良出身于一个异教家庭,其父乃罗马军队里的一名百夫长。德尔图良早年赴罗马学习法律,然后在那里当律师,颇有名声,还可能写过两本法律方面的教科书。他本人在著作中提到自己曾经追随异教习俗,沉浸于世俗娱乐,直至在罗马成为一名基督徒,时间大约是193年,动因是亲眼目睹基督徒在受迫害时所表现的坚韧不拔精神和慷慨就义。他从罗马返回迦太基以后,在教会中担任神父。但他天生疾恶如仇,憎恨对现世享乐生活的追求,离开迦太基教会,加入了早期基督教的一个派别——孟他努派(**Montanists**)。但此后不久,他又与孟他努派决裂,建立了他自己的教派——德尔图良派。

---

① 参 St. Jerome, *De viris illustribus*(《杰出人物传》),iii. 53,P. Schaff 编,载 *A Select Library of the Nicene and Post-Nicene Fathers of the Christian Church*,爱丁堡版美国重印本,2nd Series,vol. 3,1993;Eusebius,《教会史》,同前,ii. 2。

② 西方学者在20世纪70年代发表的一些著作对德尔图良的生平和思想做了重新探讨。例如,巴纳斯的考证几乎全部否定了杰罗姆和欧西庇乌提供的材料。参 T. D. Barnes, *Tertullian; A Historical and Literary Study*(《德尔图良:历史与文献的研究》),Oxford,1971,第 vii 页。

德尔图良是第一个用拉丁文写作的重要基督教作家，被学者们称为“教会拉丁文之父”。[①] 他的著述有三十一篇留传至今。这些著作按内容可以分为三组：护教著作、教派间的论战文章、关于教义的论文。选入这个译本的内容有：

Apologeticum (Apology)《护教篇》；

De idololatria (Concerning Idolatry)《论偶像崇拜》；

De spectaculis (The Shows)《论戏剧》；

De Corona (The Chaplet)《论花环》；

Ad Scapulam (To Scapula)《致斯卡普拉》。

对这些著作的写作年代学者们的意见有很多分歧。《护教篇》的写作年代最早的定在198年，最迟的定在217年。《论偶像崇拜》和《论戏剧》大约也写于这一时期，即德尔图良加入孟他努派之前。《论花环》和《致斯卡普拉》则写于德尔图良加入孟他努派之后。[②]

在德尔图良的时代，来自罗马帝国当局的政治迫害、来自异教知识分子的意识形态进攻、来自一般民众的偏信和误解，都把基督徒推上了被告席。作为教会发言人的基督教护教士必须对所有这些指控作出回答，要为基督教的名声作辩护。这项任务对于教会的生存和发展是至关重要的。德尔图良与其他基督教护教士一道

---

① W. Moeller, *History of the Christian Church: AD. 1—600*(《基督教会史》), London, 1902,第203页。

② 参见 A. Roberts 及 J. Donaldson 编, *Ante-Nicene Fathers: Translation of the Writings of the Fathers down to A. D. 325*(《尼西亚会议以前的教父著作集：至公元325年》),卷三,爱丁堡版美国重印本,1994,第9—11页。本文以下所引之德尔图良原著均依据此书。

承担了这项任务。他的护教著作包含的思想很丰富。我们试从以下三个方面加以综述：

第一，回答来自官方的对基督教的指控，驳斥异教知识分子对基督教意识形态方面的攻击，澄清有关基督教的那些耸人听闻的流言。在德尔图良时代，基督教虽然已经取得了长足的发展，以至于德尔图良可以在书中自豪地宣称："现在基督徒之多已经使你们的敌人少到这种程度——几乎你们各城市的居民都是基督的门徒了。"[①]但是这种扩展也使得罗马帝国当局忧心忡忡，并引起了社会公众的大量误解。基督徒被当作暗中行事的凶杀犯、炼丹者、乱伦者。要问人们什么是基督徒，他们就会说，基督徒就是犯有各种罪行的罪犯，是诸神的敌人，是皇帝的敌人，是法律的敌人，是优良道德的敌人，是全人类的敌人。基督教的存在会导致诸神对这个世界的愤怒。基督徒引起各种公共灾害，给人们带来灾难和不幸。"如果梯伯河（**Tiber**）水涨到城墙那样高，尼罗河水不能流到田间，天不下雨，发生地震，有了饥荒瘟疫，他们立即叫道，'把基督徒投入狮圈！'"[②]总之，在当时不了解基督教的普通民众的心目中，基督教是一个秘密的社团，一个崇拜可耻对象、有一系列罪恶祭仪的邪教。这显然不利于基督教的进一步发展。

德尔图良在书中对一系列指控做了批驳。他否认基督徒在圣仪中杀小孩作牺牲的指控。[③] 他断言基督徒与犯罪无缘，那些所

① 《护教篇》，第三十七节。

② 同上书，第四十节。

③ 同上书，第九节。

谓基督徒在暗中犯下的罪行实际上是异教徒公然犯下的。基督徒不是帝国的敌人，基督徒没有参加反对皇帝的暴乱。[①] 他们没有谋害皇帝，也没有像谋杀图密善（**Domitian**）的暴徒那样武装冲入宫殿。[②] 针对基督教是一个有着无耻祭仪的秘密社团的指控，德尔图良回答说："我们是一个以共同的宗教信仰、统一的教规和一种共同盼望的纽带紧密结合起来的团体。我们以集会和聚会的形式相聚一起，集中力量向上帝献上祈祷，就可以促使他俯听我们的哀求。"[③]他还扼要描述了他那个时代的基督教社团的活动，使基督教的神秘性得以淡化。

第二，用希腊罗马世界的理念构筑基督教拉丁神学。基督教护教士的上帝的观念是一神论的。公元 2 世纪的希腊护教士在讨论异教的多神论时强调严格的一神论。米诺西乌的神学思想也没有脱离一神论的基本立场。但是，他们的神学都还没有具体涉及圣父、圣子和圣灵的关系问题。希腊护教士塞奥菲鲁（**Theophilus**）用"三合一"（**Trias**）这个术语讨论过这个问题，但对这个问题更深一步的概念探讨以及形成某些经典性的表述则是拉丁护教士的贡献。[④] "神学反思到了公元 2 世纪末已经在精确地考虑三位一体的问题了。"[⑤]在德尔图良的著作中，我们看到了对这一问题的探讨和基督教神学的进一步发展。

---

① 《护教篇》，第三十五、三十七节。

② 同上书，第九、五十节。

③ 同上书，第三十九节。

④ F. L. Cross，《牛津基督教会辞典》，同前，第 1345 页。

⑤ K. Baus，《教会史》，卷一，同前，第 254 页。

在他的护教论著作中，德尔图良反复重申基督教的一神论基本立场。“我们崇拜的对象是唯一的上帝。”[①]上帝用他的话语、理性和权能创造了世界以及世界所包含的一切事物。以此为前提，德尔图良阐述了三位一体问题。他说：“我们也同样认为，上述之神藉以造成万物的圣言（**the Word**），理智（**Reason**）和权能（**Power**），以精神（**spirit**）为万物固有的基本精华，寓于其中的圣言发出话来，理智遵照进行安排布置，权能则予以全面执行。我们得知，他出自于神，而且在此过程中他是生出来的；因而他是神的儿子，并由于与神性体同一而被称为神。因为神也是一种精神。就连从太阳射出来的光线也是其母体的一部分，太阳仍在该光线之中，因为此光线是太阳的光线——性体并未分开，只是延伸而已。”[②]此外，德尔图良对三位一体的上帝做了解释。尽管上帝只有一个，但他绝不独处。这个上帝是三合一的，是三位一体的上帝。在这个三合一中，只有一个上帝的本质。这种神性是永恒地连在一起的。上帝永远在自身中与圣言和圣灵在一起。来自上帝的圣言恰似太阳发出的光芒。在创世的那一刻，圣子成为第二位的，圣灵成为第三位的。这三位均有神圣的基质或本质，亦即神力。这些是拉丁神学中三位一体的一神论的经典公式。非基督教的哲学与宗教中的对三位一体的解释都被坚决地排除了。

德尔图良的三位一体学说与他的基督论有密切联系。他认为“基督是出自灵的灵（**Spirit of Spirit**），是出自神的神（**God of**

① 《护教篇》，第十七节。

② 《护教篇》，第二十一节。

God)，就像光源发出的光芒。物体的基质仍旧是完整无损的，尽管你会从中得到拥有它的性质的无数的散发物。同样，出自于上帝的也马上就是上帝，就是上帝的儿子，两者实质是一。以同样的方式，由于他是灵的灵、神的神，他也就在存在方面，在地位上，而不是在本性上，成了第二位的。他不是返归那最初的源泉，而是从那里出发。这道上帝的光就像古代早有预言的那样进入一位处女，在她的子宫中结成圣婴。因他的诞生，上帝与人连为一体。这个由圣灵造就的肉体得到哺育，长大成人，论道传教，他就是基督。"[①]这种解释在一百多年以后举行的尼西亚会议上得到认同。

第三，关于基督教社团与异教社会的关系。为了阐明基督教与犹太教的关系，德尔图良向外界宣告说，基督徒不是一个"不结果实的种族"，而是一个优秀的社团。[②] 他对罗马帝国及其文化的各个层面都做了严厉的批判，但随之而来的问题就是基督教如何与这个异教社会相处。德尔图良态度可以用"远离"两字加以概括。德尔图良痛恨这个异教徒的世界和社会。在他看来，这个世界与基督徒的生活和信仰是根本对立的，基督教诞生前的这个世界与非基督教的世界只配受到谴责。他说过："这世界是上帝的，而世俗之事是魔鬼的。"[③]生活在这样一个社会中，基督徒能做些什么呢？德尔图良说这个世界好比监狱，基督徒在其中期待着被释放的那一天。基督徒的公民权在天上。[④] 基督徒把自己当作旅

① 《护教篇》，第二十一节。

② 同上书，第四十三节。

③ 《论戏剧》，第十五节。

④ *Adversus Marcionem*(《反马其翁》)，卷三，第二十四节。

行者，对他路途中遇到的或用过的东西并无拥有的欲望。基督徒必须约束尘世的快乐，努力沉思，[①]保持充分警惕，别让魔鬼用尘世的诱惑把他捕获。[②] 据此，德尔图良向世人宣告基督徒要从这个罗马帝国的现存秩序中撤离。他说："我对论坛、军营、元老院不负有任何义务。我提醒自己不要去发挥公共职能，我不去挤占讲台，我不在乎任何行政职位，我不去投票站，也不再当律师……我既不做官也不当兵，我已经从社会的世俗生活中撤离。"[③]

面对这个异教社会，德尔图良一方面要求基督徒坚定自己的信仰，绝不崇拜异教的神，也不把世俗的权威当作神，但是另一方面，他也十分理解基督徒由于自身所处的社会环境、从事的职业和日常生活而面临陷入偶像崇拜的危险。他清楚地认识到，尽管这个世界充满罪恶，基督徒还得生活在其中。除非以身殉道，没有一个基督徒能够完全与他的环境隔绝。基督徒与异教徒住在一起，吃同样的食物，穿同样的衣服，有同样的生活习惯，也有同样的生活需求。没有市场，没有屠夫，没有浴室、商店、作坊、旅店、市集和其他商业场所，他们也就不可能聚居在这个世界上。[④] 基督徒与非基督徒的生活方式有一种总体上的一致。所以，德尔图良对希腊罗马世界的文明发展的某些方面是赞扬的。当他考虑到教育方面的明显需要时，他在一定程度上松弛了他的分离主义。

---

① 《论花环》，第十三节。

② *De paenitentia*（《关于改悔》），第七节。

③ *De pallio*（《论披肩》），第五节。

④ 《护教篇》，第四十二节。

与之相关，在政治层面，为什么他一方面强调基督教与世俗当局格格不入，另一方面却又强调基督徒应该为之祈祷呢？他解释说，统治者们知道他们的权力来自何处，知道他们作为一个凡人的生命来自何处，认为他们也相信只有上帝是他们权力和生命的依靠，相对于上帝来说，他们只是第二位的，在上帝之后他们才据有最高的位置。[①] 这就是说，基督徒为他们祈祷是在这样一个前提条件之下，即皇帝们也像基督徒把神意当作信仰的源泉那样把上帝当作他们权力的源泉。此外，基督徒为帝国的安稳而祈祷还有另一层目的，即为帝国民众的一般利益。“因为我们知道，整个地球将会发生一次强烈的震动……只是由于罗马帝国的延续，它的到来才被推迟了。”[②]为皇帝祈祷不会伤害基督教的信仰，因为“我们基督徒更有理由说皇上是我们的皇上，因为他是我们的上帝所指派的，我们更关心他”。[③]

总的说来，德尔图良在教会与世界的分离问题上的看法比他的基督教同伴们要严格。基督教有一条原则，即认为基督徒是新耶路撒冷的公民，他在这个世界上无所牵挂，他要做的事只是想离开这个世界，越快越好。德尔图良的态度与这一原则是吻合的。然而与这种态度平衡的是另一方面，他认为基督徒也应当遵守帝国的法律，这就给他自己在考虑教会的政治策略时留下了足够的余地。

① 《护教篇》，第三十节。
② 同上书，第三十二节。
③ 同上书，第三十三节。

否定传统文化与建设基督教神学

德尔图良的护教篇是早期基督教文献中的范文。阅读德尔图良的著作首先给我们留下的印象是，德尔图良是传统文化的摧毁者，是希腊罗马文化的否定者。“这位伟大的北非神学家似乎代表着‘基督反对文化’（**Christ-against-culture**）这样一种立场。然而他的言论比他的实际要激进得多，要坚韧得多。我们将有机会看到，他事实上不能使他自己和教会完全摆脱他所依赖和参与的文化，而异教徒则认为教会与这个文化是分离的。但无论如何，他是教会史上反文化运动最典型的代表之一。”[①]然而通过进一步的思考我们还能得出这样的结论，德尔图良虽然以反文化的面貌出现，但是最终并未能避开基督教与希腊罗马文化融合的难题，他的反文化实际上仅仅是创建基督教文化的一个必要的组成部分或前提性工作。这一点在德尔图良那里或许是不自觉的，或许是口头上不承认，实际上已经这样做了。简言之，德尔图良对传统文化的否定与他对基督教拉丁神学的贡献是相辅相存的。

德尔图良从他的传道生涯一开始就是一个基督教信仰的捍卫者，福音的传播者，也是一个要求严格的人，容不得半点妥协。德尔图良想要识别一种真正的基督教的热情引导他发现了基督教与异教哲学之间的差别。他比其他护教士要更加强调两者之间的敌

---

① H. R Niebuhr, *Christ and Culture*（《基督与文化》），New York，1951，第 55 页。

对。德尔图良接受传统教育的程度很高。杰罗姆在一封信中提到："还有什么人比德尔图良更博学，更敏捷？他的《护教篇》和其他反对异教徒的著作包含着这个世界的所有智慧。"[①]但他拥有的知识没有使他对异教徒的哲学产生同情感，而是敌视它。当时有一些基督教护教士把基督教当作一种真正的哲学，德尔图良则说："不能将基督教视为一种哲学，基督徒与你们的哲学家在认识和方法上都没有什么相似之处。"[②]异教哲学在合理性和清晰性方面不会超过基督教，它只不过是这个世界智慧的材料，对自然和神道的粗糙的解释。基督教与希腊哲学无关。他在别处说过："雅典与耶路撒冷到底有什么关系？学园和教会有什么一致的地方？异端与基督徒有什么相同的地方？我们的教诲来自所罗门（**Solomon**）的殿堂，他自己教导我们说'简洁的心灵才能寻求主。'让那些创造所谓斯多亚学派的基督教、柏拉图学派的基督教、辩证法的基督教的企图统统见鬼去吧！"[③]企图在希腊罗马哲学中为基督教的学说找到相对应的部分是徒劳无益的。

就这样，德尔图良否定了学习异教哲学的必要，并重申保罗关于哲学的警告。"不要让任何人通过哲学和空洞的欺骗误导你们，它只是人的传统，与圣灵的智慧相对立。"[④]然而，这只是问题的一个方面。在他的精神活动中，我们可以看到他与异教哲学的关系

① Jerome, *Epistolae*(《信札》), 70. 5.，载 *A Select Library of the Nicene and Post-Nicene Fathers of the Christian Church*，同前。

② 《护教篇》，第四十六节。

③ *De Praescriptione haereticorum*(《异端的行迹》)，第七节。

④ 同上。

的另一个方面。在解释和证明基督教的信仰时，德尔图良本人毫不犹豫地使用他在皈依基督教以前学到的哲学知识。他对以往哲学著作的引用也比比皆是。例如他在证明上帝存在时引用了斯多亚学派的宇宙理论。他在解释基督教的逻各斯概念时明确地说："很显然，你们的哲学家也将逻各斯，即圣言和理智，视为宇宙的创造者。"[①]后来当他解释三位一体的奥秘时，德尔图良似乎忘记了他那简单自足的信仰。他的解释无论是用语还是观念都从希腊哲学典籍中做了大量的借用。他甚至公开承认哲学家的教导有时候与我们的相同。[②] 如果说他把大量的非基督教的理性遗产带进基督教，那么他这样做不是为了在两者之间架设桥梁，而是为了更好地理解基督教，使他为基督教信仰的辩护更加有效和有力。我们可以看到，他在这样做的时候，作为希腊罗马文化核心成分的哲学已经渗入他的神学思想。

德尔图良对异教哲学的态度就是由这两个矛盾的方面组成的。一方面是对异教哲学总体上予以否定，另一方面又汲取它的术语和逻辑推理。他告诉我们基督教与异教哲学的矛盾实际上是信仰与理性的矛盾。他认识到两者的差别，把基督教的信仰在严格意义上理解为接受《圣经》的权威性教导。这样的简单信仰对拯救来说足够了。但是基督徒在解释信仰时需要寻求理性的证明以便护教和宣传，这种时候他完全可以这样做而不会损害他的信仰。如我们所见，德尔图良本人尽管不相信这样做有什么用，但在用哲

① 《护教篇》，第二十一节。

② *De anima*（《论灵魂》），第二节。

学知识解释基督教的学说时是毫不犹豫的。很难相信他在这样做的时候会感到他自己的信仰受到了损害。相反,那些德尔图良在皈依基督教以后用于基督教学说的哲学解释也帮助了他的信仰,他由此获得的信念并非是无价值的。

德尔图良这个范例使我们确信,文化冲突以及继之而来的不同程度的调和也是基督教神学发展的一个动力。德尔图良使用希腊罗马世界的理念构筑了基督教早期神学的典型,即天主教神学。他把基督教界定为一种神赐的启示,提出了一些权威性的天主教准则。他的那些信仰公式为后来天主教教会拉丁信经的三位一体说奠定了基础。他的著作中有大量的新术语被后来的神学家采用,从而在天主教学说的词汇表中有了永久性的地位。可以说德尔图良并非有意识地要去保存希腊罗马文化,也并非有意识地要把基督教的信仰与其他宗教和哲学相妥协。为了捍卫基督教,他对异教文化进行了坚决的批判,否定了这种文化。然而在他阐释基督教的信仰的时候,他汲取了希腊罗马文化的精粹,从而使早期基督教的拉丁神学具有了适合在罗马帝国生根的形式。由于这个原因,德尔图良被称作“教会拉丁文的创造者”,在许多方面他都是整个西方神学传统的奠基者。“他对三位一体的解释和他的基督论学说使他置身于圣奥古斯丁之旁,成为教父时期西方最伟大的神学家。”[1]后来天主教耶稣会在中国传教时的神学主要是由这种神学构成的。

---

① F. L. Cross,《牛津基督教会辞典》,同前,第 1334 页。

在历代中国基督徒的努力下，汉语基督教神学的建设成绩斐然，但仍旧有许多工作要做。对传统文化的批判是建设汉语神学的重要部分，这种批判不应是全盘否定的，也不应是用非基督教的中国式信仰改铸基督教神学，而应是基督信仰与中国文化的真正融合。这可能就是我们在即将迈进 21 世纪之时阅读德尔图良的护教篇所能得到的最大启发。

目　　录

护　教　篇[1]

一

对基督徒不经审问，

也不许辩护就定罪是不公正的。

罗马帝国的统治者们，当你们坐在你们神圣的法庭上主持公道，在众目睽睽下行使国家最高的职权时，也许不会公开当众询问关于基督徒受到控告的事实真相，并据以进行审判；在这种情况下，如果你们只是害怕，或者不好意思运用你们的权力去公开进行公正的审问；最后如果在近来的一些私下审判中，对我们的人所处的严刑，使我们无法在你们面前为自己辩护的话，你们一定不会不让通过一本无言的书这个秘密通道听到真理的声音。[2] 她不会为

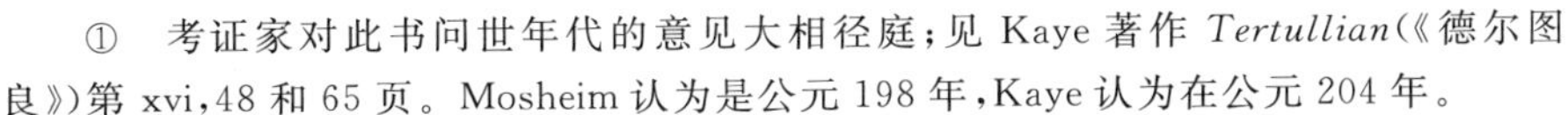

[1] 考证家对此书问世年代的意见大相径庭；见 Kaye 著作 *Tertullian*（《德尔图良》）第 xvi，48 和 65 页。Mosheim 认为是公元 198 年，Kaye 认为在公元 204 年。

[2] 从逻辑上考虑，护教书排在第一位。Neander 将它列为德尔图良的正统著作，而 Kaye 说它是未受沾染的著作。该书从目的和精神上说，都是他最宝贵的作品，可以列入早期护教学系统。在其后我安排了几篇大部分无瑕疵的相同性质的文章；这些文章对异教、外教哲学和犹太教进行驳斥，为基督徒的事业作了辩护；　（续下页注）

自己的处境进行申辩，因为这也不会使她感到不安。她知道自己只是此世的过客，在异乡人中有敌人也是自然的事；更为重要的是，她的出生地、居住地，她的希望、报酬与荣誉都在天上。她对现世统治者所恳切期望的，是不要不明不白地被人定罪。给她一个申诉的机会，对至高的法律又有何妨呢？不仅无妨，而且正因为是在听过她的申辩之后，那么对其定罪的法律的至高性岂不更明显吗？如果不听申诉就定其罪，除此不义行为使人仇恨外，必然会使人怀疑你们是抱着某种不正当的思想而这样做的，因为你们不愿听到某些东西，听了以后就不能定罪了。向你们提出这一切，是为了证明，你们对基督徒称号的仇恨是不公正的。似乎可为这一不公正行为推脱的理由（系指无知），进一步加重和证明了这一行为的不公正性。仇恨一件你们根本不了解的事，即使它值得仇恨，还有什么比这更加不合道理呢？只有在知道它值得仇恨时，仇恨才是合理的。如果对它并不了解，又何从证明对其仇恨的公正呢？因为这一点不能只凭有人对其厌恶来证明，而要以对该事物的了解为依据。如果人们不满只是由于对所不满的事物完全无知，那么为何它实际上又不会是不应对其不满的情况呢？因此我们认为，这两种人仇恨我们都是无知的，当他们继续处于无知状态而无理地仇恨我们时，这两种状态的结果都是一样的。他们的无知既说明其仇恨的无理，同时也为此无理行为开脱，这种无知的明证就是，那些曾经仇视基督教的人，由于他们对其无知，因而当他们对

（续上页注） 这一部分最后以 *Ad Nationes*（《致各民族》）上下篇作为结束，该书可视为作者所有论证，尤其是护教内容的总结。这一系列作品，可与殉道者游斯丁的文章媲美，从中可以明确看出教会与罗马帝国以及东西方各种对立制度的发展关系。

其了解之后，便立即放弃敌对情绪。从仇人一变而为她的门徒。只是对其了解了，他们现在便开始恨他们的过去，并且崇奉他们过去所仇恨的东西；其人数之多甚至被提出作为对我们的控诉。人们大叫什么国内到处是基督徒——乡村里有，城镇里有，海岛上有；他们好像是对某种灾难那样地哀叹道，男女老少各色人等，甚至上流社会都转而崇奉基督教信仰了；即使是这样，他们的思想仍然没有醒悟起来，想到其中有些好的东西过去未经察觉。他们不应在自己的思想中留下丝毫疑义；他们根本不想进行严格的考察。这只不过是人的自然好奇心在起作用。他们喜欢无知，尽管知识对其他人是个幸福。阿纳卡西斯（Anacharsis）曾经谴责那些贸然批评知识分子的粗鲁人；如果是知情者受到一些完全无知者的批评，那他更会如此谴责！因为他们既已对之不满，便不想再作了解。于是他们对其无知的事进行臆断，要是对其有了了解，便不会再对它厌弃了；因为，考察之后如果发现并无可厌弃之处，那就当然不得再行无理厌弃，但其恶劣之处一旦暴露出来，则对其持有的厌弃之情便不可稍减，即使就主持正义的官方而言，也更有理由坚决予以厌弃了。可是有人说，一件事好并不能只凭有许多人支持，因为悖逆天性趋向于恶的人为数不少，有多少人误入歧途！这一点毫无疑问。可是一件十足的坏事，就是被其带坏了的人也不敢公然为之辩护。本性总是为种种坏事披上害怕或害羞的外衣。例如你会发现罪犯千方百计掩饰自己，避免出现在光天化日之下，被人抓住就战战兢兢，被人告发后拒不认罪；即使被拉上刑架也不大轻易认罪；当其罪名一旦定下之后，他们对自己的所作所为悔恨不已。他们在自白书里承认，他们的行为是由罪恶秉性所驱使，但是

他们或归咎于命运或归咎于星宿。他们不肯承认事情是他们干的，坏事是他们做的。然而基督徒的情况又如何呢？他们唯一的耻辱或遗憾是没有早一点成为基督徒。一旦被人指出来，他为此感到光荣；如果被人告发，他也不进行辩护；在审问时他自动承认；被定罪他还为之称谢。这种全无罪恶的一切常见征兆——害怕、害羞、躲闪、悔恨、哀叹等的事又是什么坏事呢？有什么罪能使罪犯为之高兴呢？有什么罪能使之渴望被人告发，将被惩罚视为幸福呢？你既承认对此事一无所知，就不能将它称为疯狂。

二

> 如果要将基督徒作为坏人对待，至少要依法同样对待，不能剥夺他们自我辩护的权利。明知基督徒无罪而不加审问，只以其称号定罪是错误的。

再者，如果我们确为最坏的人，那为什么对待我们与对待其他罪犯不同，同样的罪行不是应当得到同样的对待吗？如果对我们所加的罪名加到别人身上，你们就允许他们亲自或请辩护人来说明他们的清白。他们有充分的回答和辩护的机会；实际上，对一个人不容其辩护和申诉就加以定罪是违法的。只是不许基督徒开口陈述自己的无辜，维护真理，协助审判官作出正确判断；他们所关心的只是满足公众的仇恨要求，就是承认这一称号，而不审问其罪行。但在你们日常审案过程中，当一个人承认了凶杀、渎神、乱伦或叛国等我们被指控的各种罪行之后，你们却不会立即宣判，一直到你们彻底查明所供认的情节——即罪行的实际性质、行动的次数、地点、方式、时间，有谁同谋，有谁实际上参与了等以前，不会先采取行动。在我们的案件中，根本就没有这样做，尽管关于我们的无稽流言总应详加审查：我们每个人吃了多少被害的婴儿；每个人在黑暗中干了多少乱伦的事；什么厨师和狗是我们罪行的证人等等。看哪！那揭发某基督徒曾吞食一百个婴儿的官员，其光荣是何等之大！可是正好相反，我们发现对我们的案件甚至连调查也被禁止。因为任某省地方官的小普林尼(the younger Pliny)虽曾将一些基督徒判处死刑，也曾迫使某些人动摇，但仍为其人数的众多感到烦恼，最后只得向当时的皇帝图拉真(Trajan)请示①，对其

① 下列的年表取自本笃会会士和Kaye主教的著作，在此将对读者有所帮助。*

德尔图良生于(大约)	公元150
归信(推测)	185
结婚(据称)	186
受司祭职(大约)	192
背离正道(大约)	200
去世(极端推测)	240
他在生时的皇朝大事如下：	
卡拉卡拉(Caracalla)出生	公元188
格塔(Geta)出生	189
塞维鲁斯(Severus)即位	193
尼杰尔(Niger)战败	195
卡拉卡拉被立为恺撒	196
拜占庭城被占领	196
阿尔比努斯(Albinus)战败	197
格塔被立为恺撒	198
卡拉卡拉被授予至尊称号	198
卡拉卡拉为帝国公认	198
对帕提亚人(Parthians)作战	198
塞维鲁斯战罢归来	203
世俗节目演出会	204
普劳提亚努斯(Plautianus)被处死(约为)	205
格塔被授予至尊称号	208
不列颠战争	208
塞维鲁斯墙	210

(续下页注)

余的人该怎么办，他向他的主子解释说，他们除了坚决不肯祭神外，在其宗教仪式中所发现的不外乎是每日清晨聚会，向基督和①上帝唱赞美诗，并保证忠于其宗教来约束其行为，禁止杀人、奸淫、欺骗及其他罪行。对此图拉真的答复是，决不要去追查基督徒；但如果被抓上堂来，就应予以惩处。多么拙劣的主张——到不得已时，只好自相矛盾！作为无辜者，禁止予以追究；同时，又命令把他们作为有罪者来处罚。这样做是既宽仁又严酷；既放过又处罚。你们为何要玩自寻借口的把戏呢？是审判吗？如果要定罪，为何又不审问？既不审问，为何又不开释？各省都设有追踪盗贼的兵站。面对叛国者和人民的敌人，每个人都是战士；甚至对同谋和从犯也要追究。只有基督徒不得被追究，尽管他也可以被抓上法庭并受到控告；似乎除追究之外还有其他目的！于是对一个谁也不愿追究的人，既然被带上法庭，你就予以定罪，这个人，我认为，现在甚至不是因其过失受到惩处，而是因为虽然禁止追究，但他却已被查出。这时，你也不是按一般对待违法者的审判程序办事；因为如果是别人否认，你就会用刑使他认罪——唯独对基督徒你却用刑使他否认；可是，如果我们真的有罪，我们必然要加以否认，你就会用刑迫使我们承认。你也不要以为，我们的罪行无需这样审问，只是因为我们供认了基督徒的称号，你就深信我们干了那些事——你们每天习惯如此，尽管你们很清楚何为杀人者，却还是要

（续上页注）　塞维鲁斯去世　　　　　211

德尔图良认为提比略（Tiberius）与皮乌斯（Antoninus Pius）相距 115 年 6 个月又 15 天。

* 见 Kaye〔根据 *L'Art de verifier les Dates*（《数据核实法》）〕，第 11 及 456 页。

① 另一异文是“作为上帝”（ut Deo）。

迫使杀人者供出其犯罪的详情。你们既认为我们的罪行已为我们供认基督之名所证实，因而就用刑迫使我们推翻供词，以便通过否认基督之名，随之也否认前此供认时你们认为我们有罪时的罪行，这种做法极其反常。我想，尽管你们认为我们是人类之中的首恶，却不愿我们丧亡。当然，你们因而也习惯于要杀人者否认其控罪，对犯渎神罪者如果他一直坚持其供认，你们就下令将其送上刑架！事实就是这样吗？然而你们既不把我们视为罪犯，就是宣布我们无罪，而作为无罪者你们又要我们不要坚持我们的供词，因为你们知道，这样我们就不得不在你们的手中被无辜定罪。这个人大声说，"我是基督徒。"他告诉你们他是的，而你们却想从他口中听到不是。你们身为命官却歪曲真理，想尽办法要我们说谎。他说，"我是"，因为你们问我是不是。你们为何要逼我犯罪呢？我承认，你们就把我送上刑架；如果我否认，你们又将怎样呢？当然在别人否认控罪时，你们是不会轻易相信的。我们一否认，你们就立即相信。但愿你们的这种反常性使你们想到，这时或许有某种潜在力量影响你们，使你们的行为违背惯例，违背社会正义性质，甚至违背法律本身。因为，如果我没有大错，法律规定是要对违法者进行追查，不得使之溜过的。法律规定，有罪之人应予以定罪，不得放过。议会的法令，你们上级的命令，对此都有明确的指示。你们所从属的权力，是一种公民权力，并非暴君统治。刑讯在暴君手中确实多用于折磨；而在你们手中则缓和而成为单纯的审讯手段。你们应根据需要按你们的法律进行，直到被告供认；如果事先施刑，就没有供认的机会，只好进行宣判了；罪犯要受到其应得的惩罚，不能释放。因此不能急于对有罪者宣布无罪；不应存这种想法，也

不要强迫任何人否认。你们认为基督徒是无恶不作的，是众神、皇帝、法律、美德和整个自然的敌人；你们还是强迫他们否认，以便能宣布他们无罪，没有他们的否认，你们就不能这样做。你们是在玩弄法律。你们要他否认自己的罪，以便你们甚至违背他的意志，使其成为无辜者，从而摆脱其过去的罪责！你们这种罕见的反常性从何而来？你们怎么不想想，自动供认比被迫否认更为可信；为何不想想，当他被迫否认时其否认也许并不可信，而且当其被宣布无罪，审判结束之后，难道不会当时当地就取笑你们的敌意，比基督徒还要基督徒吗？看到你们在一切事上待我们都与其他罪犯不同，一心只是要去掉我们的称号（如果我们真做了基督徒从来不做的事，我们就不是基督徒了），由此显然可见，这根本谈不上什么罪行，只不过是某种一贯反对真理的制度，总是对这种称号怀有敌意，它这样做的主要目的，是使人们不要想确知他们明知自己完全不了解的东西。所以这也就是说，他们相信关于我们的一些毫无根据的事，对此他们也不想加以深究，以免他们比较相信的那些罪名一旦证实毫无根据之后，该敌对政权如此仇视的这种称号——其罪行是假想的，未经证实的——就会完全靠它的口供来定罪了。因此，如果我们供认就对我们用刑，如果坚持就加以惩处，如果否认就宣布无罪，因为所争论的就是一种称号。那么在你们的公告上为何只写某某为基督徒？又为何他不是一个杀人犯呢？如果一个基督徒就是杀人犯，那为何不也是一个乱伦者，或者你们所认为的什么其他罪犯呢？只是在我们的案件中，你们才不好意思或者不愿提到我们罪行的具体罪名。如果被称为"基督徒"并不是什么罪行，而该名称本身就成了一种罪行，那这种称号当然是非常可恶的。

三

许多人对基督教不加调查，
只是盲目仇视其称号，有失公允。

多数人对基督徒称号的仇恨如此盲从，甚至在他们对某一位信徒有好评时，都要对此称号加上贬语，对此我们应如何看呢？有的说，“塞尤斯(Gaius Seius)是个好人，只不过他是个基督徒”。另一个说，“我很惊奇，像路西乌斯(Lucius)这样的聪明人，居然一下子成了基督徒”。谁也不认为有必要想，塞尤斯和路西乌斯是否因成为基督徒就不好或不聪明了。他们称道他们所了解的，鄙夷其所不了解的，并且根据其所不知的来看其所知的东西；尽管按道理应当根据已知来判断未知，而不是从未知来判断已知。另有些人，对那些在接受基督徒称号之前一贯放荡、下流和卑劣之辈，却以他们所赞许之名为其加冕。他们的盲目仇恨使之与他们自己的好评发生矛盾！“好一个放荡不羁，一味寻欢作乐的女人！好一个淫荡和恣意挥霍的青年！——现在他们都成了基督徒！”于是便将这个受人憎恨的称号给予了一种性格的改造。有的人甚至放弃自己的舒适来换取憎恨，甘心忍受凌辱，只要他们能安居家中，摆脱与他们坚决为敌的一切。妻子现在贞洁了，丈夫不猜疑了，却把她从家中赶出去；儿子现在听话了，一向宽容的父亲却剥夺他的继承权；仆人现在忠实了，过去那么温和的主人却命令他离开；为这个可憎的称号而改变，对任何人都是莫大的忌讳。美德的价值次于对基督徒的仇恨。既然对此称号这般厌恶，那对其他称号又当如何鄙

夷呢？任何称号，除非其中含有粗野、不祥、不吉或不洁意味的以外，你又会如何攻击呢？然而基督徒就其字义而言，来源于敷油。即使误念成"Chrestianus"（你甚至还没有正确掌握你所恨的称号），也来源于亲切和慈祥。所以你是无辜地恨了一个无辜的称号。但是对这一派别不满的特定原因，是她用了其创建人的名字。一个宗教派别以其教祖的名字为其教徒命名，这有何新奇之处呢？难道哲学家不是根据其学派创始人而称为柏拉图派（Platonists）、伊壁鸿鲁派（Epicureans）、毕达哥拉派（Pythagoreans）吗？斯多噶派（Stoics）和学院派不是由其集会和定居地而得名的吗？难道医生、语法学家和厨师，不是分别由埃拉西斯特拉图斯（Erasistratus）、阿立斯塔库斯（Aristarchus）、阿皮其乌斯（Apicius）而得名的吗？然而上述命名从原创建人连同其所创建的内容传下来，并未遭到任何人的反对。当然，如果事实证明该派别不好，她的创建人也不好，那就说明这一称号不好，她在该派别的性质与其创建人方面，都值得我们厌弃。因此，在我们厌弃该称号之前，要先考虑派别的创建人或者其所创建的派别。然而现在你们未经任何调查和了解，只是指摘并攻击其称号，一个正常人只会谴责某派别及其创建人，而你们对此二者均无所知，只是因为它们取了某某名称，不是由于有什么不是之处。

四

不问是非，强指基督徒称号非法，

执行这种法律，便是暴政。

于是我写了这一段话作为序言，以便如实地指出大家对我们的仇视有失公允。现在我开始为我们的清白辩护；我不仅要驳斥对我们的攻击，而且还要反问攻击者，这样一来大家都会知道，基督徒并没有犯世人皆知在他们中极为普遍的那些罪行，而这同时也使他们为其对我们的指控感到羞愧——我不说这是坏人对好人的指控，只不过是对与他们同是罪人的指控。我们发现，我们被指控暗中所犯的各种罪行，正是他们在光天化日之下所干的事，而我们却被认为是邪恶的、无耻的、应受惩处和为人耻笑之辈，对此我们要进行回答。我们的真理虽然对你们成功地作了全面的回答，但是法律的权力却被用作最后一招来反对我们，所以即或说他们的决定是绝对结论性的，或者说，不甘心也得服从，服从高于真理，在这一法律问题上，首先我要与你们，他们特选的保护人较量一番。你们一开始就在审判中强行规定，“你们的存在不合法”，而且严格命令这一点必须执行，如果你们否认此事合法，只是由于你们要它不合法，而不是理应如此，那就是在施行强权和不折不扣的无道暴政统治。然而如果你们要它不合法，是因为它不应合法，那就当然不应得到任何法律的许可，从而造成不利的局面；就这一点来讲，事实上就早已决定了，凡对之有利的就是合法的。那么，如果我发现你们法律禁止的事是好的，以前也有人提出这种看法，那该法是否会丧失褫夺我做此事的权利，虽然此事如系坏事，它本来就应禁止我去做呢？如果你们的法律错了，我想它本来自人间，并不是从天上掉下来的。人们立法会有错，觉悟过来就将它废掉，这有何奇怪？拉塞德莫尼人(Lacedæmonians)不是修改了李古尔古斯(Lycurgus)所立的法，致使该立法人无比痛苦，将自己关在房中饿

死了吗？难道你们不是每天不惜精力，用皇朝法令和谕告的新斧，来对整个古代和你们茂密的法律森林大砍大伐，从而照明古代的黑暗吗？难道最坚定的统治者塞维鲁斯[①]，不是到昨天才废除可笑的帕比安法(Papian laws)，而该法强迫人们让自己的子女在朱里安法(Julian laws)以前结婚，尽管年龄的规定对他们有利吗？古代还有些法律规定，人身的部位凡对其作过决定的，可由其债权人割碎；可是以后根据大家的意见，将这残忍的内容从条款中删去了，连死刑也改为一种耻辱烙印了。对债务人的财物进行没收，其目的只是令其因羞惭而血涌上头，不是要他血流于外。还有多少隐而未露的法律需要提出来加以改革啊！因为给人以良好印象的不是它年代的久远与其立法者地位的崇高，而是它正义与否；一旦看出它不正义，就理应受到谴责，尽管它是谴责人的。为什么说它不正义呢？不仅如此，如果它惩处的只是一种称号，我们还可说它无理。如果它惩处的是行为，那为何在我们的问题上只根据一种称号来惩处行为，对别人却不从他们的称号，而是要从他们所做的坏事来加以证明呢？我是一个乱伦者(如他们所言)，他们为何不对此进行审问呢？还说我是一个杀害婴儿者，他们为何不用刑使我供出真相呢？说我犯了渎神和冒犯皇上罪；我有能力为我自己辩白，为何又不让我为自己申诉呢？没有什么法律不让人弄清其所禁止的罪行，因为一个审判官如果未能确知被告已犯某罪，是不会作出正确惩处的；一位公民如果不了解他为之受到惩处之事的

① 从这段话里 Kaye 认为，没有理由怀疑《护教篇》是在该皇帝在位时写的。参见 Kaye，《德尔图良》，同前，第 49 页。

性质，他对法律是不会真正心服的。只是法律公正或者审判官深信其公正性，这还不够；应对其服从的人也要对此深信。不仅如此，一条法律如果不注意经过考验和大众接受，就会受到严重怀疑；如果未能为大众接受而强制执行，就是一条不折不扣的坏法律。

五

陈述禁止基督教之法的原委，
许多皇帝实际上未予执行。
应当加以修订。

现在我们要说的这种法律，其起源是这样的，以前曾经有一个法令，它规定皇帝所立的任何神，都要先经元老院批准。艾米留斯(Marcus Æmilius)在立他的阿尔布尔奴斯(Alburnus)神时，就有过这种经历。而这一点也符合我们所说的情况，即你们神的命运是由人的判断决定的。神如果不能令人满意，就不能成为神：神都要得人的好感。当提比略①在位时，基督徒称号已为世所知，他从

① 关于这一问题正反两方面的意见，在 Kaye 的 *Tertullian*《论德尔图良》* 一书第 102—105 页，可以找到公正的评判。他非常坦率地认为，作者倾向于怀疑派，可是在他叙述情况时，我感到他似乎在证实 Lardner 和 Mosheim 的观点。至于蛮横的提比略对比拉多关于其不义审判的神圣牺牲品的报告，会如何想法如何做法，这对信众无关紧要。不过作为历史问题却值得注意。应当强调的是这样一个事实，即德尔图良也许是一个熟悉罗马档案的法理学家，而且在他接受上帝的真理上深受他们的影响。不可能设想像他这样的人，如果不是明知事实不可抹杀，在对议院进行抗辩以及在面对皇帝与其大臣时，敢于大胆诉诸档案记载。

* 此处系指该书第三版，London，Rivington，1845。

巴勒斯坦事件中所得的消息表明基督是真神，于是将此事提到元老院，他本人也决定承认基督。元老院对此事没有批准，拒绝了他的提议。皇帝坚持他的意见，说指控基督徒的人都会遭天谴的。你们去查查你们的历史；在其中你们会发现，尼禄（Nero）是第一个以皇帝的宝剑向基督教进攻的，当时在罗马大造声势。可是我们为了这个小人的敌视而被定罪感到光彩。图密善也是一个与尼禄同样残暴的人，他曾经进行过迫害；但他还有点人性，迫害开始后不久便告结束，甚至将他所取消的东西又恢复过来。迫害我们的总是这样的人——不公正的、邪恶的、卑鄙的，连你们也无法说他们什么好话的人，而给他们宣判的受害者，你们不得不经常予以偿还。可是在这么多从古至今的帝王中，不妨指出一个稍有天上或人间智慧的基督徒称号的迫害者。我们非但不这样，相反地而是向你们举出一个基督徒保护人，你们看看奥雷利乌斯（Marcus Aurelius[i] 这位最严肃的皇帝，在他的书信中如何作证，日耳曼的旱灾是由于其麾下的基督徒求雨方得解除的。他虽不能借公开的法律来改变基督徒在法律上的无权地位，还是用其他方法将这些法律摆在一边，甚至还对那些控告他们的人宣布更严厉的罪状。这些只让坏人——这伙不公正、卑鄙、无情、疯狂之辈——用以惩治我们的又是些什么法律呢？何况图拉真又曾经禁止对基督徒进行追究，从而在某种程度上它们已被废除；就连对各种新奇之事都爱追究的哈德良（Hadrian）、犹太人的征服者韦斯伯芗（Vespa-

i 奥雷利乌斯，罗马帝国皇帝，公元 161 至 180 年在位。——译注

sian)、庇乌斯、维鲁斯(Verus)等都没有强制执行过呢?于是人们当然要认为,坏人应由他们的天敌好君王来加以清除,而不是由那些与他们臭味相投者来执行。

六

号称忠于古制的罗马人,
抛弃了先辈的良好风尚,
保留并坚持一些不应有的东西。

现在我要让那些对其先辈法律和体制最虔诚的保护者与辩护人,给我讲一讲他们的忠诚和荣誉,以及他们对先辈遗制的遵从,他们是否绝未违犯——是否丝毫未背离古道——是否对圣善生活一切必要而最为有用之点都未曾抛弃。他们订了哪些制止铺张浪费生活方式的法律?如禁止一餐耗费百阿(*asses*)[①],一次不得摆一个以上全鸡,而且禁用肥的;该法规根据当时公认的重大理由,曾将元老院的一位渴望高升的贵族除名,因为他收了十磅银;这些法规很快就取缔了一些戏院,因为它们一开始就败坏民风;难道该法规不是禁止肆无忌惮滥用代表官职和贵族出身的徽章而不受惩处吗?因为我知道,百岁老人寿宴的得名,现在不是由于耗费百阿,而是百塞(*sestertia*);一些银矿都用于做了碟子(如果这是专用于元老们,而不是自由民甚至奴隶[②],也就算不了什么)。我也

① 一阿=四分之一旧便士的二又八分之一。一塞=七磅十六先令三便士。

② 奴隶仍然带着惩罚性的标记。

知道，不仅一个戏院不够，甚至有不少来者不拒的戏院也不行：当然放荡的享乐在冬天也不能迟钝，于是拉塞德莫尼人便发明了他们演戏用的羊毛大衣。我知道现在主妇与娼妇的服装并无差异。实际上，你们先辈有关妇女的这些法律，一直是鼓励人端庄节俭的，现在却都被废弃了，当时一位妇女手指上除了她丈夫与她神圣缔约的结婚戒指外，并没有其他金饰；那时妇女被禁止饮酒到了这种程度，以致一位主妇只因开了酒窖，便被她的朋友们饿死了——在罗慕洛(Romulus)时代，迈切尼乌斯(Mecenius)只因其妻尝了点酒，便将她弄死，而他并未因而受到任何惩处。与此有关的是，当时妇女们还有亲吻其亲属的习惯，好让他们来检查自己是否有酒气。如此令人羡慕的夫妻生活之快乐，是我们早期风尚与众不同之处，其结果是使我们600年间没有出现过一宗离婚事件，这种快乐到哪里去了呢？现在妇女们四肢都戴满了金饰；她们饮酒成风，再也不主动献吻了；至于她们对离婚的追求，就好像这是婚姻的自然结果一样。而你们的先辈所英明制定的有关神祇本身的法律，也被你们这些孝顺子孙废除了。执政官们经元老院批准，不仅从城市而且从整个意大利清除了先祖酒神(Bacchus)[i]及其神秘仪式。绝非基督徒的执政官比索(Piso)和加比尼乌斯(Gabinius)，

---

i 酒神，在希腊原系葡萄树和葡萄酒之神，为朱庇特与一希腊色班妇女塞米勒(Semele)所生之子，由尼撒(Nysa)圣山上的仙女们哺养成长，但却受其后娘赫拉(Hera)仇视，流落于叙利亚、小亚细亚和印度等地，传授种植葡萄技术。以后通过特拉斯(Thrace)和马其顿进入欧洲。根据神话传说，他曾协助朱庇特战胜巨人族。酒神又与意大利古老的司种植和果树栽培的神利贝尔(Liber)混同起来，称为先祖利贝尔(PaterLiber)。——译注

禁止将塞拉庇斯(Serapis)[i]、伊西斯(Isis)[ii]和阿波克拉特斯(Arpocrates)[iii]等神与其狗头同伙[iv]供奉在卡比托尔山神殿(Capitol)——将他们排出众神之列——拆除了他们的祭坛,将他们赶出国外,一心要防止他们下流淫荡的邪教恶习到处蔓延。你们却把这些东西恢复了,并予以最高的荣誉。至于对你们的宗教——对你们的祖先应有的尊敬又怎样了呢?在你们的衣着、饮食、生活方式、你们的意见,以至你们的一切言辞上,你们背弃了你们的祖先。你们经常称赞古代,而你们的生活方式却天天都在翻新。从你们未能保持你们所应保持的东西来看,显然你们在抛弃先辈的良好风尚的同时,保留并坚持着那些不应有的东西。尽管你们对先辈的传统似乎多么忠心维护,并以此作为指控基督徒的主要内容——我是指热衷于崇拜邪神,这正是古代的大错所在——尽管你们重建了罗马诸神之一塞拉庇斯的祭坛,而且给意大利现在诸神之一的酒神献上狂欢大祭——以后我却要在适宜之处指出,你们鄙夷、轻视并且废除了古代的传统,将他们的权威完全抛弃了。现在我就要对你们关于秘密罪行的无耻控告作答,从而为光天化

i 塞拉庇斯为埃及人的主神,最初由托勒密一世引入埃及,他综合了某些希腊神灵的特点,既为掌握生死医治疾病之神,又是主持生育保护海员之神,最后发展成为埃及的主神。对他的崇拜逐渐传至希腊和罗马及小亚细亚等地。——译注

ii 伊西斯,埃及的后神,她最初是埃及唯一受崇拜的神,她在埃及神话中为太阳神(Horus)之母,法力无边,被尊为宇宙之母,受到民众的普遍崇拜,视之为拯救之母、慰藉之母。对伊西斯的崇拜后传至希腊和罗马,公元69年在罗马卡庇托尔山上为之修庙。——译注

iii 阿波克拉特斯,埃及诸神之一,伊西斯之子,象征春天的太阳。——译注

iv 系指具有狗头形象的埃及神(Anubis),为司狩猎的保护神。——译注

日之下的大事扫清道路。

七

> 罗马人指控基督徒的罪行，
> 什么杀婴儿、吃小孩、乱伦等，
> 都是靠谎言来支持和传播的。

人们指控我们这些邪恶的怪物举行着一种神圣的仪式，杀害小孩并将他们吃掉；说我们在举行这种庆典之后，就进行乱伦活动；狗——为我们拉皮条的，当然会将灯火熄灭，并帮我们办好黑暗中的丑事，以供我们无耻地享乐。这是经常提出来对我们进行控告的，而你们并不肯费心去弄清一直对我们指控之事的真相。那么，如果你们相信这些事，就会把它们揭发出来，如果不信，也不会去查探。由于你们的两面做法，我们就有权断言，你们在你们所不敢查探的问题上没有掌握任何事实。在基督徒的问题上，你们给了执法人一个与查探正好相反的任务：不要让他们承认他们所做的事，而要使他们否认自己的身份。上文已经说过，我教起源于提比略之时。真理与对真理的仇恨是一同来到此世的。真理一出现，她就被视为仇敌。对其陌生者有多少，就有多少敌人：犹太人正如所料，是出于敌对心理；士兵们是想榨取钱财；我国的本地人，是由于他们的本性。我们天天都被敌人包围着，天天都被人出卖；我们在聚会和集会时经常遭到袭击。可是有谁遇到像通常传说的

婴儿啼哭呢？有谁坚持作证，说看到他们张着独眼巨人（Cyclops）[i]和海妖塞壬（Sirens）[ii]血淋淋的大口呢？又有谁发现过他们的妻子有何不贞之处呢？有谁发现了这类暴行又加以隐瞒；或者正将罪犯拉到公堂又被买通而为之保密呢？如果我们一向保密，那我们的上述行为是何时为世所知的呢？而且又是通过何人为世所知的呢？当然不会是同犯揭发的；即使从这事本身着想，既然誓死不讲，那就应当永远是秘密了。萨莫色雷斯人（Samothracian）和埃莱夫西斯人（Eleusinian）不会揭发——它有多大程度的真实性，就会以同样程度地被保密起来，因为一旦有人泄露秘密，将立即招致惩罚，而天谴会是未来的事吗？如果基督徒本身不是他们罪行的揭露者，那当然应该是外人了。那他们又是何时得知的呢，因为入教仪式一般的习惯是避开俗人，而且提防有目击者，除非有人坏到比旁人更不害怕呢？谁都知道谣传是怎么的一回事。它是你们所说的，“在各种坏事中，没有比谣言飞得更快的”。为什么谣言这样坏呢？是因为它会飞吗？是因为它会传递消息，还是因为它是最大的谎言？——它甚至不是给我们传达某些真相而毫不掺假，不增不减，对事实本身不加更改的东西呢？不仅如此，它的存在规律是继续说谎，只要没有证实就一直存在；被证实后就不存在了；而且由于它的作用只在于传播一个消息，就传达了

i　独眼巨人，是神话中住在西西里海边的巨人族，额头上生有独眼，他们在火山熔炉旁工作，为宙斯（Zeus）制造闪电，曾将宙斯之子艾斯库拉庇约击毙，被宙斯用箭射死。——译注

ii　海妖塞壬，在希腊神话中为具有女身鱼尾的妖怪，她们以其美妙的歌声迷惑船员，使船触礁沉没，然后将船员吞食。——译注

一个事实，于是它便被认为是一个事实，被称为一个事实。这时，谁也不会说，“他们说这事发生在罗马”，或者，“谣传说他得了一个省”，而是“他得了一个省”和“这事发生在罗马”。谣传本身就是不确实的标记，一件事情确实了，它就不会存在了。除了疯子以外，谁会相信它呢？一个明智人决不会信可疑的事。谁都知道，无论它如何被人到处传播，说得多么肯定，总还是在某一时刻从某一个来源而来的。从那时起就会经过人们的舌头和耳朵来传播；一小粒歪种就使整个故事面目全非，以致谁也说不清，最初由之而出的嘴是否如往常那样出于敌对心理，或者出于疑心，或者一种根深蒂固的，或者有时是一种天生的说谎嗜好，在其中埋下了虚伪的种子。好在正如你们的格言和谚语所说的，时间过去自然的安排会使一切重见天日，在其安排下，任何事都不能长久隐瞒，即使谣传并没有予以散布。这时才说明，只是传闻在如此长时间内在说基督徒的罪行。这是你们为告我们带来的证人——它一直无法证实其在某一时刻传开来的控告，最后只是靠不断重复才使之在世上成为一种固定的意见；因此我满怀信心地向自然提出申诉，反告那些毫无根据地说这些事可信的人。

八

诬告基督徒的种种罪行违反人性，

教外人做不到，怎么我们能做到呢？

你们看，我们现在把这些滔天罪行的赏报，摆在你们面前。它们会给你们许下永生。将这作为你们的信仰吧。现在我问你们，是否这样信仰，你们就以为可以得到你们想要的良心平安。拿把刀子插进这个不与任何人为敌，无任何罪状，天真无邪的婴儿体内吧；如果这是别人的事，那就请你站在一个实际进入生活之前就要死去的活人身旁，等待这刚刚授予的灵魂离去，接受这新鲜的年轻血液，使你们的面包浸透它，并恣意地享受吧。当你们靠在桌子旁时，记住你们母亲和姐妹所坐的地方；好好记住，那么在狗将灯火熄灭一片漆黑时，就不致搞错，因为你们将要犯罪——除非你们进行的是乱伦行为。经过这一切的初步入门和正式确认之后，你们就拥有永生了。请你们告诉我，为了永生值得这样做吗？如果不值得，那这些事就不可信。即使你们相信，我也不承认你们愿意；即使你们愿意，我也不承认有这种可能。为什么你们不能，别人能做呢？如果别人能做，你们为什么又不能呢？也许我们的本性不同——难道我们是狗眼（Cynopæ）或大脚板（Sciapodes）的怪人吗？你们与基督徒是一样的人：如果你们做不到的，就不要以为别人可以做到，因为基督徒与你们是一样的人。不过这些无知者确实是被人欺骗和利用了。他们对归罪于基督徒的那些事一无所知，否则定要亲自调查一番，把问题弄清。我想，那些要参与圣礼者的习惯与此相反，他们先到圣礼主理人那里去，让他讲讲要做哪些准备。这时他当然会说，"你要带一个年龄很小的孩子来，他还不懂什么是死，面对你的屠刀还笑得出来；还有用以吸收所流血液的面包；此外还有灯台、灯和狗，以及吸引狗来将灯火熄灭的诱饵。除此之外，还要将你的母亲和姐妹带来。"可是如果母亲和姐妹不肯

又怎么办？或者没有母亲和姐妹又将如何？要是有的基督徒没有基督徒亲属怎么办呢？我想，一个没有兄弟或儿子的，就不能算是真正的基督门徒。现在如果这一切俱已齐备，他们却毫不知情又将如何？至少事后他们会知道的，而且也会加以容忍和谅解。有人会说，他们怕将此秘密泄露出去，就要为此付出代价；不，而且在这种情况下，他们完全有理由进行自我保卫；人们认为，他们宁可死在这些人的手中，也不愿在如此可怕的知情负担之下苟且偷生。既然他们这样害怕，那为什么还要如此行事呢？因为如果你事先知情，显然决不愿干你从来不愿干的事。

九

教外人诬告基督徒的罪行，

在他们中却都不难找到，

他们自己胡搞，也以此来判断我们。

为了更彻底地驳斥这些罪状，我要指出，在你们中间部分公开部分秘密地流行着一些做法，这些做法也许使你们认为在我们中间也有类似的事。直到最近提比略地方总督时代，在非洲还公开地将儿童们当作祭牲献给农神(Saturn)[i]，该总督将悬在神殿之上

---

i　农神为意大利和罗马诸神之一，系天神与地神所生。他有吞食其亲生子女的恶习，他的儿子朱庇特向他开战，将他逐出天庭。他逃至意大利，为拉其奥国王收留，他向人传授种植葡萄技术，使该国兴盛起来。农神像一般手持镰刀。人们为了崇拜他，于每年 12 月举行农神节(Saturnalia)。——译注

的树上的司祭们指给大家看——这些树就是正义要求对其罪行进行适当惩处的许多十字架。为该总督执行过这一任务的我国士兵们还能为此作证。而直到现在这种神圣罪恶还继续在暗中进行。你们看，不仅是基督徒在轻视你们；因为你们的所有罪行，没有哪一样完全持久地清除了的，而你们的神也没有哪一位改正过其行径的。农神既不怜惜自己的子女，就不会怜惜别人的子女；而孩子的亲生父母也有向他奉献的习惯，欣然地回应其向他们发出的召唤，要小孩们这时高高兴兴，不要带着眼泪去死。同时杀人与杀害近亲大有区别。到了比较进化的时代，在高卢(Gaul)人们给墨丘利(Mercury)[i]献祭。我将金牛的故事交给了他们的戏院。为什么在埃涅阿斯(Æneas)[ii]的孝顺子孙的最虔诚的城市里，竟然在他们的演出中用人血给什么朱庇特进行浇祭。你们说，这是一个猎人(beast-fighter)的血。难道一个人的血因此就不值钱了吗？[①] 或者，因为是从一个坏人血管里流出来的，就会更贱些吗？无论如何，都是在凶杀中流出来的。啊朱庇特，你身为一个基督徒，而实际在你父亲的残酷上只不过是他的小子！但是对于杀害儿童来说，是为了神圣目的或者出于个人一时的冲动，虽然都不重要——尽管如上所述，在杀害近亲与杀人之间大有区别——我还是要向

i 墨丘利为希腊神话中奥林匹斯诸神的信使，为朱庇特与马亚所生之子。他为旅行者引路，将亡魂送入阴府，他是技巧与狡诈的化身。他有多种特点：既是诡计与谎言之神，又是演说家与商人的保护神，还是度量衡和乐器的发明者。——译注

ii 埃涅阿斯为爱神维纳斯与牧羊人阿契斯之子，他是维吉尔史诗中的英雄，罗马人的祖先，死后受到崇拜，被尊为朱庇特土地神。——译注

① 这是基督教把人当人看的又一例证。

人民大众来讲讲。请你们想想,有多少人围观并渴望喝基督徒的血?你们的官长有多少以对你们主持公道和对我们手段严酷著称,而我可以指控他们在自己良心上犯有将其子孙害死的罪呢?就杀人的方式来说,当然将人淹死,或者让他冻死、饿死和被狗咬死更为残酷。在比较成熟的时代里,经常是用刀剑杀死。对我们来说,凶杀永远是禁止的,就连母腹中的胎儿,即使在他还要从人体的其他部分吸取血液供其生存时,我们也不能除灭他。阻止其出生只不过是更快地杀人;至于是剥夺一个已经出生的生命,还是除灭一个将要出生的生命,这倒无关紧要。这是一个正在形成中的人;它的果实已经包含在其种子之中。至于血食以及诸如此类可悲的菜肴——我不肯定是在哪儿讲的(也许是在希罗多德[Herodotus][i]的著作中)——某些民族双方从手臂上取血共饮,从而订立协议。我不肯定在喀提林(Catiline)时代大家喝它是为了什么。他们也说,在某些西徐亚人(Scythian)部落中,死去的人由他们的朋友吃掉。不过我讲的这些事离家乡太远了。时到今日,在我们国内,也用从刺大腿所取的血来祭女战神[ii],然后大家分享,并以此作为对该女神祭礼的前奏。至于那些在格斗士表演时,为了治好癫痫病,狂饮在格斗场上被处决的犯人伤口流出来的血,然后匆匆离去——他们属于哪一类人呢?还有那些在格斗场上吃野兽肉的——那些对熊和牡鹿肉颇为爱好的人呢?那熊身上沾有它在

---

i 希罗多德,公元前5世纪的著名历史学家,留有历史著作九卷。——译注

ii 女战神(Bellona),为战神(Mars)之妻或妹。其神庙建于公元前5世纪,距罗马大斗兽场不远处。人们对该女神一般进行血祭。——译注

搏斗中撕碎的人的血；牡鹿在格斗士的血中打滚。这些还带有尚未消化掉的人内脏的熊肚肠，是人们追求的俏货。你们不是还叫人去割开这种以人作食粮的兽的肉吗？既然你们分享这种肉食，那你们所食的与你们指控我们基督徒的又有什么区别呢？而那些以野性贪欲去猎取人体的，难道由于他们吞食的是活人就稍好一些吗？难道因为他们只是把要流出血来的部分吞食了，受人血的玷污就会轻一些吗？很显然，他们所吃的，与其说是婴儿，不如说是成人。你们在基督徒面前应为你们的卑鄙行径感到惭愧，他们甚至在其一般日常饮食中也不吃动物的血；他们忌食窒息而死和自然死去的动物，仅仅是为了免受玷污，而且忌食从内脏里流出来的血。为了用一个实例来确证此事，不妨用血肠去考验基督徒，因为你们深知你们要他们违犯的，是他们认为不法的事。[①] 既然你们深知他们对吃牛血的念头都感到厌恶，还相信他们嗜食人血，这多么荒唐；除非你们尝试过，而且发现它味道更鲜！不仅如此，事实上还有一种检验法，与火盆和监察官一样，也可用来查出基督徒。他们或许应该由其贪嗜人血，拒绝奉祭来证明自己；正如否则的话，凭他们拒绝尝食人血、进行奉祭，就可证实他们并非基督徒。那就不用准备大量的人血，像审问和判处囚犯那样了。那么除了那些一贯欣赏朱庇特教诲的人外，还有谁是乱伦罪的惯犯呢？忒息亚斯（Ctesias）[i]告诉我们，波斯人有与其母乱交者。马其顿人在

① 参本书第88页注1，并参考下文三十九节中所述的习俗。

i 忒息亚斯，希腊历史学家和医学家，公元前5世纪人。曾先后任居鲁士和阿塔薛西斯二世的御医，著有波斯和印度史。——译注

这一点上也令人怀疑；因为他们一听到奥狄浦斯(Œdipus)[i]的悲剧，就为这个乱伦者的悲哀而欢喜，并且大叫道，我们把他赶走。时到今日，你们也不妨回想一下，是否有某些机会导致你们犯下乱伦性的乱交大错——是你们的男女混杂放肆提供了材料。首先，你们把小孩抛弃在外，让他们被某位完全不认识的好心过路人带走；或者将他们给人，过继给那些能更好地尽父母职责的人。然而，对离去的子女的思念之情迟早会消失得一干二净；而当你们再次重蹈覆辙时，乱伦行为从此便传了下去——该种族与该罪恶共同蔓延。这时你无论身在何处——在家、在外，还是在海岛上——情欲是你们的随从，即使是最低程度地放纵起来，很容易而且不知不觉地在什么地方使你们生孩子，这样在社交过程中散居各地的后代，就可能与自己的亲属进行交合，而他们根本没有想到这是乱伦。终生不渝的贞洁使我们避免了这类情况的发生：它使我们不致有奸淫以及婚后不忠等行为，我们未曾受过乱伦恶行的灾害。我们之中有些人，为了更加保险起见，用处女节欲的方式彻底去掉了犯肉欲罪的能力，在这方面老来还有如儿童。只要注意到了你们中间常见的上述罪恶，就会使你们看到，它们在基督徒中不存在。同一双眼睛会告诉你们两方面的事实。但是这两种盲目性也倾向走在一起；于是那些

i　奥狄浦斯，希腊神话人物，为古希腊城邦底比斯(Thebes)国王拉约斯(Laios)之子。当其父母由神谕中得知他将杀父娶母时，被迫离家出走，为科林斯国王所收养。成长起来后，在逃生途中与一旅行者殴斗，将其击毙，无意中将父杀害。逃到底比斯后，他为当地人解谜除妖，当地人为了报恩，拥之为王，为之娶后，无意中娶了他的母亲。这一悲剧发生后，他的母亲悬梁自尽，他愧悔之余将自己的双目剜掉，同时又被其子女们赶出家门，为雷电击毙。——译注

没有看到事物所是的人，就以为他们看到了事物所非了。以后我要说明，在所有的事上都是如此。不过现在我要讲些更加明显的事。

十

我们被指控的最大罪状是不敬神，
但你们的神原本是人，不值得敬，
是后来被立为神的。

你们说，“你们不敬神明”，“而且也不向皇帝献祭”。是的，我们不为别人献祭，其原因是由于我们也不为自己献祭——就是说，你们的神明并不是我们敬拜的对象。于是我们便被控告为渎神和叛逆。这是我们的主要罪状——不仅如此，而且是我们罪状的总和。那么，如果不是凭偏见和偏心来判断，就值得对此深入查问：是否一来根本就不想弄清真相，二来是根本就对其加以否定。我们不敬拜你们的神，因为我们知道根本没有这种东西。所以你们应当这样做：你们要求我们证明它们不存在，从而说明它们无权受到敬拜；因为除非你们的神明是真神，否则就不存在对它们敬拜的义务。如果证明了我们根本拒绝敬拜的是真神，那基督徒也就应受到惩罚了。但你们说，它们是神。我们根据你们自己了解的情况提出异议和上诉；让它来审判我们，定我们的罪，只要它能否认你们的这些神不过是人。即使它敢于否认，也会受到你们古代书籍的驳斥，关于他们的种种情节都是由此而来，直至今日还能为此作证，他们生于何城，在何地留下过他们的辉煌业绩，而且确知他

们葬于何处。那么,现在还要我把这么多又繁又杂、有旧有新、蛮族的、希腊的、罗马的、外来的、俘虏的和收养的、私人的和公认的、男的和女的、乡村的和城市的、海上的和军中的神明都一一列举出来吗?即使把他们的名字都搜寻出来也没有用,于是只好作一概述;这也用不着我教你们,而是为了使你们回想起你们所知道的东西,即使将他们都忘记了,也一定会想得起来。你们的神没有比农神更早的:从他开始就可将你们所有的神,包括那些更高一级的和众所周知的,都查寻出来。于是从前者身上可以证实的东西,也可以用到后者身上。那么根据书上的记载,希腊的狄奥多鲁斯(Diodorus)[i]或者塔鲁斯(Thallus)[ii],塞维鲁斯(Cassius Severus)[iii]或者内玻斯(Cornelius Nepos)[iv],以及有关古代宗教问题的所有作者们,没有哪一位敢说,农神只不过是一个人:既然这个问题决定于事实,那么我看最可靠的莫过于以下事实——农神经过长途跋涉,受到雅典人的款待之后,他又得到雅奴斯[v](Janus,据萨利伊

i 狄奥多鲁斯,希腊历史学家,公元前1世纪人。著有四十卷本的古代世界史。——译注

ii 塔鲁斯,公元前7世纪人,著名希腊哲学家和数学家。为希腊米利都七贤之一,爱奥尼亚学派创始人。——译注

iii 塞维鲁斯,罗马演说家、历史学家和讽刺诗人,公元前1世纪人。因在其诗中讽刺罗马风尚的腐败,遭到放逐。——译注

iv 内玻斯,罗马历史学家,公元前1世纪人。著有《著名皇帝传》和《杰出将领传记》等。——译注

v 雅奴斯,意大利古神之一。他头上前后有两个面孔,人们将1年之初的元月献给他。据传他早期到达意大利的拉契奥(Latium),在一座山岗上建城,以后在该地收容了被朱庇特所逐的农神。雅奴斯的神庙前后有门,和平时期关上,战争时期打开,以便这位门神前来援助罗马人。——译注

[Salii]所载为雅尼斯[Janis])的热情欢迎，于是在意大利这个地方定居下来。他居住过的山叫作萨图尔尼乌斯山(Saturnius)；他所建立的城至今称为萨图尔尼亚城(Saturnia)；最后，整个意大利在取名为埃诺特尼亚(Oenotria)之后，从他起就叫作萨图尔尼亚。是他首先给你们传授了写字法，并且造出钱币，以后便主管国库。然而农神既是人，就必然有其人间来源；既有人间来源，就不是天和地的后代了。由于不知他的父母为何人，于是便称他是我们认为万物由之而来的基本元素之子，这也并不奇怪。谁不以尊崇的心情称天地为父母呢？谁不是根据我们大家的习惯，把那些我们一无所知或者突然出现的人，称为从天上掉下来的呢？这样一来，农神到处都被视为一个突然出现的不速之客，到处都得到了天生者之名。因为即使是一般群众，也将那些身世不明的人称为大地之子。不用说在那原始时代，当人们看到一个陌生人突然出现在他们中间时，一般都是把他看作神人的，因为即使在今天，文化人也把那些一两天前，曾经为之公开追悼被认为死去的人当作神。以上关于农神的评论虽然简短，但也足够了。同样也可以证明朱庇特当然也是人，因为他是由人所生；而且全体诸神一一也和第一个一样，都是凡人。

十一

你们既承认他们是死后被至高的神立为神的，

就要追问立他们为神的原因：

就至高的神来说并不需要他们，
就他们自身来说也无足称道，
甚至应打入地狱受罚。

既然你们不敢否认你们的这些神原本是人，那就是承认他们是死后才被立为神的，让我们想想有什么必要这样做。首先你们不得不承认有一位至高的神，一位使人成神的神性赐予者。因为没有神性者不可能自有神性，除非一位已经拥有者将神性赐予他们。如果没有一位造神者，要造出神来那是空想。毫无疑问，如果他们能使自己成为超越凡尘的神，他们从来就不会是人。现在要是有人可以造神，不妨看看究竟有什么理由要造神；我发现只有一个理由，就是该伟大的神需要他们辅佐他完成神的职务。可是如果说他需要一个人而且是死人的辅佐，这种想法站不住脚，即使他需要一个死人辅佐，那还不如当初就将他造成为神。其次我也看不出有什么需要他来辅佐的地方。因为整个世界万物，无论是如毕达哥拉斯所说的自有的而非受造的，还是如柏拉图所说的由造物主创造的，显然都是一次而永久地按其当初的形式制定和配备，并由一种完美的智慧来掌握的。将万物造得十全十美者不可能不完美。没有什么要待农神及其族类来做的。如果人们不相信从一开始就是天上下雨，星辰闪烁，电闪雷鸣，而且你们将闪电交给他手中的朱庇特也怕闪电，那就是在自欺；同样，在酒神、谷物女神（Ceres）[i]和

---

i　谷物女神，为农神之女，朱庇特和冥神的妹妹，也是保护果树生长的女神。——译注

智慧女神(Minerva)[i],甚至第一个任何人出现之前,各种农产品都已经大量从地里生长出来了,因为供人类生存和生活必需之物,要在人类出现之前就有。所以说这些生活必需品是我们发现的,而不是我们创造的。但被发现之物以前就有;而且早已存在之物,不能视为发现者的东西,而是属于其创造者的,因为它在被发现之前已经存在。然而,如果酒神作为酒的发现者因而升至神的地位,那么,首先将樱桃从本都斯(Pontus)传至意大利的卢库卢斯(Lucullus)[ii]就没有那么幸运了;因为他虽为该新品种的发现人,却没有获得神的荣誉。因此,既然从一开始就存在这样一个宇宙,而且它完全具备按一定的规律完成任务的工作体系,那么在这一方面就绝对没有什么理由去选一个凡人做神;因为你交给你的神的那些任务和能力,从一开始就正是你所想的那种情况,尽管你并没有将他们神化。可是你又提出另一个理由,说赋予神性是给予应得报酬的一种方式。由此我得出结论,你承认造神之神是无比公正的,他既不会仓促贸然行事,也不会随意赐予如此巨大的报酬。那么就请你想想,是否你那些神就理当升天,而不是应堕入阴府的底层,也就是你和许多人认为接受地狱惩罚的牢房。因为所有违背孝道和与姐妹犯乱伦罪、诱奸人妻罪、强奸处女罪、奸污幼童罪,以及性情残暴者、杀人犯、强盗和骗子,总之凡是步你们那些神之后

i 智慧女神,罗马宗教中主智慧、感情和思考的女神,以后与希腊宗教的雅典娜相混同。——译注

ii 卢库卢斯,公元前106至前156年左右的罗马将军,他在罗马与本都的米特拉达提战争后,将樱桃从当地首先带到了罗马。——译注

尘者，没有哪一个你们能说他没有罪行的，除非不承认他们曾经来过人世。然而你们无法否认，这些丑恶的污点也是你们不信他们死后成神的另一种理由。如果你们执行的目的正是惩处这类罪行，如果你们之中的正人君子都拒不与这些邪恶卑鄙之徒交往，和发生亲密关系，而另一方面崇高的神却与之为伍，与他们共享其无上尊严，那又以什么理由去判处你们所崇拜的这类人的同伙呢？在天上有一个与你们的公正唱对台戏的。如果想求得你们的这类神的欢心，那就请将这些最邪恶的罪犯加以神化。你们给予他们的同伙以神荣誉，以此来尊崇他们。现在且不说这类肖小之辈的行径，还有一些正派有德而善良的人士。可是有多少这类高尚之士却被你们置于刑罚之地！如以智慧著称的苏格拉底、以正直闻名的阿里斯提得斯（Aristides）[i]、军事天才地米斯托克利（Themistocles）[ii]、心胸高尚的亚历山大（Alexander）[iii]、幸运的波吕克拉特

---

i　阿里斯提得斯，公元前 4 世纪的雅典将军和政治家。他在公元前 490 年参加指挥马拉松之战取得胜利，次年被选为雅典九执政官之首。公元前 483 年被其政敌地米斯托克利陷害，遭到放逐。但他却从未因私忘公，而与其政敌并肩作战取得胜利。他从政一贯清正，人称正直的阿里斯提得斯。——译注

ii　地米斯托克利（公元前 525 至前 460 年间），雅典政治家和海军领袖。公元前 492 年后成为雅典政治舞台上的首要人物。他是一个军事天才，他预见到在马拉松之役中战败的波斯人将侵袭希腊，建议雅典人建立了海军，以后在 480 年的萨拉米海战中，经过他英明的决策和指挥，将来犯的波斯军击退。——译注

iii　亚历山大，马其顿国王（公元前 323 至前 336 年间）。少时以哲学家亚里士多德为导师，以荷马史诗中的英雄人物为自己的理想。即位后，以其雄才大略率大军东征西讨，终于在东起印度河，西至尼罗河与巴尔干半岛的领域内，建立了庞大的亚历山大帝国。——译注

斯(Polycrates)[i]、富裕的克罗伊斯(Croesus)[ii]、以其口才著称的德谟斯提尼(Demosthenes)[iii]。你们的那些神中有哪一个的庄重和智慧超过加图(Cato)[iv],正直善战赛似西庇阿(Scipio)[v]?有谁比庞培(Pompey)[vi]更为豪爽,比克拉苏(Crassus)[vii]更加富有,比图利乌斯(Tullius)[viii]更善于雄辩呢?预知一切的至高之神当然是了解他们的优良品德的,要是能等到将这种人士接纳为他天上的伴侣那该多好!我想,他可能在仓促中一下子将天门关上了;现在

i 波吕克拉特斯,希腊萨摩斯国王(公元前535—前522年),在他的统治下萨摩斯达到了她的极盛时期。波吕克拉特斯一生以幸运著称,但最后误中埋伏,被波斯人钉死。——译注

ii 克罗伊斯,吕底亚末代国王(公元前560—前547年),以富有闻名于世。他的朝廷成了文人学士和阿谀奉承之辈的聚集场所。——译注

iii 德谟斯提尼(公元前384—前322年),古雅典雄辩家和民主政治家。他极力反对马其顿入侵希腊,发表《斥腓力》等演说,谴责马其顿王腓力二世的扩张野心。今存其演说六十一篇,为古代雄辩术的典范。——译注

iv 加图(公元前234—前149年),古罗马政治家和作家。历任执政官和监察官等职。他维护罗马传统,生活俭朴,严以律己,待人热情,从政清廉。——译注

v 西庇阿,罗马政治家和军事家(公元前235—前183年),在第二次布匿战争中任驻西班牙的前执政官,不久便征服了新迦太基,并以此为基地,数年后又征服了西班牙。公元前205年任执政官后,次年出兵非洲,与努米底亚人联合,打败迦太基人;公元前202年又在扎马战役中战胜迦太基人的大将军汉尼拔,平定了北非,随即退出政界。——译注

vi 庞培(公元前106—前48年),古罗马统帅。早年支持苏垃,镇压塞多留运动,又助克拉苏镇压斯巴达克起义。公元前70年任执政官。后奉命剿平海盗,远征东方米特拉达悌六世,权力激增。公元前60年,与恺撒、克拉苏结成前三头政治联盟,与元老院抗衡。后畏恺撒在高卢战争中得势,图削其兵权,转与元老院妥协。史家认为庞培宽厚有余,谋略不足,终致失败。——译注

vii 克拉苏,罗马三头政治联盟成员之一。他利用权势大量占有被充公的房地产和贩卖奴隶,成为罗马当时的首富。——译注

viii 图利乌斯即西塞罗(公元前106—前43年),古罗马政治家、雄辩家和哲学家。曾发表反对喀堤林阴谋的演说,并将其镇压。后热衷于共和政治,发表反安东尼演说多篇,成为元老院中有影响力的人物。——译注

听到他们在地下悲叹自己的命运，他对这些有德之士定会感到内疚。

十二

> 你们崇拜的神无非是一些死人和虚构的故事；
> 这些偶像当初在匠人手中也受尽屈辱，
> 何况是荣是辱，他们也一概不知。

但是现在要换换话题，因为我知道，而且想要以你们的神之所是，来说明其所非。关于这一点我看到的只是古代一些死人的名字；听到的是一些虚构的故事；我认识到崇拜礼仪完全是以神话为基础的。关于现有的神像，我看它们就是我们日常用的器物一类的东西，甚至在它们从这些有用之物经过圣化的过程中，在一些粗鲁艺人的手中受到不幸的遭遇，他们在塑造时对其无比轻视，甚至在操作中有渎神行为；即使我们为了这些神在种种惩处中受过罪，也感不到丝毫安慰，因为它们在其制作过程中也受过罪。你们把基督徒送上十字架和火刑柱[①]：可是哪一种神像最初不是用泥土制成，插到十字架和桩柱上呢？你们神的身躯当初就是在绞刑架上圣化的。你们用你们的手爪抓伤基督徒的两肋；而对你们的神却是以斧子、刨子和锉刀在其各个肢体上粗鲁操作。我们的头在砧座上被砍了下来；你们的神在按规定用引线、胶和铁钉装上之

① 这一点与吉彭(Gibbon)缩小基督教殉道者数目的理论不符。另参本书第92页注3。

前，也是没有头的。我们被抛到野兽中；而你们也把它们与酒神、自然女神（Cybele）[i]和天后（Cælestis）[ii]放到一起。我们受到火烧；它们原来作为土坯时也是一样。我们被判送到矿山；你们的神也是从那里来的。我们被流放到海岛；你们的神也经常是在海岛上生和死。如果一个神是这样制作出来的，那么，有多少受罚的就有多少神化的，严刑也应称为神圣了。但是显然，你们崇拜的这些东西在其圣化时并未感到屈辱和不快，同样对你们所给予的荣耀也一无所知。好一派不虔敬之辞！好一派渎神的胡言！你们对我们咬牙切齿——对我们大发雷霆——毫无疑问，你们就是当初责怪那塞涅卡（Seneca）[iii]更详细更尖锐地大斥迷信的人！总之，如果我们拒不敬拜那些神像和冰冷的画像——那些与老鹰、老鼠和蜘蛛为伍的已故原型的复制品，难道不值得夸奖而不应受惩罚，因为我们拒绝了我们认为错误的事吗？当然不能认为我们侮辱了我们确知其不存在的东西。无论什么东西，既不存在，就不可能受到伤害。

十三

你们敬拜许多的神，在其中

i　自然女神，在古代亚洲宗教中为诸神之母。对她的崇拜起源于弗里吉亚（Phrygia）和吕底亚（Lydia），公元前5世纪传入希腊，公元前3世纪传入罗马。她是主管大自然生物生长繁殖的女神，也是一些城市和民族的保护神。传说中的自然女神巡回于田野山岗之间，由雄狮为其拉车。——译注

ii　天后，原为非洲迦太基的女保护神，后传到罗马。她骑在狮身上，右手拿着闪电，左手握着权杖，头戴王冠。——译注

iii　塞涅卡（公元前4至后65年），罗马政治家和哲学家，为尼禄皇帝的老师。奥古斯丁在其所著《上帝之城》卷六中，曾援引塞涅卡论罗马人之迷信一书的内容。——译注

有舍有取，或将其出卖，实为侮辱。
将一些生前声名狼藉者也封为神，
更是对诸神的侮辱。

你们说，“可是对我们来说，他们是神”，那你们怎么在这一点上又自相矛盾，轻忽一些你们认为存在的，毁掉一些你们所敬畏的，嘲弄一些你们要为其荣誉报仇的神像，从而证明你们有不虔敬的、渎神的和无信仰的行为呢？现在你们看我说的是否有脱离实际之处。首先，我确实看到你们崇拜一位神，又去崇拜另一位，当然就会得罪你们所不崇拜的神。你们不可能偏爱一位又不轻忽另一位，因为选择就含有抛弃的意思。所以你们是在轻视所抛弃的；因为在你们抛弃他们时，显然并不怕得罪他们。如上文所示，每一位神的神性都是由元老院决定的。没有哪一位神不是在人们的心意对其不满时受到排斥的。你们把家神称为 Lares[①]，对他们运用家权，典当、出售和更换他们——如果有哪一个用旧了，或者在长期神事过程中破损了，或者家庭主管人感到更为神圣的家庭用途有所急需时，或者会将他作为一个为农神烧水的壶，或者一个智慧女神的火盆。同样，按社会公法来说，你们也羞辱了你们的国神，把他们置入拍卖品之列，当作一种收益来源。人们都争取到卡庇托尔神殿里去，在叫卖的吆喝声中，插上拍卖的标志，经过会计官登记，好像把他们摆在药草市场里一样。神性消失了，并且卖给出价最高的主顾。而实际上带有赋税义务的土地不大值钱；规定要

① 家神，罗马诸神之一，她的神像为一手持象征丰收的羊角的青年。最初在意大利北部的埃特鲁斯，被尊为多子女之神和家神，或一个城市的保护神。——译注

交人头税的人是不大高贵的；因为这些东西都是奴役的标志。可是对于诸神来说，提供的收益越多，他们的神圣性就越大；甚至一位神付出的税金越高，他就越发神圣。威严成了一种收入来源。宗教靠乞讨开店。你们以在庙堂中占一席之地，以参与祭拜仪式之权来开价；不能白白地与你们的神相识——要用钱去买他们的恩惠。你们给予他们的荣誉有什么是没有给予亡者的呢？对前者和后者都建有神殿；对他们都修了祭坛。他们的神像都配有同样的服饰和徽章。亡者有自己的年龄、技艺、职业，神也是一样。丧礼与朱庇特的祭礼有何区别？祭神的碗与祭亡灵用的勺有何区别？殡葬员与占卜者又有何区别，事实上后者不是同样在为亡者服务吗？你们一丝不苟地将神灵的荣誉给予你们已故的皇帝，就像生前敬拜他们一样。这些神灵会感激你们；甚至他们非常高兴的是，他们的主子也与他们平等了。可是当你们在你们的朱诺(Junos)[i]、色列斯(Cereses)[ii]、黛安娜(Dianas)[iii]等之中，还崇拜拉伦提纳(Larentina)，这个公开的娼妇时——至少是拉伊斯(Lais)或者弗林纳(Phryne)也好——当你们把西门术士(Simon Magus)供奉到你们的万神庙中，给他一尊神像和神圣之神的名号时；当你们把一个声名狼藉的宫廷侍从封之为诸神大会的神明之一时，尽管你们古代的神实际上也不会变得更好，他们仍然认为受到了你

i 朱诺，罗马宗教中的女神，系农神之女，朱庇特之妻，为妇女的保护神，婚姻的倡建者，尤其是产妇的保护神。——译注

ii 色列斯即谷物女神。——译注

iii 黛安娜，意大利和罗马宗教中的女神，被混同于希腊宗教中的阿尔忒弥斯(Artemis)。被妇女奉为繁殖女神、月女神和狩猎女神。——译注

们的侮辱，因为古代给予他们的特权，现在让给别人了。

十四

且不说你们在规定的献祭中十分吝啬。
作为青年师表的诗人们也鄙视众神，
哲学家们更是对他们进行嘲弄。

现在再来看看你们的礼仪；我并不想批评你们的献祭，你们献上的是一些衰老的、有病的和腐烂的祭牲；你们将肥美和良好牲畜上的无用部分割下来，如头和蹄子等，这在家中一般是留给奴隶和狗的。缴大力神什一税的农产品中，献到他祭坛上的不到三分之一（我倒要称赞你们从损失中再捞回一点的机智）；再看看你们从中学得机智和人生崇高职责的典籍，又发现了一些多么可笑的事啊！特洛亚人（Troians）、希腊人认为，众神像格斗士那样一对对地相互格斗；维纳斯（Venus）被狄奥墨得（Diomede）射伤，是因为她儿子埃涅阿斯的生命受到此人的威胁[i]；战神经过十三个月的监禁筋疲力尽；朱庇特（Jupiter）靠某妖怪之助才摆脱其他诸神的折磨；他一会儿哀叹萨尔佩东（Sarpedon）[ii]的遭遇，一会儿又疯狂地与他的妹妹做爱，向她历数他过去的情妇，然后又长时间内对她冷淡。除此以外，有哪一位诗人不是在学其首领的榜样，令诸神不快

i 埃涅阿斯是特洛伊战争中的英雄。他的母亲维纳斯为了救他，被希腊战将狄奥墨得射伤。——译注

ii 萨尔佩东为朱庇特之子，在特洛伊战争中率领吕底亚人英勇抗敌。牺牲后，悲痛至极的朱庇特将他运回吕底亚，以英雄之礼安葬。——译注

呢？有的让阿波罗给阿德墨托斯(Admetus)[i]国王放羊；有的让海神(Neptune)为拉奥迈东国王(Laomedon)盖房[ii]。还有一位抒情诗人品达(Pindar)，歌唱医神埃斯库拉庇乌斯(Æsculapius)[iii]出于贪心违背天意行医，因而遭到雷击的报应。说朱庇特发出雷电，对孙儿毫无慈爱之心，对医神一腔妒意，这是他的恶劣行为，这种事如果属实，就不宜公之于众；如果不实，就不应在虔诚信教的民众中进行编造。你们的悲剧和喜剧作家也一直把众神写成各种家庭灾祸和罪恶的根源。且不说哲学家们，令人满意的只有苏格拉底，他蔑视众神，经常以橡树、公羊和狗的名起誓。事实上苏格拉底之所以被判处死刑，就是由于他鄙弃对众神的崇拜。显然自古以来，真理总是不受欢迎的。不过，当雅典人对他们的批判感到后悔时，就对控告他的人进行了惩处，并为他在神庙中立了一座金像，从而取消了对他的批判，他的证言也恢复了其原有的价值。狄奥根尼(Diogenes)对大力神大加嘲弄，而罗马犬儒派哲学家瓦罗(Varro)提出来的朱庇特有三百之多，据说都是无头的。

十五

你们的戏剧作家将众神的丑行供你们取乐，

i 阿波罗当初曾被众神逐出奥林匹亚神山，经菲雷城传说中的国王阿德墨托斯收容，为之放羊，于是他以后被尊为牧羊人的保护神。——译注

ii 拉奥迈东为传说中的特洛伊国王。他曾约请阿波罗与海神为特洛伊修建城墙。——译注

iii 希腊神话传说中的神医埃斯库拉庇乌斯，为阿波罗之孙，从基农 Chiron 学医，医术非常高明。因图高额报酬，将死人复活，违反天意，被朱庇特用雷电击毙。——译注

你们看了拍手叫好，说明你们也鄙视他们。
在竞技场上表演的也是你们神的恶劣行径。
你们在神庙中，在神坛上大干丑事，
这说明亵渎神明的不是基督徒，而是你们自己。

你们的其他作家任性起来，甚至丑化众神供你们取乐。请看你们的伦图卢斯(Lentulus)和荷斯第里乌斯(Hostilius)的那些美妙的滑稽戏，在嬉笑和做作之中究竟是小丑还是众神在给你们逗乐；我说的滑稽戏是指奸夫安努毕斯(Anubis)[i]、男性的月神、受鞭打的黛安娜，以及宣读逝世的朱庇特的遗嘱，和那三个使人发笑的饥饿大力神(Hercules)。[ii]你们的戏剧作品也描绘了你们众神的种种卑鄙行径。太阳神为他的儿子[iii]被逐下天庭深感悲痛，你们却开怀大笑；赛比利(自然女神，Cybele)[iv]在蔑视她的情人身后叹息，你们也不惭愧；你们容忍历数朱庇特恶劣行为的台词，让牧羊人[v]去

i 安努毕斯，古埃及的坟茔神，豺头人身或狗头人身，据说他将死者领往阴间。在罗马人的戏剧中，他和男性月神都以奸夫的形象出现。——译注

ii 据说大力神曾经来到罗都岛某地，腹中饥饿，要买某农夫的牛，农夫不卖。大力神便以暴力抢过牛来，杀了充饥，遭到农夫一顿臭骂。大力神成神后，人们也用牛向他供奉，也同样对他大骂一顿。——译注

iii 据说，太阳神之子菲松(Phaethon)，某日求得其父许可，驾驶太阳火马车时失控，从天上摔了下来，朱庇特为了避免他的火车着地引起火灾，在空中用雷电将其击毙。——译注

iv 赛比利，为古弗里吉亚宗教的女神，后被罗马人奉为大母神和众神之母。此处的情人系指阿提斯。据传阿提斯为弗里吉亚的牧羊人，在戏剧中，赛比利向他求爱，遭到他的鄙弃。——译注

v 此处的牧羊人系指帕里斯(Paris)，特洛伊国王普里阿姆(Priam)之子。其母在梦中得神谕称，他将给特洛伊带来毁灭之灾，于是他出生后便被弃于伊达山中，为牧羊人收养成人。据神话传说，当朱诺、智慧女神雅典娜和维纳斯为金苹果发生争执时，由他做裁决人将金苹果给了后者，而后者作为报答，将最美丽的女儿海伦嫁给了他。——译注

审判朱诺、维纳斯和智慧女神。而且，当你们将神的形象放到一个声名狼藉的可鄙小人身上，当一个淫荡而训练有素的角儿，妖气十足地扮演智慧女神或大力女神时，难道不是你们神的尊严在受到侮辱，不是你们的神在受到亵渎吗？而你们不仅观看，还要拍手叫好。我想，或许你们更热衷于竞技场，在那里当你们的神在扮演那些罪犯的角色，表演他们的故事和经过时，同样在人的血泊之上，在被判处的罪犯污迹上跳舞，此外这后一类人往往也披上神的外衣，实际扮演神的角色。现在我们看一出表演阿提斯(Attis)[i]这位佩锡努斯城(Pessinus)出身的神被阉割的戏，也见过一个人像大力神那样被活活烧死。[ii]我们看了这光天化日之下残酷游戏的表演，看到墨丘利手持火红的烙铁检查死者的尸体[iii]，眼见朱庇特的弟弟[iv]手持铁锤，将格斗士的尸体拖出去，还感到开心。不过这类事谁能说得完呢？如果你们神的荣誉会因这种事而受到损害，会将他们的尊严抹得一干二净，我们就只好用那些具体扮演者，以及对此表演欣赏者对众神的蔑视来解释。以上所述都是竞技场上的情景。然而如果再说到那些人所共知并承认其属实的事，如在神庙内安排通奸，在神坛上进行拉客，经常在神庙看守人和祭司的房

i 据传，赛比利爱上了阿提斯之后，为了不使他为别人所得，于是将他阉割了。——译注

ii 大力神之妻德雅尼拉(Deianira)与他发生矛盾后，为了挽回丈夫的心，按神谕让丈夫穿上一件用血浸过的衣服，他穿上之后，实在难受，便跑上奥伊特山，在一个柴堆上 将自己活活烧死了。——译注

iii 墨丘利为信使神，根据罗马神话他是道路之神，人死后，亡者灵魂由他引到阴府。——译注

iv 此处朱庇特的弟弟系指冥神(Pluto)。人死后，由他收尸。——译注

中，身披祭巾，头戴祭冠，在香烟缭绕之中干那无耻的勾当，我不知道你们的神是否更有理由指摘你们，而不是基督徒。毫无疑问，所发现的渎神罪犯都是你们宗教的信徒，因为基督徒即使白天也不进你们的神庙。如果他们对其崇拜，那也会对其亵渎的。既然他们崇拜的对象与你们的不同，那他们又崇拜什么呢？这实际上也就是说，他们摒绝谎言的结果就在于尊重真理；他们既然已经认识到那一套是错误，就不会继续去犯他们已经放弃了的错误。你们首先要承认这一点，当我们对某些错误看法做过初步驳斥后，再进而阐述我们整个的宗教体系。

十六

首先清除人们对我们神的误会，
我们的神不是驴头、十字、太阳等，
这一切只适合于你们所谓的神。

因为你们也像其他人一样，误以为我们的神是一个驴头[①]。塔西佗(Cornelius Tacitus)首先把这个观念塞到人们的头脑中。在其所编历史第五卷中，在开始讲犹太战争时，谈到该民族的起源；并且对其起源和名称以及犹太人的宗教随意地提出理论，他说，他们在被解救或者据他看是被埃及驱逐之后，在越过干旱的阿拉伯大平原时，他们口渴得很；可是有一头野驴进食之后似乎也正

① 十字架的图形到处可见，说明教外人如何饶有兴趣地接受了这一世俗观念。

找水，在它的带领下他们发现一眼泉水，于是出于感激之心就将这种动物的头神圣化了。既然基督教与犹太教几乎同出一源，我想，由此便认定我们也会虔诚崇拜这一形象的。可是这位塔西佗（恰好在说谎上并不谨慎）在其上述著作中告诉我们，在庞培攻占耶路撒冷之后，他曾进入圣殿看了犹太教的约柜，却发现其中并无什么神像。然而如果崇拜的对象是什么有形之物，其展示之处一定是神龛；更何况该崇拜礼无论如何不可思议，也没有必要怕外人看。圣所只许祭司进入，圣所前挂有一整面帐幕，不许他人观看。不过你们并不拒绝一切运载货物的牲畜，各种牲畜的整体而不是它们的一部分，与它们的女神埃波娜（Epona）[i]都是你们崇拜的对象。也许正是这一点使你们对我们不满，即你们崇拜的是所有牲畜，而我们只崇拜驴。再者，如果你们有人认为我们拜十字架是迷信，那你们也和我们一样。既然你们对一块木头都要崇拜，那么只要实质相同，形象如何就无关紧要了：只要有了神的实体，就不问形式如何了。希腊智慧女神雅典的帕拉斯（Athenian Pallas）[ii]与十字架的差别有多大，更何况公开出卖未经雕刻的法尔谷物女神（Pharian Ceres）只是一块粗料和一段未成形的木头呢？任何一根直立的柱桩都是十字架的一部分；如果你们同意的话，我们所崇拜的就是整个完整的神。上文已经提到，你们的神是以十字架为模型发展而来。不过你们也崇拜胜利，因为你们的胜利纪念碑（tro-

i　埃波娜，马和驴等的保护神。——译注

ii　雅典的帕拉斯，相当于罗马的智慧女神。她是智慧和战争之神，是羊毛编织和橄榄树种植的发现者，因而橄榄树为帕拉斯的神圣象征。——译注

phy)[①]是以十字架为中心的。罗马人的广场宗教(The camp religion)完全是一种旗标(standards)崇拜,把旗标置于诸神之上。同时装饰着旗标的那些形象都是十字花样。你们旗标和旗帜上所有的悬挂物,都是十字的外衣。我赞赏你们的热情:你们不会圣化未加外衣和未经装饰的十字。另一些则说得更有根据更加逼真,他们以为太阳就是我们的神。也许是把我们看作了波斯人,尽管我们并不崇拜那画在一块布上的白昼星球,从而使自己到处都在它的圈内。这种想法一定是出于众所周知我们祈祷时面向东方[②]。可是你们中的许多人,有时也以崇拜天体为由,朝着日出的方向鼓动嘴唇。同样,我们把星期天用于欢庆的理由,绝不是因为崇拜太阳,而是与你们中那些把周末用于舒适与享乐略为近似,尽管他们的做法与犹太人的生活方式相距甚远,实际上他们对此也一无所知。然而最近在该大城市里,对我们的神又有一种新说法问世:该说法出自经常受雇于人诱捕野兽的某小人之口,他打着一张画像,上面写道:基督徒的神生于一头驴。[③] 他长着驴耳,一足有蹄,手执书本[④],身穿长袍。这样的名称和形象都令人发笑。不过我们的敌人正应向这种两面性的神致敬,因为他们就承认过一些长着雄鹿和山羊般的角,有着山羊般的腰和蛇足,而且背后或脚上长着翅膀的狗头和狮头神。对这种东西之所以大讲特讲,是为了使人们不至于认为,我们有意放过某种谣传而不加驳斥。在完全清

① 君士坦丁大帝军旗的一种雏形。

② 如亚历山大的克莱门(Clement of Alexandria)所示。

③ Onocoites(卧于驴槽中者)。或者据 Oehler 所言,其意思为“驴司祭”。

④ 显然指《圣经》;此处说明《圣经》在早期基督徒眼中是什么。

除了对我们的误会之后，现在就来阐明我们的宗教究竟是什么。

十七

基督徒只崇拜创造万物的唯一真神，

人可从神所造的万物中认识他，

清醒的心灵也会自然认识他。

我们崇拜的对象是唯一的上帝，[①]他以其命令之言、统筹之智、全能威力，从乌有中使我们的这整个世界，连同其所有元素、物体、精神，为了他的尊严光荣而产生出来；于是希腊人也将其命名为宇宙。人眼看不见他，尽管他（从精神上）是可见的。他是不可思议的，尽管他出于恩慈已自行显示出来。他超出我们的思想极限，尽管我们人的官能也对他进行想象。他既实在又伟大。可是从一般意义上讲，凡是能看得见、摸得着和想得到的东西，都要比看到它的眼、摸到它的手和发现它的官能更低一些；而无限物则只能为自己所认识。这就给了我们以某种神的概念，同时又完全超出我们的想象力——我们无法对他完全理解，这就给我们提供了他究竟是什么的概念。他以其超然的伟大性呈现在我们头脑中的，是既已知又未知。人们的最大罪过就是不肯承认这唯一的神，因为他们不可能对他不知道。你们想要从他亲手创建的如此众多而又如此伟大，既容纳又供养着你们，既供你们欣赏又使你们惊惧

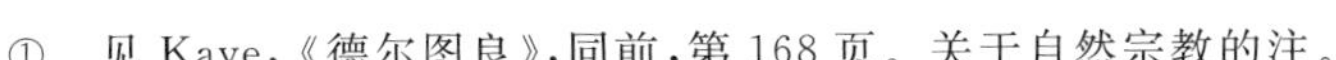

① 见 Kaye，《德尔图良》，同前，第 168 页。关于自然宗教的注。

的工程中来取证，还是要灵魂本身来作证呢？尽管灵魂在肉体的压力束缚下，被腐败的风俗带坏，被贪心和情欲弄得软弱无力，处在邪神的奴役之下；可是她一旦从沉溺、昏睡或疾病中清醒过来，略为恢复其自然健康状态，她就会谈到神；也用不着其他字眼，因为这就是该真神的本名。“神伟大而又善良”，“听任神的恩赐”，都是人们的口头禅。至于人们说，“神所明鉴”，以及“我仰赖于神”和“神会报答你”等，都证明神是审判者。生来就是基督徒的灵魂，[①]其证言多么可贵！而且他们在用这类语言说话时，不是眼望卡庇托尔神殿，而是眼望上天。他们知道那里有活生生的神的宝座，因为自己是从他和他那里下来的。

十八

神通过先知们首先向犹太人做了启示，
这一切在托勒密王朝已译成希腊语公之于世，
凡是读了或听了的就不得不相信。

然而为了使我们能对他以及他的计划与旨意有更全面和更可靠的了解，于是神另加了一种书面启示，以便每一个决心寻求他的人，寻求而能发现，发现而能信仰，信仰而能服从。因为从一开始他就曾派使者到世上来——这是一些正直无私，堪当了解至高者，并将其显示于众的人，这是一些充满了圣灵的人，目的是让他们向

① 尽管在我们目前的情况下，我们生性并不善。关于这一点德尔图良另有证明，见本篇第十八节。

世人宣扬只有一个神，他造成了万物，他用地上的尘土造了人（因为他在支配季节及其进程，向世界发号施令，他是真正的普罗米修斯[Prometheus]），这些人进一步向我们宣示了，他用洪水与大火审判世界的威严，他为使人得到他的恩惠而制定的法规，和对忽视、抛弃与遵守该法规者的报应，以及关于最终判定予其崇拜者以永生，对恶人立即处以永无休止永不间断的火刑，将造世以来所有亡者复活起来，使之改造和更新，从而也给予他们以赏赐或惩罚。这一切事情和我们又一次地成了人们的笑柄。我们与你们种族和本性相同：大家是变成而不是生为基督徒的。我们所说的宣讲人，根据他们所承担的预告未来的职责而被称为先知。他们所讲的话以及他们所行的奇迹，是为了使人相信其中的神性权威，我们至今还保存在他们留下的文献宝库中，而它是对所有人开放的。托勒密（Ptolemy）别名费拉德尔伏斯（Philadelphus）[i]，在埃及人中学识出众，博览群书，我想他是步皮西斯特拉图斯（Pisistratus）[ii]的后尘热爱读书，尤其是那些以其古老和特殊价值著称的过去遗著，在声望超出当时所有学者并受命管理此类事宜的法勒莱乌斯（Demetrius Phalereus）[iii]的建议下，专心研究犹太人的著作——我指的是他们特有的，用犹太语言写成的，只有他们保存的专著，因为从

---

i　托勒密，埃及国王，公元前285—246年在位。《圣经·旧约》七十士译本就是在他支持下译成希腊文的。——译注

ii　皮西斯特拉图斯，雅典城邦的暴君，公元前600—前528年在位。他重视文化建设，他在位时期代表了雅典文化发展的一个高潮。——译注

iii　法勒莱乌斯，雅典城邦的政治家和演说家（公元前350—前283年），他在卡桑德皇帝时期治理雅典，以贤明著称。在德米特里乌斯一世占领雅典后，逃到埃及。埃及国王托勒密一世在其建议下，修建了亚历山大图书馆。——译注

这个由于其先辈的关系而为神所钟爱的民族中产生了他们的先知，并且对他们讲了话。古时我们称之为犹太人的民族，现在称为希伯来人，于是他们的著作和语言也都是希伯来语。但是为了使他们的书不致没有能懂的人，这一点犹太人也给托勒密准备好了；他们给他派了七十二名译员——这些人是为哲学家梅内德木斯(Menedemus)[i]，著名的天意断定人所尊重，认为与之观点一致的人。阿里斯特乌斯(Aristæus)[ii]也有同样的报道。于是国王便将译成希腊语的这些著作公之于世。① 直到今天，在塞拉庇斯神殿里、托勒密图书馆里，都可以看到与之一起的还有其希伯来语原著。犹太人还将这些书当众公开诵读。他们在自由捐献的条件下，习惯于在每个安息日去听诵读。凡是恭听的就会在其中找到神；凡是用心去领会的，就不得不信仰。

十九

基督教经典的远古性说明了
她是一种值得信仰的宗教。
而且你们的神要晚得多。

首先这些著作的远古程度，就说明了它们的权威性。对你们来说，根据这一点，她就是一种值得信仰的宗教。就连你们最古老

i 梅内德木斯，古希腊埃里特利亚的哲学家，柏拉图的弟子。——译注

ii 阿里斯特乌斯为阿波罗与塞伦所生之子，他教人养蜂，种植橄榄树，为民众治病，并能传达神谕，因而受人崇敬。——译注

① Kaye，《德尔图良》，同前，第 291 页。

著作的要旨、材料、起源、种类、内容，包括过去记载和史册中以古老闻名的多数著名民族和城市——你们的文字形式，那些历史事件的展示者与保存者，甚至（我想我并未离题）连你们的众神本身，你们的神殿和神谕以及圣礼等，都不及其中一位先知的著作早，在这里面可以找到全部犹太宗教当然包括我们宗教的宝藏。要是你们听说过有一位摩西（Moses），我就先说说他：他与伊纳古斯（Argive Inachus）[i]一样早；比达劳斯（Danaus）[ii]，你们中最古的人几乎要早400年——只差7年——同时他的逝世时间要比普里阿姆[iii]早1000年。我还可以肯定，他比荷马要早500年，而且有许多人支持这一观点。其他先知即使是最近的，尽管年代较晚，也与你们最早的哲学家、法学家和历史学家一样早。倒不是问题的艰深和广阔性妨碍了我们阐述这一说法的根据；关键不在于其艰深而是冗长乏味。这需要遍览群书，作繁浩的计算。需要翻遍许多古老民族如埃及人、迦太基人、腓尼基人的历史；这些民族中曾经提供情况的人，还要请来作证。如埃及人曼内托（Manetho）[iv]，迦太基人贝罗苏斯（Berosus）[v]，腓尼基的推罗（Tyro）[vi]国王希埃罗姆斯（Hieromus）；还有他们的继位人，梅德人托勒密（Ptolemy the

i 伊纳古斯，古希腊城邦阿尔戈斯（Argos）传说中的国王。据说他生活在人类出现的早期。——译注

ii 达劳斯，利比亚的传奇性国王，据说他有女儿五十人，为了避免她们与其孪生兄弟的五十个儿子结婚，逃到阿尔戈斯，建立了该城。——译注

iii 普里阿姆，古特洛伊的末代国王。——译注

iv 曼内托，公元前3世纪的埃及历史学家，著有古代埃及史。——译注

v 贝罗苏斯，公元前3世纪的巴比伦天文学家。——译注

vi 推罗为古腓尼基的一个城邦。推罗国王希埃罗姆斯即圣经上的希兰（Hiram），与大卫和所罗门友善，他热爱智慧寻求真理，有著作遗世。——译注

Mendesian)，法勒莱乌斯[i]，国王优巴(Juba)[ii]，阿皮翁(Apion)[iii]和塔鲁斯，以及他们的评论家犹太人约瑟夫斯(Josephus)[iv]，他是其本民族古老历史的辩护人，他既为其他人作了证，也对他们进行了驳斥。希腊的监察官名单也要与之比较，确定事件发生的日期，从而揭示时间上的联系，于是就可以弄清各史籍上年代计算的眉目。我们要去考查各民族的历史与文献。而实际上，我们通过对其形成所作的说明，已经把部分证明摆到你们面前了。不过看来最好是对此暂不作全面讨论，以免在仓促中失之潦草，而深入详叙回顾又过于冗长。

二十

《圣经》所预言的事都已经应验，
这就证明了它的神圣性，于是
对其预言中尚未实现的也不得不相信。

为了弥补这一点上的延迟，现在把一些更为重要的东西向你们宣告；我们且不说我们《圣经》的古老性，而把目光集中到它的崇高性上。如果你们怀疑我们所说的古老程度，我们就来证明它的

i 法勒莱乌斯，生于公元前350年左右，雅典逍遥派哲学家。——译注

ii 优巴，北非努米底亚国王，公元前60—前46年左右在位。——译注

iii 阿皮翁，亚历山大文法学家，公元30年左右在罗马任教，以修辞学闻名于世。——译注

iv 约瑟夫斯，犹太历史学家，生于公元37年，著有《犹太战争史》、《犹太古代史》等。——译注

神圣性。对这一点你们立刻就会深信，而且不用说得很远。你们的老师、世界、时代和时事都在你们以前。你们周围发生的事都是经过预告的；你们现在眼见的事，都是事先已经耳闻过的。一些城市为大地吞没；海岛为海水掩盖；造成内外骚乱的战争、国与国的冲突；饥饿与瘟疫、自相残杀以及各地令人痛心的死亡率；卑微者受举扬，高傲者受屈辱；正气衰微罪恶增长，种种良好风气日益颓废；就连季节和风雨也偏离常规，妖怪和凶兆代替了自然常规——这一切在其发生之前就已经预见和预告了。当我们遭到这些灾祸时，在《圣经》中我们也同样读到它们；据我们考查，它们都应验了。那么我想，预言的真实性就是其来自上天的证明。因此在我们中间对未来之事，就有一种将其视为已经证实之事的坚决信念，因为它们是与我们每天所证实的事一起预告的。是由同一声音讲出来，是写在同一本书上——是同一个圣灵所默示的。对于预告未来的预言来说，所有的时间都是一个。在人们中间，当其正在应验时，可能对时间有所区别：从未来看，我们认为它是现在的，从现在看，我们认为它是属于过去的。根据我们对这两个步骤的信念，请问，怎能怪我们相信未来的事，似乎它们已经实现了呢？

二十一

我教与犹太教崇拜的是同一个神。

犹太民族偏离了神的道路，

神为了从各民族中选召其崇拜者，

于是派遣他的圣子降世，基督就是神，

而且是神人合一的。
说明基督及其门徒是如何创立
和传播基督教的。

上文已经讲过，我教有最古老的犹太著作作证，尽管众所周知，而且我们也完全承认，我教起源于较晚时代——不早于提比略[i]朝代——于是就可能对其立场产生一个问题，似乎我们想在一个各方面都得到法律的绝对认可的著名宗教荫庇下，企图掩盖什么，或者是因为除年代以外，在饮食、圣日以至著名的肉体上的标记[ii]等方面，都与犹太人不同，如果说，我们与他们崇拜的是同一个神，那也就应当具有一个共同的名称了。再者，现在连一般民众对基督也略有所知，认为他不过是犹太人所谴责的那么一个人，于是有的人自然就会认为，我们所崇拜的只不过是一个人。但我们并不以基督为耻——因为我们以做他的门徒并为其名受苦而欢欣——而且就神来说，我们与犹太人并无不同之处。因此我们就要对基督的神性作一点说明。犹太人在过去当他们的祖先以其正直和信仰而著称时，曾经多蒙神的恩惠。于是他们作为一个民族就大为兴旺发达起来，他们的王国也声名鹊起；而且他们是如此有福，以致神在特殊启示中对他们说话，予以教诲，事先向其指出应如何赢得神的宠幸，避免使之不悦。可是他们却以其高贵的祖先而盲目自满，骄傲自大，偏离神的道路，走上邪恶的歧途，深深地陷入罪恶之中，尽管他们不愿承认，目前他们的民族灾难却可予以充

i　请参本篇第五节注1。——译注
ii　系指割礼。——译注

分证实。这个流浪的民族散布各国，离开了自己的本乡本土，在世界各地游荡，既无人间或天上的国王，甚至在他们的本土也没有作为外侨落脚的权利。尽管《圣经》的作者们曾经对这些事预先进行过警告，并一致明确宣布，到世界末日，神将从各个民族、人民和国家中，为其选出较为忠诚的崇拜者，将其恩惠赐予他们，而且与进一步扩大的更崇高的管治地位相配合，其恩典也将更为丰富。[i]于是他在我们之中显现出来，他的来临旨在更新和启迪人性，这事早有神的预告——我指的是基督，神的儿子。于是这一位恩宠与惩罚的最高首领与导师，人类的启迪者和教导者，神的独生子在我们中被预告在我们当中降生——但虽受生却不致因人子的名义或其父子亲缘而蒙羞。他不是注定有一个与某姊妹乱伦或奸污某人之女或妻的父亲，他不是一个蛇形、牛形、鸟形的神，或者为达到其卑鄙目的而变为达莱的金子[ii]的恋人之神。这是你们以朱庇特的上述卑鄙行为为内容而编造出来的神。但是神的儿子绝无什么不纯洁的母亲；人们按常情视为其母的女子，从来没有与人缔结过婚约。① 不过，我想先谈谈他的基本性质，这样就便于理解他出生的性质。上文已经讲过，神以圣言、理智和权能造成了世界及其中一

---

i 基督教是耶稣基督的门徒们，在罗马提比略朝末年，根据基督的命令和教导所创立的教。从此旧约时期结束，新约时期开始。基督的教导不是要否定旧约时期的法律，而是要予以完善。因此基督教便与代表旧约时期而拒绝新约的犹太教分道扬镳了。——译注

ii 达莱的金子，系指阿克利西乌斯(Acrisius)因神谕预告，他将为其女达莱所生之子所害，于是将达莱锁在铜塔中。此时宙斯化为一阵金雨，降到达莱怀中，与之交合生子，是为佩尔塞乌斯(Perseus)。——译注

① 就是说通过与约瑟的夫妻行为，实践婚约。

切。很显然，你们的哲学家也将逻各斯（Logos），即圣言和理智视为宇宙的创造者。因为芝诺（Zeno）指出，他是按一定计划造成万物的创造者；他被称为命运、神、朱庇特之魂和万物的自然律等。克林西斯（Cleanthes）将这一切归结为弥漫于宇宙之间的精神。我们也同样认为，上述之神藉以造成万物的圣言、理智和权能，以精神为万物固有的基本精华，寓于其中的圣言发出话来，理智遵照进行安排布置，权能则予以全面执行。我们得知，他出自于神，而且在此过程中他是生出来的；因而他是神的儿子，并由于与神性体同一而被称为神。因为神也是一种精神。就连从太阳射出来的光线也是其母体的一部分，太阳仍在该光线之中，因为此光线是太阳的光线——性体并未分开，只是延伸而已。因而基督是出自灵的灵（Spirit of Spirit），是出自神的神（God of God），就像光源发出的光芒。[①] 物体的基质仍旧是完整无损的，尽管你会从中得到拥有它的性质的无数的散发物。同样，出自于上帝的也马上就是上帝，就是上帝的儿子，两者实质是一。以同样的方式，由于他是灵的灵、神的神，他也就在存在方面，在地位上，而不是在本性上，成了第二位的。他不是返归那最初的源泉，而是从那里出发。这道上帝的光就像古代早有预言的那样进入一位处女，在她的子宫中结成圣婴。因他的诞生，上帝与人连为一体。这个由圣灵造就的肉体得到哺育，长大成人，论道传教，他就是基督。你们就暂且接受这一神话吧，如果你们要这样来称呼的话——就像你们自己的某些神话一样——我们还是来说说，基督所宣称的东西如何得以

① 这是基督徒之中的常用语，以后为信经所采纳。

证实，以及是哪些人在与你们一道编造这类神话，企图推翻与之近似的真理。犹太人也与先知向其预告的那些人一样，深知基督正在来临。不仅如此，甚至直到现在他们仍在等待他的来临；在他们与我们之间没有其他争端，只是他们认为基督尚未来临。因为基督的两次来临已给我们显示出来了：第一次的来临已经在人世命运的平凡形式下实现了；在逼近此即将结束的世界的第二次来临，也将在神性的无比威严中展现出来；由于误解了第一次来临，他们就认定，预告得更为明确而且他们也寄予希望的第二次来临，是唯一的一次。他们之所以未能理解主的第一次来临，是其罪过应得的惩罚：因为他们如果理解了就会相信；如果信了就会得救。他们自己就可以读到，《圣经》上如何写着他们丧失了智力与理解力——不会用眼目和耳朵。[①] 由于他们在其先入之见的驱使下，从基督平凡的外表出发，认定他不过是一个人，于是就得出一个必然性的结论，即从他所表现出来的威力——如一句话就能为人驱魔，使瞎子复明，使癞病人洁净，使瘫痪者恢复活力，唤起死者使其复活，令大自然听从号令，平息风浪，在海面上行走等，于是只好将他视为术士。这就证明他是神的逻各斯，是那拥有权能和理智，并以圣灵为基础的太初的首生圣言——现在以其圣言完成一切的他，与当初造成一切的是同一个神。但犹太人被他的教诲所激怒，他们的统治者和长官却看清了这个真理，主要是因为很多人都离开他们，转到了基督那一边，最后他们就将他拉到彼拉多(Pilate)衙门，彼拉多系当时罗马帝国驻叙利亚的总督；在他们大喊大叫强

---

① 《以赛亚书》第 6 章第 10 节。

行诬告下，彼拉多被迫将他判给他们去钉死。他自己对此早有预告；不过，要不是古时的先知们也有预告，这一点也没有多大意义。可是他被钉于十字架上之后，却有许多令人注目的神迹显示出来，从而说明他的死与别人不同。他说了一句话，在行刑人动手之前，就自愿地断了气。与此同时，当日正中天阳光灿烂之际，白昼失光。那些不知有关基督的这一切早有预告的人，还真以为这是一次日蚀。在你们的档案中对此世界奇事就有记载。[①] 当他的遗体从十字架上卸下来并葬入坟墓后，犹太人派来大队卫兵将它包围起来，严加看守，以免像他所预言的死后第三日复活，或他的门徒将其遗体盗走，并以此去欺骗人，甚至那些不肯轻信的人。然而到第三天忽然发生地震，封闭墓穴的巨石被掀开，守卫的士兵惊慌逃走了：门徒无人在场，墓穴一空，只留有被埋葬者的衣衫。但是犹太人的首领既有心散布一种谎言，又要阻止与其同族并顺服自己的民众信仰基督，于是就散布流言，说他的遗体被门徒们偷走了。要知道，主之所以没有出现在大庭广众之中，是不叫坏人摆脱错误；而且也是为了使本系获得莫大赏赐的信仰，在困难中坚持下去。可是他却与他的一些门徒在犹太的加利利(Galilee)相处了四十天，把一些道理教给他们，以便他们去教导别人。将向普世传扬

① Kaye在谈到这一非常重要的问题时轻描淡写，使我们感到扫兴(页150)。他既不想谈弗勒干(Phlegon)的事迹，以及吉彭提供机会进行不适当讥讽的其他各点，对此甚至连彼拉多都会予以斥责的，在吉彭结束第十五章时，本来可以提提Milman* 的评论的，而我却不得不表示，我宁愿选择另一种观点。这种观点在Speaker's Commentary，在对圣马太第27章45节的简明评注中，可以看到其坦率的总结与陈述。

* 见其所出版的*The Decline and Fall*(《罗马帝国兴衰》)，卷一，第589页，美国重印本。

福音的任务交给他们之后，他在云彩中升了天，这一事实比你们的普罗古鲁斯(Proculus)关于罗慕洛的断言更为可靠。[①] 这一切就是彼拉多关于基督所做的事；就其信仰来说，他现在事实上已是一名基督徒，他将基督的话报告给了当时在位的皇帝提比略。当然，如果不是世界需要皇帝，或者基督徒能当皇帝的话，皇帝们也会信仰基督的。他的门徒们也分布到世界各地，并按他们神圣先师的要求行事；在饱受犹太人的迫害之后，由于坚定地相信真理，最后在尼禄的凶残屠刀下，心甘情愿地将基督徒鲜血的种子撒到了罗马。[②] 我们还会证明，你们的众神是基督的有力证人。你们曾因某些人的话而不相信基督徒，如果为了使你们相信他们而提出这些人的权威，也不失为一件大事。说到此处，我们已经完成了我们所订的计划。对基督教创始人的上述介绍，已经说明了我教及其名称的来源。既然如此，任何人都不得以什么丑恶的罪行来诬告我们，谁也不得认为，事实与我们所述的不符，因为谁也不会对其宗教作虚伪的介绍。因为他所声称崇拜的既不是他实际崇拜的神，就犯了否认其崇拜对象转而敬拜其他之罪；经这一转移，他就不再崇拜其所背弃的神了。我们当众公开地说，而且在你们的刑讯下皮破血流时还喊叫着说，“我们借基督敬拜神”。你们视基督为人，悉听尊便；然而神却是通过他并因他而为人认识和受到崇拜的。如果犹太人不服，我们就回答说，他们的教是摩西所教的，而

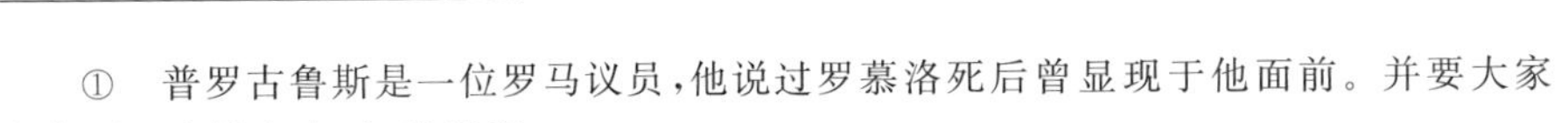

① 普罗古鲁斯是一位罗马议员，他说过罗慕洛死后曾显现于他面前。并要大家将他列入众神之中，加以崇拜。

② 本篇结尾处有：“基督徒的血就是种子。”

摩西不过是一个人；对于希腊人我们要强调说，奥菲乌斯（Orpheus）在比埃里亚（Pieria），慕塞乌斯（Musæus）在雅典，梅拉普斯（Melampus）在阿尔戈斯，特罗弗尼乌斯（Trophonius）在比奥提亚（Bœotia）都制订过宗教仪式；而说到统治各个民族的你们，还是一个凡人朋皮利乌斯（Numa Pompilius）给罗马人加上了许许多多迷信的沉重负担。这样说来，基督当然有权显示其本身所拥有的神性本质，其目的并不是想通过众神的可怖，使粗野之人不得不力求赢得其欢心，从而达到一定的文明程度，朋皮利乌斯正是如此；而是为了使已经开化但因此文明又产生一些错误观念的人受到启发，从而认识真理。你们要仔细考查，看基督的神性是否真实。如果它是这种性质，即接受了它就会使一个人得到改造，使他真正成为好人，那就说明有义务将相反的假东西抛弃；尤其是那些以各种借口，用亡者的名义和形象把自己掩盖起来，借一些神迹、奇事和神谕使人相信其神性的把戏。

二十二

说明魔鬼的性质。哲学家和诗人
也可以证明它们的存在，其目的
无非是害人，骗人离开真神信邪教。

我们也确实承认某种神灵的存在；对他们的名称也并不生疏。哲学家们承认有魔鬼；苏格拉底就是在听任一个魔鬼意志的安排。不是吗？因为据说他从小就有一个恶魔附体——使他的心灵离开了善道。诗人们对魔鬼也都熟悉；就连无知的一般平民也往往用它们来进行诅咒。事实上,他们在诅咒时是在呼求撒旦,魔鬼之首,似乎出于对它的某种天生的灵性知识。柏拉图也承认天使的存在。就连巫师也可以为这两种神灵的存在作证。此外我们从《圣经》上得知,有些天使出于它们的自由意志堕落了,于是产生一群凶恶的魔鬼,它们与其种类的创始者以及上述的首领,都受到了神的惩罚。不过目前只需对它们的工作略加介绍。它们的大事就是毁灭人类。因此从一开始,这些恶灵就是要我们毁灭。于是它们使我们的肉体遭到疾病和其他严重灾祸的打击,同时又以强烈地冲击催促人心,造成某些一时的超常的过激行为。它们惊人的微妙精细性,便于其与我们的灵肉两性接近。作为灵性体,它们不会对我们造成什么伤害;因为它们既然不可见也摸不着,就只能凭其效果来认识它们的作用,就像微风中某种看不见说不清的毒素,使花期中的苹果和谷物枯萎,或者将它们在萌芽时杀死,或者在它们成熟后使之死去;就像通过某种莫名其妙的方式,藉被污染了的空气散布其瘟疫性毒气一样。同样地,魔鬼和天使也藉一种同样隐秘的影响向人的灵吹风,用狂热的情欲和卑鄙的放荡使之陷于堕落;或者利用带有各种错误的令人难熬的贪欲,其中最糟的错误是认为,只要向这些神灵的偶像进行供奉,使之能享受到他们特定的血肉烟火的祭食,就可以使这些灵加惠于受骗上当的人。对这些恶灵来说,除了利用虚假神化的幻象使人心离开真神之外,还有什么更为可口的祭食?在此我来说明这种幻象是怎样造成的。每个神灵都有翅膀。这是天使和魔鬼共同的特点。因而它们一瞬间就可以到任何地方;对它们来说,整个世界好像一个地方;在这整个范围内所做的事,它们要了解和传达都同样容易。行动迅速被

视为其神性特点,因为它们的本性不为人知。于是它们有时就被认为是它们所宣告之事的作者;而且有时坏事当然是它们干的,绝不是好事。古时它们也从先知的口中收集神的旨意,甚至也像他们一样去讲;当人们公开宣读他们的著作时,它们也从其中去收集。于是在从这一来源收集对未来的若干宣示时,既偷了真神的预告,又把自己树立为其竞争对手。但它们根据事态编造回答的伎俩,你们的克罗伊斯和皮鲁斯(Pyrrhus)是很熟悉的。另一方面,我们也正是以这种方式说明了,皮提安(Pythian)可以宣称,他们用羊肉烹煮一头乌龟①;顷刻之间他就到了吕底亚[i]。它们处身天空,靠近星辰,与云雾为伍,有办法了解该高空区里的准备过程,因而能对它们已经感到的雨作出许诺。当然,它们对治病也很慷慨。因为它们先叫你生病;然后为了造成一个奇迹,它们就使用一种崭新的或者与通常相反的办法,除去有害的影响,于是人们便认为是它们治好了病。此外,对它们的其他伎俩,以及它们作为神灵所具有的欺骗能力:如卡斯托尔(Castor)②的显现、用筛子打水以及用腰带拉一条船等,还需要说说吗?它们这样做的一切目的,难道不是想表示,人要信顽石之神,而不必去寻求唯一的真神吗?

① *Herodotus*《希罗多德》,卷一,四十七章。见 Wilberforce, *Five Empires*《五大帝国》,第 67 页。该处指出,唯一能发布神谕的阿波罗告诉克罗伊斯,说他已在指定的时间内,将所说的东西烹好了。

i 吕底亚为小亚细亚的一个国家,在爱琴海边。——译注

② 卡斯托尔与波鲁克斯(Pollux),是主神宙斯与斯巴达王后勒达(Leda)所生的一对孪生子。他们都受到了人们的崇拜。

二十三

魔鬼的能力虽大也在基督之下，

因而基督徒能战胜和驱逐它们，

魔鬼的屈服就是在明认基督的神性。

再者，如果巫师呼唤鬼魂，甚至似乎能使亡魂重新显现；如果他们使小孩死去，从而由神谕中得到回答；如果他们利用魔法的花招装作行各种奇迹；如果他们借用天使和魔鬼的能力，将梦送进人的头脑中，在他们的作用下使山羊和桌子预言——这种邪恶力量既为他人做事，那它又将如何更热衷于倾其全力，在其自己的事上，为实现自己的目的而努力呢！如果说天使和魔鬼与你们的众神做的是同样的事，那么我们认为其能力自当高于其他一切的神，又高在哪里呢？我们认为这些神灵是在自充为神，从而证明是什么将你们的众神提到了神的高度，这不是要比说众神与天使和魔鬼地位相同更加合理吗？我认为，你们对地点有所区别，在神殿中的就视之为神，在别处的就不认作神；认为从神庙上跳下来的人，其狂热性与从邻近房屋上跳下来的人有所不同；认为割断自己的手臂和阴部，其狂热性与割断自己喉头的人不同。狂热的结果相同，其鼓动方式也是一致的。直到目前，我们只是在文字上进行讨论：现在我们开始用事实来证明，在不同的名称下实际仍然是一致的。假如有一个显然由魔鬼附体的人被送到你们的法庭上。该恶神在一位基督信徒的命令下说话时，就会很快地坦率承认它是魔鬼，而在别处却曾经谎称为神。或者如果你们乐意的话，有一个大

家认为有神附体的人，在祭坛上吸气，用他吐出来的烟冒充神，这也是他在极端痛苦的痉挛中呕吐出来的。即使是天后贞女雨神(Virgin Cælestis)[i]，想要延长索科尔迪乌斯(Socordius)、特纳齐乌斯(Tenatius)寿命的医术发明者埃斯库拉庇乌斯，现正处于最后关头的阿斯克莱庇奥多图斯(Asclepiodotus)，如果他们害怕面对一位基督徒，因而不承认他们是魔鬼，当时就可以使基督的这个最无耻的门徒就地身亡。有什么比这件事更清楚呢？有什么证明比这更为可靠呢？这就说明了真理的单纯性；它本身的价值就证明了这一点；没有丝毫令人怀疑的余地。你是否会说，这是魔法或者这类伎俩造成的呢？如果你让你的耳朵和眼睛发挥作用，就不会说这类话了。对于一件以赤裸裸的现实摆在你眼前的事，你能拿什么证据来反驳它呢？一方面如果它们的确是神，为何要装作魔鬼？是由于怕我们吗？那么你们的神就在基督徒之下了；你们当然不会把在人权下的东西当作神，尤其是(如果这更加令人不快)它是人的仇敌。另一方面，如果它们是魔鬼或天使，为什么又自相矛盾地说是在扮演神的角色呢？因为凡是以神自居者，如果的确是神，决不愿自称魔鬼，从而在事实上放弃自己的地位；因此你们知道它们不过是魔鬼的东西，如果它们所窃取的真是神的名义，它们就不敢以神自居了。因为它们感到更为尊严之物的不快非常可怕，所以不敢以轻视的态度相待。这样看来，你们的这种神并不是神；如果是神，就不会让魔鬼冒充，也不会被诸神否认，但是，由于上述双方都一致承认它们并不是神，那么在这两种情况

---

i 关于天后贞女雨神，见本书第 35 页，第十二节注 ii。——译注

下，就只能是一种东西，即魔鬼。现在再来看看你们的诸神；那些你们视之为神者实为恶魔。事实正如我们所指出的，不仅是我们自己的诸神本身，或其他有谁敢自称上帝的，你也立即可以看出谁是上帝，只有他，我们基督徒的上帝才是上帝，是否你们也要按照我们基督徒信仰和教规的规定那样去信仰他崇拜他。然而他们立刻会说，谁是这些传说中的基督呢？他是常人，还是巫师？他的遗体是否被其门徒从墓中盗走？他现在是在阴府里，还是已升上天庭，将要从那里再度降临，作为上帝的权能、上帝之神、圣道、理性、智慧和神的儿子，使整个大地震撼，使世界除基督徒之外，一片惊恐哀号之声呢？你们可以尽情讥笑，如有可能，就与魔鬼一起讥笑；让它们去否认基督将要来审判造世之初即已存在的每个人的灵魂，使之与逝世时所离去的肉体重新结合；让它们在你们的法庭上去宣扬什么，据柏拉图说，这一工程已经交给冥神（Minos）和阴府判官（Rhadamanthus）了；这样至少可以清除它们的丑行和罪名的污点。它们否认自己是恶魔，可是我们不得不强调，这一点已经由它们喜爱血腥和烟雾以及祭牲的腐烂尸体，甚至包括其祭司的污秽语言所完全证实。当然，我们对它们所有的一切权威和能力，都来自于我们呼基督之名，使它们想起上帝藉基督审判官之手威胁着它们，将有一天要降到它们身上的灾难。因上帝而畏惧基督，因基督而畏惧上帝，它们只好服从上帝和基督的仆人。于是在我们手之所指与气息所至时，一想起和体会到那审判的烈火，就在我们的命令下，无可奈何地垂头丧气地从其所附的人体离去，在你们的眼前公开出丑。它们说谎时你们相信；那么，在它们对自己道出实情时，你们就要信任它们。谁也不会说谎来使自己不快，而是为

了使自己有光彩。你更愿相信一个承认不利于自己的实情者，而不是那为了自己的利益而否认者。因此，你们所谓的神对归依基督教者的那些作证，并不是什么稀奇事；如果完全相信他们，就会逐渐相信基督。确实，你们的那些神燃起了我们对《圣经》的信仰，培养了我们对未来希望的信念。据我所知，你们以基督徒的血向它们表示崇敬。那么，它们无论如何也不愿失去如此有利并忠于它们的人，甚至要牢牢抓住你们，以免你们有一天在一位想向你证实真理的基督追随者的威力下，会将它们抛在一边，那时它们就会不择手段地说谎。

二十四

魔鬼屈服于基督徒的事实说明，
不敬神的罪名只能落到罗马人头上，
基督徒所敬的是最伟大崇高的真神，
至少应当给予他们以宗教自由的权利，
但却只许他们崇拜上帝之外的其他神。

在这些东西声明自己并不是神的整个自白中，它们告诉你们，只有一个唯一的上帝，即我们所崇拜的上帝，这就足以清洗我们叛逆的罪名，它主要在于背叛罗马教。如果确实没有这种神，也就谈不上这种教了，既然没有这种神，没有这种教，我们当然也没有叛教的罪了。反之，这一罪名就要落到你们头上：你们崇拜谎言，实际上就犯了你们加于我们头上的罪，不仅是由于拒绝了真神的真教，而且进而迫害她。但是现在假定你们崇拜的这些东西真是神，不就是大家一致认为，只有一个更为崇高更有威力，拥有绝对权能和尊威的天地大主宰吗？因为通常分配神性的方式，是将最高的统治皇权给予一位，而将其职务分配与其他各位，就像柏拉图所描述的，天庭上的朱庇特为一大批神灵和魔鬼簇拥着。因此我们要对天上帝国的财政和行政长官、地方长官和总督表示同样的敬意。然而如果有人为了求得皇上的欢心，将自己的追求和希望转到其他人身上，不承认作为君王的上帝称号只应属于最高领袖，那将会犯多么大的罪过，同时我们也认为，以至高的称号去称呼皇上之外者，或者听任别人这样称呼，那将是莫大的冒犯！让有的人崇拜上帝，有的人崇拜朱庇特；有的人伸开双手向天祈祷，有的人向信仰的祭坛祈祷；让有的人——如果你们要这样认为——在祈祷中去数云头[i]，有的人则仰望天花板；让有的人为自己的上帝献出生命，而有的人则献上一头山羊吧。但是你们要知道，如果取消了宗教自由[①]，禁止选择所崇拜的神明，使我不能按自己的心意崇拜，而违背心意被强制崇拜，那么不信教的罪名就没有任何依据了。谁也不会重视被迫向其表示的敬意；因而埃及人也允许人们合法利用他们可笑的迷信，人人有制造鸟兽之神的自由，甚至对杀害他们所奉之神的人处以死刑。就连每个省和每个城市都有自己的神。叙利亚有阿斯塔特(Astarte)，阿拉伯有杜萨莱斯(Dusares)，诺立奇(Norici)有贝莱努斯(Belenus)，非洲有他们的天后，毛里塔利亚

---

i 基督徒一般多在空场上集会，祈祷时举目望天，教外人笑他们是在数云头。——译注

① 作者此处明确提出，以宗教的性质而论，崇拜应为自由意志行动，请注意他用的“宗教自由”一词。

(Mauritania)有他们的诸天王。我想,我已经说到过罗马各省,却没说过他们的神都是罗马神;因为这些神并没有在罗马受到崇拜,同时还有另外一些只是由于某城市的崇奉才成为意大利的神,如卡西诺(Casinum)人的德尔文提努斯(Delventinus),纳尔尼亚(Narnia)人的维西迪亚努斯(Visidianus),阿斯库隆(Asculum)人的安卡里亚(Ancharia),沃尔西尼(Volsinii)人的诺尔奇亚(Nortia),奥克利库隆(Ocriculum)人的瓦伦奇亚(Valentia),萨特利乌姆(Satrium)人的荷斯提亚(Hostia),法利西(Falisci)人的父库里斯(Father Curis),为了对他表示尊崇,还予以朱诺的别名。实际上,只是不许我们有自己的教。我们得罪了罗马人,我们被剥夺了罗马人的权利和优惠,因为我们不敬罗马的众神。然而确实有一位万众的上帝,我们所有的人无论是否愿意,都从属于他。可是对你们来说,只有崇拜除真神之外其他神的自由,似乎万物都从属于他的神,倒不是大家应当崇拜的神。

二十五

不能将罗马帝国的伟大归之于他们的虔诚,
罗马人崇拜的某些神原本为异族之神,
但这些神没有保佑其本族却保佑了侵略者罗马人。
罗马人所崇拜的神有的曾为君王,如果说,
他们有赐予帝国之权,那他们为王之权是谁赐的呢?
实际上罗马人是靠侵略战争强大起来的,
异族神也受到了他们的强暴和侮辱,

> 但他们没有保佑虔诚崇拜他们的本国，
> 而是保佑自己的敌人罗马人。

既然我已经说过证明不仅要靠争论和论据，而且有你们信以为神的那些东西的作证，所以我认为对真神假神的问题已经有了充分的证明，这一点就无需再讨论了。但是既然这里说到了罗马人，而且毫无根据地断定，罗马人的权力之所以提高到世界主人的地位，乃是上天对他们突出的宗教虔诚的赏赐；于是他所崇拜的东西当然是神，他们之所以无比繁荣，正由于他们的无比虔诚，那么我就不得不据理力争了。① 也许这是众神对罗马人虔诚的报酬。帝国的发展要归功于斯特尔库鲁斯(Sterculus)、慕图鲁斯(Mutunus)和拉伦提纳！[i]因为很难想象外来神对异族比对本族更有好感，而将他们自己在那里出生、成长、成名和最后安葬的祖国交与来自彼岸的侵略者！至于众神之母赛比利，②如果她钟情于出自特洛伊血统的罗马，因为后者从希腊军队的铁蹄下救了她，她与罗马还属同一血统——如果她能预见到自己会转到复仇的人民，即侵略弗里吉亚的希腊的征服者一边，就让她看看这一点(她的祖国曾被希腊征服)。即使在目前，这位伟大的主母神(Mater Magna)依然在为她赐予这座城市的伟大恩惠作证；当奥雷利乌斯在 4 月

① 见 Augustine, *City of God*(《上帝之城》), Migne 编，卷三，第十七章，第 95 页。

i 斯特尔库鲁斯为粪肥之神；慕图鲁斯为繁殖之神；拉伦提纳为阿尔沃十二兄弟(Arval Brothers)之母，她是罗慕洛兄弟的养母。——译注

② 赛比利原为古弗里吉亚的女神，弗里吉亚后为希腊所征服，而希腊以后又被罗马征服，可谓替她复了仇。赛比利的神像同时也被罗马人从当地带到了罗马，受到他们的崇拜，被尊为伟大的主母神，众神之母。

1 日前十六天在西尔米乌姆(Sirmium)驾崩时,她那最神圣的大祭司到一周之后,才用那从他手臂上抽出的污血献祭,并命令人们为已逝世皇帝的安宁作一般的祈祷。好一个迟钝的信使,一个昏睡的邮差!由于他的过错使赛比利未能及时得知君王的噩耗,以致基督徒得以耻笑这位女神的失职。此外朱庇特当然决不会忘记伊迪安(Idaeum)的洞穴和科林邦提亚(Corybantia)人的铙钹,以及在那里哺育过他的乳娘的芬芳气味,让他的克里特一下就败在罗马束棒之前。难道他不想将他的陵墓置于整个卡庇托尔神庙之上,使那掩埋着他骨灰的国土成为世界的主妇吗?难道朱诺真想将她爱到不顾萨摩斯岛的布匿城(Punic)毁灭,而且要由埃涅阿斯民族来毁灭吗?对此我们知道,"这里有她的兵器,这里有她的战车,如果命运允许,该女神所钟爱的国度将成为各民族的主妇。"[①]朱庇特可怜的妻子和妹妹也无法抗拒命运的权利!"朱庇特本身也是由命运支配的。"而罗马人却从未像对淫荡至极的妓女拉伦提纳那样,向迦太基违背朱诺旨意给予他们的命运表示如此的敬意。毫无疑问,你们的某些神曾经是掌权的君王。如果说他们现在有赐予王国之权,那么当他们自己成为君王时,又是从哪里得到其君王荣誉的呢?朱庇特和农神崇拜过谁呢?我想是斯特尔库鲁斯。可是罗马人以后是否与其土著居民一起,也崇拜过某些从未为王者呢?在这种情况下,他们就处在其他从未拜倒在他们面前者的权下了,因为他们那时尚未成神。那时要由别人来赐予王国,因为在这些神得将其名列入诸神行列之前就有君王了。然而将罗马称

① 见 Virgil 的史诗 *Æneid*(《埃涅伊德》),第一章第十五节。

号的伟大归之于宗教功劳又是多么糊涂，因为正是在罗马成为帝国或者王国之后，她所崇奉的宗教才获得基本发展的！现在情况不是这样的吗！难道宗教是罗马繁荣的根源吗？尽管努马（Numa）[①]当时开始兴起对迷信仪式的热忱，但宗教在罗马人中还没有达到偶像和神庙的地步。崇拜方式俭朴，仪式简单，还没有高耸入云的卡庇托尔神庙；祭坛是现作的土台，祭器还是萨米亚（Samia）产的陶器，从那上面冒出一阵阵气味，也看不到神的形象。因为当时希腊人和托斯卡纳人（Tuscans）塑造形象手艺及其工艺品尚未在罗马流行起来。所以罗马人在达到伟大程度之前，并没有以其对诸神的虔诚著称；因而他们的伟大并非其宗教虔诚的结果。事实上，宗教怎能使一个将自己的伟大归之于其不虔诚的民族伟大起来呢？因为如果我没说错，王国和帝国都是经过战争得来，经过战争胜利而扩展的。不仅如此，你不会只要战争和胜利而没有夺取，而且往往还有一些城市被毁灭。这是一件诸神也不免跟着遭殃的事。民房和神庙都会同样受损；对祭司和平民一律屠杀；抢劫者并不分圣财与俗财。因而罗马人的渎神行为与他们的胜利纪念碑一样多。他们以对众神和各民族的诸多胜利而自豪；他们有多少战利品，就有多少被俘的神。而这些神只得听任自己的敌人崇拜，并且还要将广阔无垠的帝国交给这样一些人，其侮辱行为比其伪装的崇敬更应得到现世报应。可是这些神麻木不仁，受辱既不加惩罚，受崇拜也若无其事。你们当然无法相信，宗教虔诚曾显著促进一个民族的伟大，而该民族如上所述，既是在迫害宗教中成长

① 努马为罗马第二代王朝时代的大祭司。

起来的，也是在其成长过程中迫害宗教的。同时，那些已经成为整个伟大罗马帝国一部分的王国，在其为罗马人所占领时也并非没有宗教。

二十六

只有主是统治世界和君王的真神，
他在罗马之前曾给予巴比伦人、埃及人
和亚述人以统治权，包括蔑视诸神的犹太人在内。

现在请你们查一查，看这既统治世界又统治着统治世界者的主，是否王国的分配者；看存在于一切时间之前，并将世界造成为一个时间天体的神，是否在安排朝代的更迭并规定季节的变换；国家的兴衰是否由他操纵，当初尚无国家时，人类就在他的主宰之下。你们怎么会让自己陷入到这种错误之中？带着土气质朴的罗马，居然比他的某些神还早；在那宏伟壮丽的卡庇托尔神殿建成之前，她就已经在统治[i]。巴比伦人在祭司时代之前，就已在统治了[ii]；米底人（Medes）在十五祭司团（Quindecemviri）之前[iii]，埃及人在萨利伊之前，亚述人在卢佩尔奇（Luperci）之前，以及亚马逊

i　罗马最初由罗慕洛兄弟在公元前753年建城，开始进行统治，而敬拜朱庇特和其他神的神殿则建于公元前509年。——译注

ii　巴比伦人的古美索不达米亚帝国，早在公元前3000年即已在两河之间的地区内统治。到公元前17年纪汉穆拉比建立第一代巴比伦帝国后的祭司时期，祭司们才继承该地的古代诸神，并以马尔杜克(Marduk)为众神之首。——译注

iii　米底人早在公元前9世纪起，就已在伊朗平原上进行统治。——译注

人在女灶神贞女(Vestal Virgins)之前,都曾进行统治。还有一点:如果罗马的宗教可以赐予帝国,那么鄙视这一切偶像之神的古犹太就永远不会成为王国;对犹太的神你们罗马人一度曾以奉献祭牲表示尊崇,在其圣殿中献上礼品,与其人民缔结盟约;如果不是因为他们背弃和钉死基督,最后犯了得罪神的弥天大罪,决不会屈服于你们的节杖之下。

二十七

关于渎神罪名我已进行彻底驳斥,
因为不存在的东西无所谓受到伤害。
劝我们献祭保命这是魔鬼的诡计,
只有坚持信仰才会取得完全的胜利。

在上文中,我为了驳斥加于我们的背叛你们宗教的罪名,已经说得够多的了;因为说我们伤害了一个根本不存在的东西,这是站不住脚的。所以当我们被传去献祭,我们坚决拒绝,根据我们所了解的情况,我们深知,这种献祭在庸俗的偶像和神化的人间名义掩盖之下的真正意图。有些人认为,我们本来可以立即献祭,然后毫发无损地走开,仍旧像往常一样保持我们的信念,却偏要顽固坚持我们的信仰誓言过于我们的安全,这确实有点傻气。当然你们是在劝我们钻你们的空子;但我们深知这种主意从何而来,它的背后究竟是谁,它如何采取种种办法,时而狡猾地诱骗,时而残酷地迫害,以摧毁我们的决心。除了那因自己离开了上帝,眼见上帝对我们慈爱而妒恨不已的半鬼半神的精灵之外,没有其他什么人暗施影响，使你们起心反对我们，使你们的思想在其塑造和唆使下，作出种种邪恶的判断，以及在本文之初讨论这一问题时所提到的那种不义的残暴行为。尽管所有的魔鬼及其一类的邪神都屈服在我们权下，可是它们就像那桀骜不驯的奴仆一样，有时顽固与畏惧兼而有之，对其所畏惧者同时又想加以伤害，此处也是这样。因为畏惧也会引起仇恨。此外，它们处在绝望的情况下，既然已经定罪，那么在受罚之余发挥其邪恶本性的作用，也会给它们些许安慰。可是当它们被抓住时就立即屈服，接受它们的命运；它们在远处所反对的，在接近时就对其求饶了。这也就像那叛逆牢狱、监狱、矿山里的或者诸如此类的服刑奴隶一样，他们跳起来反对我们、他们的主人，同时也深知自己不是我们的对手，实际上正因如此，他们才不顾一切地孤注一掷，自寻灭亡。我们不得不进行抵抗，虽然似乎与它们势均力敌，坚持它们所攻击的东西，与它们抗争；在我们因坚持我们的信仰而被定罪之前，我们对它们的胜利都不算彻底。

二十八

宗教行为如不出于自由意志也是荒谬的，
将崇拜皇上放在崇拜诸神之上更是对神不忠。

然而不难看出，强迫自由人违背自己的意志去献祭也是不对的(因为即使在其他宗教活动中也要有自由意志)，如果一个人强迫他人去敬神，也应当说是非常荒谬的，因为他本当出自内心地，根据自己的需要去求得神的恩惠，否则他凭着其自由权利就会说，

“我不想要朱庇特的什么恩惠;请问你是什么人? 无论闸门神雅奴斯如何生气,无论他对我摆出什么面孔;你又与我何干?”当然,你是在这些邪神指使下,强迫我们为皇上的安康献祭的;而且你不得不使用暴力,正如我们不得不面对它的危险一样。于是就给我们带来了被指控的第二个根据,就是有冒犯至尊的罪;因为你们对皇上比对奥林匹亚的朱庇特更加敬畏。你们也许知道这是有相当道理的。因为一个活人,无论是谁,不是比死人强吗? 然而你们这样做没有其他原因,而是由于你们所直接面对的权力之故;于是在这一点上你们也犯有对你们的神不忠之罪,因为你们对人间君王比对他们更为尊崇。这样说来,在你们中间,人们以诸神之名所作的虚伪誓言,比以皇上一人之灵所作的要多得多。

二十九

你们的神的安全甚至神像神庙都要靠皇帝,
他们一切都仰仗皇帝,他们怎能保佑皇帝呢?
而崇拜真神的基督徒你们却加以迫害。

现在首先要搞清楚,你们对其献祭者是否真能保佑皇帝或其他人,是否那些天使和魔鬼等最凶恶的邪神能做什么好事,是否沦丧者能进行救援,被判处者能赐予自由,死人能保护活人(你们完全知道我指的是什么),那么就判处我们渎神罪吧。当然他们首先关心的是保全他们的神像、画像和神庙,而我想这些东西的安全倒要靠皇帝卫兵的看守。不仅如此,我想,就连制造这些东西的原料也来自皇帝的矿山,没有哪座神庙不是由皇上的意志决定的。而且许多神也感到了皇帝的不快。现在的问题是，当皇帝对诸神给予某种恩赐或优惠时，他们是否也是皇帝恩惠的领受者。他们既是在皇帝的权力之下，而且完全从属于他，又怎样将皇帝的安全掌握在他们的手中，以致你能想象他们可以给予皇帝以他们更应取自于皇帝的东西呢？那么，这就是我被控以冒犯至尊罪的根据，即我们没有把皇帝放在他们的掌握之下；因为我们不相信皇帝的安全掌握在他们那呆滞的手中，所以没有为此献上完全无意义的祭。然而你们在寻找不到的地方寻找，向根本没有的去寻求。将这一切掌握在自己手中的神却抛在一边的，才是十足不虔敬的人。此外，你们对那些既知道到哪里去找，而且知道后还能对此加以保证的人却进行迫害。

三十

只有基督徒为皇上向唯一的真神祈祷。
皇上也知道自己仅次于这位真神，
他的权力来自于上帝，帝国靠他保佑。
可是虔诚为皇上和帝国祈福的基督徒，
却遭到杀戮，背上叛逆的罪名。

因为我们为了我们君王的安全，向永恒的、真正的、活生生的神献祭，就是这些君王也应首先寻求他的恩惠。他们知道自己是从谁的手里得到他们的权力的；他们知道自己作为人，是从谁的手里得到生命的；他们深信他是唯一的神，自己的权力完全只属于他，对他来说，他们处于第二位，在他以下他们居最高位，在诸神之上。因为他们在一切活人之上,而活人高于死人,难道不是这样的吗?他们想想自己的权力范围,于是就会理解至高者;他们承认自己的力量来自于他,与他作对,他们的力量就等于零。皇帝尽可去与天开战,尽可在胜利中将天俘虏,在天上布下卫兵,并在天上征税!他做不到。正由于他仅次于上天,因而是伟大的。因为他本人也是属于神的,连诸天和万物都是神所有的。他的节杖也来自最初赐予他以生命者;他的权力来自于他从而获得生命气息之处。我们向那里仰望,伸开双手,因为我们问心无愧;我们的头不用遮蔽,因为我们没有什么值得愧疚的;也没有指挥人,因为我们是从内心祈祷的。我们不断地为我们的皇帝祈祷。我们祈求君王长寿,帝国安定,求他保佑皇室,使军人勇敢,元老忠诚,民众有德,普世安宁,事无巨细,均如皇上之心。这一切我只能求之于上帝,而且定会得到,因为只有他才能赐予,我也有权利得到他的恩赐,因为我是他的仆人,只向他表示崇敬,为了他的教义而受迫害,按照他的要求,献上那发自纯洁的身躯、无瑕的灵魂,一颗圣善心灵的崇高而圣洁的祈祷的祭[①],这不是一阿的小钱[i]就买到的几粒乳香——一种阿拉伯树的树脂,不是几滴浊酒,不是以死作为解脱的老牛的血,再加上其他一些渎神事物,一颗肮脏的良心,于是当你们的祭牲在经这些卑鄙祭司检查时,人们不禁要问,为什么不检查献祭人而只检查祭品。我们就这样向上帝伸开双手,任你们用铁爪来抓,将我们悬在十字架上,投入火中,用刀剑砍下我们的头,让

① 见《希伯来书》第 10 章 22 节。参阅本篇以下第 42 节。

i 一阿(assis)=四分之一便士。——译注

野兽扑向我们——一个祈祷的基督徒姿态就是接受一切刑罚的姿态。① 善良的官长们,你们就干你们的事吧:夺去这为皇上祈求的灵魂。在上帝的真理及对其圣名的虔诚上,打上罪恶的标记吧。

三十一

如对基督徒的行为怀疑,《圣经》可以作证,

《圣经》命令我们为君王长官的安宁祈祷。

因为帝国发生动乱,基督徒同样感到不安。

不过你们说我们是在向皇帝献媚,伪装进行祈祷来逃避迫害。感谢你们的错误,它提供了证明我们说法的机会。那么,认为我们不关心皇上安危的人,请看上帝的启示,查查我们的《圣经》,我们并没有将它隐藏起来,而在多次事故中往往落入外人之手。你们可以从中了解到它命令我们对人宽厚,甚至要为我们的仇人祈求上主,并为迫害我们的人祈福。② 除了我们被控以对其犯叛逆罪的人们之外,还有什么人是基督徒更大的仇人和迫害者呢?不仅如此,《圣经》的说法还清楚地指出,"为君王、长官和一切在位者祈祷,使我们可以与之平安无事地度日。"③当帝国之内发生骚乱时,如果其他人感到不安,我们当然一样,尽管我们不认为自己在制造骚乱者之中,但无论身在何处,都会受该祸害的影响。

---

① 此处系指初期基督徒祈祷时的姿态。在以后《论花环》的第三节中,据作者介绍当时基督徒是站着祈祷的。

② 《马太福音》第 5 章第 44 节。

③ 《提摩太前书》第 2 章第 2 节。

三十二

基督徒为皇帝和帝国的安危祈祷，

从而使帝国得以延续，世界末日推迟到来。

我们不以魔鬼之名起誓，而是加以驱逐，

以它们的名起誓，等于赋予它们以神的荣誉。

还有另一更大的理由要求我们为众位皇帝、为全帝国的安宁以及全体罗马人的利益祈祷。因为我们知道，整个地球将会发生一次强烈的震动——实际上这是伴随着可怕灾祸的万物的末日——只是由于罗马帝国的延续，它的到来才被推迟了。[①] 我们是不愿遇上这些不幸事件的；我们求主使它的到来推迟，也就是在为罗马的延续作贡献。除此之外，尽管我们不以皇帝之灵起誓，但却以皇上的安宁起誓，这比你们的众神之灵更有价值。难道你们不知道这些精灵叫作魔鬼，因而用"小鬼"之名来称呼它们吗？我们尊重上帝在皇帝身上的安排，是他派他们来统治各国的。我们知道在他身上有上帝的旨意；而对上帝旨意所决定的人，我们祝愿他长寿，而且将这看作是一种伟大的誓愿。然而对于魔鬼即你们的那些精灵，我们经常是加以驱逐，并不以它们来起誓，否则就等于赋予它们以神的荣誉了。

① 关于这一问题，请参阅本篇以下的第三十九节。另见 Kaye，《德尔图良》，同前，第 20 及 348 页。

三十三

我们基督徒更有理由说皇上是我们的皇上，
因为他是我们的上帝所指派的，我们更关心他。
但我们不能以皇上为神，将他作为笑柄。

然而又何必多讲基督徒对皇上的无比敬意呢，难道我们不是只能将他视为主所召唤从事其职责的人吗？于是我们就有足够的理由说皇上更是我们的皇上，因为他是我们的上帝所指派的。所以，由于在他身上有这种特点，我就比你们更关心他的安康，不仅是因为我向能够赐予的神祈求，因为我理应得其所求，而且是因为我将皇上的尊严摆在适当范围之内，将他置于至高者以下，使其稍逊于上帝，仅仅在其之下，于是使他更加得邀上帝的宠幸。不过我还是将他置于我认为更荣耀者之下。我决不会称皇帝为神，因为我既不愿犯作伪之罪，也不敢使皇上成为笑柄，就是他本人也不会想让人们将这崇高称号加在他身上。既然他只不过是人，那么他作为人的心意就是给予上帝以其更崇高的地位。得以皇帝相称，就应感到满足了。这也是上帝所赐的一种伟大称号。称皇帝为神，等于剥夺神本有的称号。如果皇帝不是人，就不可能成为皇帝。即使他在胜利的荣耀之中，坐在那高高的战车上时，也要记住自己不过是人。在他背后有声音在他耳边一直轻轻地说，“你回头看看；记住你不过是人。”[①]处于如此非凡的荣耀之中，只会使人更

① 此处系指亚历山大大帝的一段故事。亚历山大曾师从亚里士多德，与其侄儿卡利斯特莱斯(Callisthenes)同学。卡利斯特莱斯为著名历史学家，在亚历山大征讨亚洲后，据传有人奏请亚历山大自封为神，被卡利斯特莱斯劝止。

为扬扬自得，这就需要提醒他勿忘自己的地位。需要这样的提醒，这更增加了他的伟大，否则他会认为自己是神。

三十四

主是神的称号，奥古斯都也没敢用。
一国之父不宜称为主，更不能称神。
称皇帝为神是在呼唤诅咒。

就连帝国的创建人奥古斯都（Augustus）也不肯用主的称号；因为这也是神的称号。就我来说，我乐意给皇上这一称号，但只限于一般字面意义，而且不强迫我将他作为上帝来称之为主。不过我与他是一种自由关系；因为我只有一个真正的主，万能而永恒的上帝，他也是皇上的主。真正的一国之父，怎么又会成它的领主呢？慈爱的称号要比权力的称号更为感人，因而一家之长称为父，而不称为主。皇帝更不应用上帝的称号。如果我们宣称信他是神，这只能是最卑鄙最有害的谄媚；就好像有了一位皇上，又用这一称号去称呼他人，这岂不是对实际为君者无法忍受的莫大冒犯吗？即使被你以此称号称呼者，对这种冒犯也会感到害怕的。如果你想要上帝对皇帝开恩，就要对上帝绝对尊崇。请你们抛开对其他生灵的各种崇拜和信仰。也不要将那神圣的称号给予那本身就有求于上帝的人。如果你在称某人为神时，并不以谄媚的谎言为耻，至少要对它所带来的凶兆有所畏惧。在皇帝成神之前给予他神的称号，这是在呼唤诅咒。

三十五

基督徒不参与那些放肆的节日不等于对皇上不忠，他们每天都在以端庄和圣洁的方式为皇上祈福。

而许多表面对皇上忠诚的人物实为谋害皇上的叛徒，在这些叛逆分子中从来没有一个是基督徒。

那么，基督徒之所以被视为公众敌人的理由，就在于他们不愿对皇帝表示无聊、虚伪而荒谬的尊崇；他们作为信奉真正宗教者，宁可本着纯正的良心，而不愿随俗放肆地庆祝自己的节日。当然，作为一种重要的敬意表示，要把灯火与床榻摆到大庭广众之中，一条条街地欢庆，[①]使城市变为一座大酒馆，以酒和泥，成群结队地滥施强暴，进行无耻勾当，放纵情欲！这是哪里的话！难道大家的快乐要用大家的不快来表达吗？难道平时不适宜的东西，在君王的节日里就适宜了吗？为了尊重皇帝而遵守道德规范的人，难道为了皇帝反而要将这些规范抛在一边吗？难道孝爱是不端行为的许可证，虔诚就等于有了放肆妄为的机会吗？我们真是浅薄，不可饶恕！为了皇帝的荣耀，为什么我们要以纯洁、俭朴和美德来过那大喜大庆的谢恩节日？为什么在那喜庆的日子里，我们不将月桂花环挂上我们的门柱，不把灯点到天亮？[②] 在公众节日的要求下，

① 参见本篇第四十二节；Tacitus，*The Annals*（《编年史》），卷十五，第三十七章第一节。尼禄的节日就是在大街上举行。

② 参见本书《论偶像崇拜》，第十五节；Juvenal 文集卷六，第 79 及 227 页，卷十二，第 91 页。

把你们的家室装点得像个新妓院一样,[①]原是正当的事。可是在对待第二至尊[i]问题上,对于指控我们犯了亵渎罪,因为我们没有与你一道,以端庄、体面和纯洁所禁止的方式,庆祝皇帝的节日——这实际上是在提供放肆的机会,完全没有什么正当理由——在这一点上我不得不指出你们的忠贞和诚实,以及那些把我们视为罗马君王的对头的人们,自己显得比我们这些邪恶的基督徒还要坏些!我要向罗马的居民们申诉,向七山丘本地的居民们申诉:他们的罗马口舌又曾经放过哪一位皇帝?梯伯河与驯兽场所可以作证。现在你们说说看,如果说大自然在我们的心上涂了一层透光的物质,有谁铭记君王大恩的心不能记起每一位皇帝在位时慷慨大方的情景?即使在他们那些人高喊"愿朱庇特给我们减寿,将其加到你的寿命之上"[ii]时,也是如此——这些话既不会出自一位基督徒之口,也与一个想更换皇帝者的特征不符。不过你们说,这是一群暴民;可是虽系暴民,依然是罗马人,没有什么人比他们更经常要求处死基督徒。[②] 至于另一类人,从他们更为高贵的地位要求来说,应当是赤诚和忠实的了。在元老院、骑兵卫队、广场和宫廷中,似乎从来没有叛逆气味。那么,卡西乌斯(Cassius)、尼杰尔(Niger)和阿尔比努斯(Albinus)又是从哪里来的呢?在两个月桂树丛之间围攻皇帝的人又是从哪里来的呢?[③] 那学过

① 注意此处系指当时罗马和其他地方异教徒的一种无耻习俗。

i 第二至尊即地位仅次于上帝。——译注

ii 因为基督徒不能向朱庇特祈求。——译注

② 见本篇第一节和以下第四十节的注释。

③ 卡西乌斯篡夺了奥雷利乌斯的位;尼杰尔和阿尔比努斯均系罗马将军,他们在皇帝康茂德(Commodus)逝世后,企图夺取皇帝之位,闯入宫中。

搏斗因而有将皇上扼死本领的人，来自何方？那全身甲胄闯进宫廷[1]，比你们提杰利(Tigerii)和帕特尼(Parthenii)更为大胆的人[2]又来自何方。如果我没说错，他们是罗马人，也就是说他们不是基督徒。然而他们在其发动叛乱的前夜，都为皇帝的安宁献过祭，并以他的灵起过誓，誓言是一回事，心里又是一回事；毫无疑问，他们都经常称基督徒为国家的敌人。说真的，那些以这种罪行和叛逆的同谋者或支持者的身份，每天被暴露在光天化日之下的人，一批叛逆者所留下的残余分子，是在用何等青翠的月桂枝装点他们的门柱，以何等高贵和明亮的华灯在熏他们的门廊，用何等稀有而豪华的卧椅在他们之间划分广场；他们不是为了与大家一同欢庆，而是为了在参与别人的欢庆中，能预先体会一下满足自己心愿的时刻，并且通过在内心里更换皇帝的名号，来创建其希望的模式与形象。至于那些求教于占星术家、预言者、占卜官和术士的人，他们对皇帝的寿命也恭顺地表达过同样的敬意——这种伎俩既然已经由犯罪的天使公之于众，并为上帝所禁止，基督徒在自己的事务上是从来不予采用的。可是一个人如果没有反对皇帝的企图或思想，或者怀有取而代之的某种念头和期望，谁又会去打听他的寿命呢？因为这种打听既然事关君王，就与在朋友之间的动机不一样了。一个亲人的关心与一个属下的关心是有所不同的。

---

① 为了谋杀佩提那克斯(Pertinax)皇帝。

② 提杰利和帕特尼都是谋杀康茂德皇帝的成员。

三十六

> 所以就会有既不反对帝国也不反对皇帝的所谓敌人，因为上帝不许我们加害任何人，更何况他所立的皇帝。

如果名为罗马人的，事实上却被发现是罗马的敌人，那么我们这些被视为罗马敌人的，为什么又不被认为是罗马人呢？如果被视为罗马人的，结果发现为其祖国的敌人，那我们也可以同时既是罗马人又是罗马的敌人。这样说来，对皇帝应有的感情、效忠和恭敬，就不在于敌人也能积极做到的诸如此类的表征，这主要是达到其目的的伪装；而在于上帝所切实要求我们的各点，这一切对所有的人来说，包括皇帝在内都是必须做到的。要求于我们的善心行为，不仅是针对皇帝而已。我们行善决不看人；因为我们为了自己的利益做人，就要不图人的称赞和报答，只是寄望于上帝，他既要求不偏不倚的无私善行，又会对此予以报答。[①] 我们对皇帝与普通的邻舍一律相待。因为对所有的人，都同样不许心怀恶意，干坏事，说坏话，想坏念头。对皇帝不应做的事，也不应对任何人做；凡是不应对任何人做的事，也更不应对上帝有意如此大加显扬的人做。

① 见上文第九节注①。这又是基督教的民主思想，"尊重所有的人"。

三十七

> 你们就不用怕基督徒，因为上帝不许他们以怨报怨；他们要报复也不难，他们人多又不怕死，即使他们仅仅离弃帝国而去，也会造成莫大的损失；现在是他们救我们于恶魔之手，他们不是我们的敌人，而是谬误的敌人。

既然如上所述，上帝命令我们爱我们的敌人，我们还要恨谁呢？要是受到伤害，也不许我们报复，以免我们也同样作恶：谁能被我们的手加害呢？关于这一点，请回忆一下你们自己的经验。多少次你们对基督徒滥施暴虐，这既出于你们的习性，也是为了服从法律！多少次敌对的暴徒也不把你们放在眼里，[i]他们滥用法律，以石块与烈火袭击我们！他们以酒神之徒的疯狂，连死去的基督徒也不放过，而是把他们这些面目全非、体无完肤的死者，从墓中或者说从亡人的安息所中拖出来，将他们乱刀切割，捣得粉碎。可是我们团结一致，时刻准备牺牲性命，尽管我们都认为我们满可以暴易暴，一夜之间放一两把火就能报得大仇，可是你们能指出我们有哪一桩受害报复的事呢？然而我们绝无那属神之徒用人间的火进行报复，或者在苦难的考验面前向后退缩的想法。事实上，如果我们真想以公开敌人的身份出现，而不仅仅作秘密的报复者，难

---

i　此处系指官员。——译注

道还缺乏力量、人手或者办法吗？摩尔人（Moors），马科曼尼人（Marcomanni），帕提亚人（Parthians），或者任何一个住在某一地区的范围之内的民族，无论如何强大，其人数难道会超过一个遍布全世界的民族吗！我们不过是昨天才有的，但却在你们中遍布各地——城市、海岛、城堡、乡镇、商场，甚至军营、部落、市议会、宫廷、元老院与广场——给你们留下的只有你们的神庙。如果不是我教认为宁可被杀不可杀人，如果我们不是面对屠刀自愿授命，有什么仗我们不能打，即使力量悬殊，又哪有不勇往直前的？我们尽管手无寸铁，也不举旗造反；只要与你们为敌，不怀好意地将你们孤立起来，就足以与你们进行斗争了。如果这么多群众离开你们，退到世界的某个遥远角落里去，失去这么多的市民本身，无论他们是什么人，也会使帝国蒙羞；而且这种离弃本身也会使你们受到惩罚。处身于孤独之中，在这种四面寂静之下，犹如死人世界那样地使人麻木，你们会毛骨悚然。你们就要去找统治对象了。那时你们的敌人要比剩下的市民还多。现在基督徒之多已经使你们的敌人少到这种程度——几乎你们各城市的居民都是基督的门徒了。[①] 可你们还是要称我们为人类的敌人，而不称之为人类谬误

① Kaye 一如既往，对这莫衷一是的问题，提出了一种公正的看法。* 不过，在留出充分余地的条件下，我接受某些可靠权威的估计，2 世纪在罗马帝国范围内约有二百万基督徒。耶稣的证言日益增强，并且在到处流传。如果我们想想，在德尔图良与罗马皇帝归依之间只有一个世纪的时间，就不会轻易地将作者的话仅仅视为热情的天才与修辞夸张之言了。他不会冒招致讥笑与失败之险去进行夸张的。他所认定的可能是合乎实情的。如若不然，那么能使君士坦丁在 1 世纪内完成思想和方式上前所未闻的空前革命的那些条件，也是一个奇迹，而据传他梦见十字架显现之事与之比较，则显得无足轻重了。对此，我们以后还要谈到。

* 见其著作第 85—88 页。

的敌人。有谁救你们脱离那一直在摧残你们的灵魂，并危害你们健康的隐秘敌人呢？就是说，有谁从这些我们免费驱逐的恶神攻击下，将你们救出来呢？这一点就足够作为我们的报复，因为你们从此以后就只有听任不洁之神去占有了。可是我们并不计较，你们在哪些方面主要应归功于我们的保护，而且尽管我们不仅对你们没有任何妨碍，你们的幸福事实上也少不了我们，你们却还是以我们为敌人，实际上我们不是人类的敌人，而是其谬误的敌人。

三十八

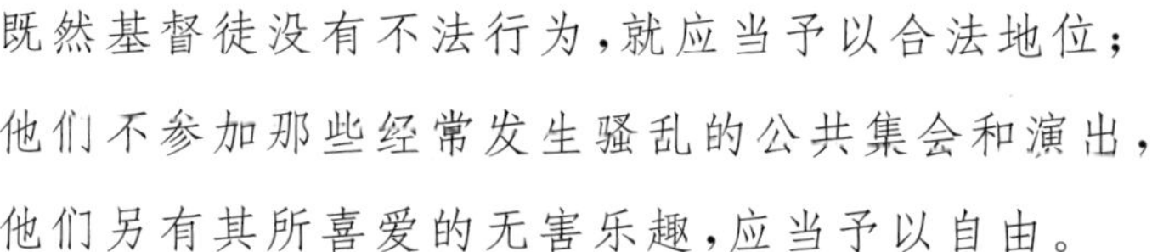

既然基督徒没有不法行为，就应当予以合法地位；
他们不参加那些经常发生骚乱的公共集会和演出，
他们另有其所喜爱的无害乐趣，应当予以自由。

既然不能指控基督徒犯有一般不法阶层社会中常见的罪行，那么他们难道不应得到较好一些的待遇，而且在法律容许的社会中有一席之地吗？[①] 因为，如果我没有弄错，对这种团体的防范是出乎对社会秩序的慎重考虑，使国家不致分为帮派，从而在选民大会、议会、各行政区、特别集会中，甚至在公共演出中，由于对立派别的敌对冲突而自然导致混乱；现在当人们为了谋利，开始将暴力视为买卖商品的时候，尤其如此。然而正如那些对追求荣耀万念俱灰者一样，我们并不是迫不及待地想参加你们的公共集会；也没

---

① 见 Pliny 致 Trajan 书，*Epp*(《书信集》)，卷十，第 96、97 页。

有什么比公共事务与我们更加毫不相干的。我们承认的是大家同为市民的共同体——世界。[①] 我们绝不看你们的戏剧，同时也坚决反对其形成素材，我们深知，这些东西都是些迷信虚构的产物，同时我们也摒绝作为其表现形式的基础的那些东西。我们从来不说、不看、不听与竞技场的疯狂、剧场的放荡、竞技场的残酷和搏斗场中的无谓较量等有关的事。你们为何只因我们对你们的乐趣看法不同，就要对我们见怪呢？如果我们不参与你们的享乐，要是会有什么损失的话，也是我们的损失，而不是你们的。我们不接受你们所喜爱的东西，你们对我们所喜爱的东西也不感兴趣。你们允许享乐主义者自己决定一种真正快乐的根源——我指的是要平等；那么，基督徒也有许多这一类的快乐——这又有什么害处呢？

三十九

为了消除教外人对我们的误解，于是向他们介绍基督徒集会的情况。在集会中恭读《圣经》，重温上帝的教导，也对违犯者进行训斥和惩戒。我们收集捐献，援助患难中的弟兄；我们的爱筵是为了满足穷人的需要，是对他们表示的一种敬意。不能说它是什么帮派集会。

我现在就要给你们陈述基督徒团体的特点，我既已驳斥了对

① 这是德尔图良的许多斯多噶特色之一。

其所指控的罪恶，就可以指出其所具有的优点了。[1] 我们是一个以共同的宗教信仰、统一的教规和一种共同盼望的纽带紧密结合起来的团体。我们以集会和聚会的形式相聚在一起，集中力量向上帝献上祈祷，就可以促使他俯听我们的哀求。这种角力，上帝是喜欢的。我们也为皇帝们，他们的大臣以及所有在位者，为世界的幸福，为全面和平以及末日终结的延迟到来祈祷。[2] 如果遇到某个时期的特点需要向基督徒进行预告或者加以提醒，我们就聚在一起恭读《圣经》。[3] 在这一方面无论情况如何，通过圣言都可以鼓舞我们的希望，使我们的信心更加坚定；而且通过重温上帝的诫命也可以巩固我们的善行。在这里既有劝告，也进行训斥和神圣的惩处。在我们之间的审判工作进行得十分严肃，凡深感自己处于上帝监察之下的人都应如此；如果某人犯罪的严重性，需要在祈

① Kaye(页 146、209)对这一章所讨论的问题，做了一个实事求是的回顾。在这里明确地陈述了一个重要的事实，就是“早期基督徒严格地遵守了耶路撒冷会议上宗徒们宣布的有关禁食窒息而死的动物与血食的法令”(徒 15:20)。对此问题，请参考 Speaker's Commentary 中该处的引文。希腊人值得尊敬，仍然在遵守这一禁令，可是圣奥古斯丁的伟大权威却使西方人放弃了对这点的顾虑，因为他认为该法令只有暂时的约束力，而当时希伯来人和外邦人基督徒正出现误解和相互疏远的危险。* 关于奇迹停止的问题，Kaye 采取了一种稍显独特的态度。请参考他在《德尔图良》(同前)页 80—102 和页 151—161 处，与已故 Hey 教授的重要讨论。我不认为，学者们在这个问题上，真正分清了本意的奇迹与应祈祷而赐予的*庇佑*。就雷电军团问题(Thundering Legion)而言，如果确有其事，也不算奇迹；我敢说，上帝藉其*庇佑性*的干预对祈祷所作的明显回应，与圣迹的作用完全不同，这样的事在那些“以圣子的名而祈求”的人身上，从来就没断过。这种干预往往只是*自然以外性的*(preternatural)；即利用了某些虽属自然范围，但却在常见自然体系之外的力量。他们忽视了这种区别。

* *ad Faust*(《致浮士德书》)，第 32 章，13 节，并参见 Conybeare 与 Howson 的著作。

② 见上文第三十二节。

③ 此处系指公共感恩节日、斋戒日等。

祷时，在集会和一切宗教往来中，将其与大家隔离开，就有了体会未来审判的最好实例。审判由我们长辈中经过考验的人主持，获得这一荣誉不靠钱买，而是凭公认的人格。在上帝的事务上，没有什么买卖的问题。我们虽然也有钱库，但这并非入门费的钱库，就如宗教也是有价之物。在每个月的规定日，[①]每人可随意作少量的奉献；但这只能是自愿的，量力而行的：因为不存在强制问题，一切都是自愿的。事实上，这些奉献是一种慈善储蓄基金。因为由此取得的钱不是花在盛会、酒宴和餐馆里，而是为了资助和埋葬穷人，接济无力自养、失去双亲的子女，供晚年困在家里的老人之需；还有乘船遇难之类的人；如果有人下到矿山，流放至海岛或者囚在狱中，只要他们对上帝的教会事业保持忠贞，就是其信仰的培育者。但主要还是这种非常高尚的爱心行为，才使许多人给了我们一种标志。他们说，看他们是如何相亲相爱[②]（而这些人自己却相互仇恨）；看他们是如何乐于为别人去死（而这些人自己却总要相互残杀）。他们对我们非常愤慨的原因，也是由于我们互称弟兄；其中的原因，我想，仅仅在于他们只将血亲视为感情的唯一名义。然而按我们的共同母亲大自然之法来讲，我们也是你们的弟兄，尽管你们这些弟兄如此刻薄，不大像人。与此同时，那些既然有幸能认上帝为其共同之父，饮于同一个神圣的灵之中，从同一愚昧境界争取进到同一真理之光中的人，又是如何理当称为并被视为弟兄

① 在一般主日，“他们进行储蓄”，可见是每月做一次捐献。

② 这是一个可贵的证据，尽管以后吹毛求疵的人说，这是教外人的一种讥讽说法。

啊！可是或许正由于这一原因，即没有因弟兄关系而引起争吵的悲剧，或没有如你们往往因为家产破坏弟兄关系，而在我们中间则成为弟兄情谊的纽带，故此你们认为我们没有多少权利称为真正的弟兄。我们彼此一心一德，毫不迟疑地彼此分享我们的现世财物。我们之间除妻子之外，一切公有。至于另有其特殊做法的人，我们拒不与之交往，他们占有其友人之妻，而且非常宽容地把他们的妻让给友人，我想他们是在追随古代名人，希腊的苏格拉底和罗马的加图的榜样，与其友人分享其所娶之妻，似乎是为了使自己和别人有后；这样作是否违背其配偶的心意，我就无法说了。既然她们的丈夫这样随便地将她们相赠，她们又何必珍惜自己的贞操呢？好一个希腊智慧与罗马庄重的高尚范例——哲学家与监察官互拉皮条！无怪乎基督徒彼此之间的伟大友爱会被你们亵渎！你们之所以诋毁我们简朴的庆典，其根据就是这些庆典既奢侈又放荡邪恶。看来，狄奥根尼的这段话是指基督徒说的："墨伽拉(Megara)人过节，好像他们明天就要去死；他们大事修建，好像永远不死似的！"可是人们往往容易看到别人眼中的微尘，却看不到自己眼中的大梁。哎，这么多部落、行政区和十人管区(decuriæ)的打噎把空气都污染了。萨利伊人庆祝节日就不能不欠债；你们要会计来告诉你们，大力神的什一献礼和祭宴值多少钱；希腊的美神(Apaturia)节和酒神(Dionysia)节等神秘庆典要用最好的厨师；塞拉庇斯酒宴的炊烟会招来消防队员。可是独独对基督徒简朴的餐厅却有人大费心机。我们庆宴的名称就说明了问题。希腊人称之为agapè(即爱筵)。无论花多少钱，以慈善名义所作的支出都是合算的，因为宴会的美食满足了穷人的需要；不像你们是一些寄生虫在追求满足你们无度嗜好的虚荣，放开肚皮大吃大喝，直到受尽折磨——而是像对上帝本身那样，这是对卑微者所表示的一种特殊敬意。如果我们庆典的目的是好的，就请你们根据这种精神来了解其进一步的规定。由于这是一种宗教崇拜仪式，就不许有下流或不端之举。参与者在就座前，先要向上帝祈祷。吃到足以充饥，喝到适合大雅。大家说足够了，因为他们想到在夜间还要崇拜上帝；他们在谈论时知道主是他们的听众之一。洗手以后，点好灯，就请每个人[①]站出来，按自己的能力向上帝唱一首赞美诗，可以取自《圣经》或者自编——这是我们饮酒程度的一种证明。庆典以祈祷开始，也以祈祷结束。我们从这里出去，不是像一群捣乱分子，也不是一帮流浪汉，也不是冲出去胡作非为，而是尽量注意端庄和文雅，好似上过一堂德育课而不是赴过一次宴。如果基督徒的集会与不法集会一样，就请依法处理，宣布其为非法：如果能如实地告之以什么罪名，如你们指控秘密党派的罪名等，就请尽量地给它定罪吧。然而有谁曾因我们的集会受过伤害呢？我们集会时与我们彼此分开时一样；我们作为团体与个人独处时一样；我们不伤害任何人，不骚扰任何人。当正派有德之人聚在一起，当虔敬纯洁之人进行集会时，不可称之为宗派，而是一个元老院（*curia*）——（即上帝的宫廷。）

① 或可作——“请一个人站出来，根据自己的能力，向上帝献上一曲赞歌，或者取自《圣经》，或者随各人的心意”——即按各人的爱好。

四十

诬告基督徒为一切公共灾难根由者，才是党派分子，因为这些灾难是在该教出现前发生的，而且由于他们的祈祷，才使我们多次脱免上帝的惩罚。

与此相反，那些唆使大家仇视善良有德的人，对着无辜的血大喊大叫，以无稽的藉口为其仇视的理由，说什么基督徒是每次公众灾难的原因，是民众每次受折磨的根由的人，[①]才理应加之以党派之名。如果梯伯河水涨到城墙那样高，尼罗河水不能流到田间，天不下雨，[②]发生地震，有了饥荒瘟疫，他们立即叫道，"把基督徒投入狮圈！"[③]什么！难道要将这么多人投给一头野兽吗？请问，在提比略登基之前——即基督降世之前，有多少灾难袭击普世和某些城市？我们知道，在希耶拉（Hiera）、亚纳菲（Anaphe）、德罗斯（Delos）、罗得（Rhodes）和科斯（Cos）等岛屿上，有成千上万的人

① 见 Horace，*Odes*《颂诗》，卷一，第 2、13 页。

② Augustine，《上帝之城》，同前，卷二之三，引用了谚语："天不下雨，要怪基督徒。"

③ 把基督徒投入狮圈。这话出自哪些人之口，见上文第三十五节。

请注意——"将许多人投给一头野兽"这句话。如果德尔图良知道这种说法很少见，那么是否有可能他是想用这种词句来对付官员？当前力图缩小我基督徒先辈受迫害数字的形势，使我们注意到这一段话，尤其因为它偶尔出现却又提得如此引人注目，就更加显得重要了。还请注意本护教书的末章，以及第三十五节中关于民众喊叫的话。* 请参阅 Wordsworth，*Church Hist. to Council of Nicæa*（《至尼西亚会议为止的教会史》），二十四章，第 374 页，直接援引德尔图良时，谈到由于基督徒殉教者的受难而由教会得到好处的精彩评注。

* 可将其与 Kaye，《德尔图良》，同前，第 107 页评 Mosheim 语比较。

被吞没了。[i]柏拉图告诉我们，比亚洲和非洲还大的地区被大西洋包围了。[①] 还有一次地震将哥林多海(Corinthian sea)吸干了；海浪的力量还把路卡尼亚(Lucania)的一部分切割开来，于是才有西西里(Sicily)之名。发生这些事时，当地居民当然不会不因而受难。我不想说那些是蔑视你们的神的基督徒，但是当洪水泛滥淹没全世界时，或者按柏拉图的看法只淹没平地时，你们的神在哪里？因为他们要比灾害晚些，关于这一点，他们出生和去世甚至到过的城市可以提出大量证据；因为这些城市除非是洪水以后时期的，否则今天就不会存在。那时巴勒斯坦还没有接到从埃及来的犹太(移民)群，当它的邻城所多玛(Sodom)和蛾摩拉(Gomorrah)为天火所毁时，基督徒由之而来的这个民族还没有在那里落籍。这个国家还有那次大火的气味；如果树上还有苹果的话，那只不过是留给人们的一点指望——只要一碰就会成灰。当天火淹没乌尔西尼(Vulsinii)，以及庞培城(Pompeii)为其火山之火所毁时，图西亚(Tuscia)和坎帕尼亚(Campania)也不能怨当时的基督徒。当汉尼拔(Hannibal)在坎尼(Canna)认为罗马人系被罗马斗兽圈的石块所杀时，在罗马还没有人崇拜真神。当塞农人(Senones)紧紧围困卡庇托尔神庙时[②]，你们的众神已经都是大家公认的崇拜对象了。与上述事实一致的是，如果说有灾祸降到某些城市里，神庙及

---

i　希耶拉岛国在小亚细亚的弗里吉亚；亚纳菲岛在克里特海中；德罗斯岛位于爱琴海；罗得岛在小亚细亚海岸边；科斯群岛在小亚细亚米尔图海中。——译注

①　Pliny, *Nat. Hist.*(《博物志》)，卷二，第90、205页，援引柏拉图关于亚特兰提斯岛为大西洋淹没之说，并以地中海地区发生的类似灾祸与之相比。

②　作者此处有误。当时高卢的塞农人攻占了罗马，但未攻占卡庇托尔神庙。

其院墙也同样受灾，这就显然证明，这些事并非众神所为，因为他们自己也受到了打击。事实真相是，人类都是在受上帝的惩罚。首先没有对上帝尽到义务，因为大家对他既已有所认识，不仅没有去寻求他，甚至还造了他们自己的众神来崇拜；其次，由于他们有意地忽视正义的导师，罪恶的审判者与报复者，各种恶习与罪行便日益滋生繁殖起来。可是人们如果寻求了，他们就会认识到其所寻求的光辉对象；认识就会产生服从，服从就会找到一位慈祥而不是愤怒的上帝。那时他们就会看到，现在正是这位上帝与古时基督徒出现以前一样，对他们愤怒。他们所享受的是上帝的赐福——他们是在造其众神之前为上帝所造：为什么就不能认识到，他们的不幸来自他们不肯承认其慈祥的上帝？他们是在他们不愿对其感恩者的手里受苦的。尽管情况已如上述，要是与以前的灾难进行比较，现在的比以前轻多了，因为上帝已将基督徒给予世界了；因为从此美德将对人世的邪恶有所抑制，而且有人开始为挽回上帝的愤怒而祈祷。总而言之，当夏日的云不降雨，季节令人担忧时，你们实际上——却天天过节，热衷于酒宴，忙于浴室、饭店和妓院之中——向朱庇特献上你们的祈雨祭；你们命令民众赤足列队行进；你们在卡庇托尔神庙里求天；眼望神庙天花板来求渴望的雨云——你们心中的思念不全是天和神。我们禁食以致干涸，严格约束我们的情欲，尽量摒绝一切日常娱乐，身披麻衣在尘土中辗转，以我们的坚持恳求去打动上苍——打动上帝的心——一旦我们求得了上帝的怜悯，嗨，一切荣誉就全归朱庇特了！

四十一

蔑视真神崇拜偶像者才是日常灾祸的根由，
如果他们是真神，就不会让你们也一同遭殃。
我们知道，在最后审判之前，真神不会对好人
和坏人分别进行奖惩；如果你们硬要将这一切
归之于众神，那像这样无情无义的神值得崇拜吗？

所以你们是人间灾祸的根由；公众的不幸要怪你们，因为你们一直在招致祸殃——是你们使上帝受轻视，是你们在崇拜偶像。认为是被轻视者在发怒，而不是那些受到崇敬者，这当然是顺理成章的事；否则，如果他们为了基督徒，也加害于本应使之免受基督徒之惩罚的自己的崇拜者，这就太不公道了。但是你们说，这也怪你们的上帝，是他允许其崇拜者为了那些对其不敬者的原因而受罪的。不过，如果你们首先承认了他对一切事物的安排，就不会提出这样的反驳了。因为他既然已经一次而永久地规定了，要在世界终结时进行永久性的审判，就不会在终结之前，急于进行审判的主要过程来区分善恶。他既然同等地对待各种人，所有的人就都会受到他的恩惠和斥责。他的旨意是，被弃者与被选者都会遇到逆境与顺遂，我们都会同样体验到他的慈祥与严肃。我们从他的亲口教导中得知这一切，我们就爱他的慈祥，畏惧他的震怒，而你们对此二者都置之不顾；于是，生活中注定会要遇到的种种磨难，对我们来说就是善意的劝告，而对你们则为上帝的惩处。我们对此确实不感烦恼：因为在现世只有一件事我们最为关心，那就是及

早脱离此世;其次,如果遇到不幸,那也要归咎于你们的过犯。不过,尽管由于我们与你们息息相关,我们也同样遇到磨难,我们依然高兴,因为我们认识到其中有上帝的警告,这实际上只会巩固我们希望的信心与信仰。然而如果你们所遭受的种种不幸,都是你们崇拜的众神由于反对我们而加于你们的话,你们对如此无情无义和昏庸不公者为什么还要继续予以崇敬呢?难道他们不应当迫害基督徒来帮助和支持你们,而不是对你们震怒——使你们不致遭受基督徒的磨难吗?

四十二

> 不能说与你们一同生活、打仗、经商,
> 以自己的劳动为大家创造财富的基督徒
> 无益于人生;我们虽不参与你们的宗教活动,
> 不看你们的演出,但照缴赋税也能弥补所有的损失。

可是有人又以另一种理由将我们视为有害分子,[①]指摘我们无益于人生大事。对于生活在你们之中,吃同样的饭,穿同样的衣,习俗相同,具有相同的生存需要的人来说,天下哪有这种事呢?

---

① 德尔图良以其毫不留情的笔头刻画了尼西亚会议以前时期的基督徒态度,对该态度如果进行研究,就能使所有不带偏见者深信圣灵在从异教原型中塑造这种性格的伟大力量。当我们的这位严格的苦修作者在孟他努思想影响下指摘教会的腐败,并将信徒的全部情况都抖了出来时,我们由此可以看到对方能用以施加压力的一切了;然而这极为重要的一章如果是由一位严守戒条者作为他尽力提出的证据,同时也要牢牢记住四十四章的结束语,那么当时的教会与现在的相比,依然是《腓立比书》第4章第8节的生动体现。参阅 Kaye,《德尔图良》,同前,第361页。

我们并非生活在森林中、自绝于一般人间生活的印度婆罗门人或印度苦行僧。我们没有忘记应对上帝我们的主和创造者感恩；我们不排斥他亲手所造的万物，尽管我们对自己加以克制，以免在使用其恩赐时有失度和犯罪之处。因此与你们一起寄居在世，既不回避广场、屠宰场、浴池、货摊、作坊，也不回避旅馆、周日市场，以及其他交易场所。我们与你们一起航行，一起打仗，[①]一起耕作；而且同样地参与你们的交易——甚至在各种行业中，为了你们的利益，以我们的劳动为公众创造财富。与你们生活在一起，在你们身旁，怎么在你们的日常事务中被看为毫无益处，对此我无法理解。如果说我不参与你们的宗教仪式，我依然是一个遵守宗教节日的人。农神节日我不是天一亮就入浴，以致分不清白天和黑夜；而是在合乎礼仪的、有益于健康的时刻入浴，以保持血液的正常温度。我死去经洗过之后，可能与你们一样僵硬苍白。我不会像斗兽士们在他们最后宴会上那样，于酒神节日躺在大庭广众之中。可是当我有幸去吃时，我还是会去分享你们的富有的。我不会买一个花环戴在头上。即使把这些花买来了，我如何使用又与尔等何干？我想最好是让它们自由自在，摇摇摆摆。即使将它们编成为一个花环，我们也可以用我们的鼻子去嗅：让那些在自己头发上洒香水的人来看吧。我们不会去看你们的戏；然而那里所卖的商品，如有需要，我不难在适当的地方买到。我们当然不会买乳香。如果阿拉伯人对此不满，那么萨巴人（Sabæans）应当知道，他们最

① 当兵被视为法定义务。但是，请参阅以后的《论花环》第十一节。

宝贵最昂贵的商品，大量用于像敬神焚香那样来埋葬基督徒。[①]无论如何，你们说，神庙里的收入一天天地减少：现在捐献的人多么少呀！[②] 说实在的，我们无法对你们人间和天上的乞讨者进行施舍；我们也不认为必须给予这些乞讨者。让朱庇特伸出手来讨吧，因为我们的同情心表现在街上，不像你们是在庙里。不过你们的其他税收却应当感激基督徒，因为出于对兄弟不行欺诈的诚实精神，我们凭良心缴纳他们定的一切应缴的税：于是通过弄清在统计报告里因欺诈和谎言带来的损失究竟有多大——不难计算——就会看出一个税收部门的不满之处，可由其他方面的收益来补偿。

四十三

> 拉皮条者、巫师术士之流从我们身上
> 一无所获，这正是我们的宝贵收获。
> 你们因我们的宗教造成的损失，可由
> 你们因我们的祈祷得到的好处来弥补。

然而我要毫不迟疑地承认，有些人在某种意义上会对基督徒感到不满，认为他们是一群无利可图的人：如拉皮条者、勾引者、浴池经营商、暗杀者、放毒者、巫师，以及占卜者、预言者和占星术士等。可是这类人的一无所获，正是基督徒的宝贵收获。而且你们的利益因我们所奉宗教造成的损失，可由从我们方面得到的保护

---

① 这是有关早期基督徒葬礼的重要情况。至于乳香，见上文第三十节。

② 这是基督教发展的标志。

予以充分弥补。对那些将你们救出魔掌,为你们在真神座前献上祈祷的人,在此我不强调你们应如何评价,因为也许你们对此根本不信——然而对这些人你们不是根本没有什么可怕的吗?

四十四

这样多的有德之士被大批杀害是国家的损失,
在那些以各种罪行被判处的罪犯中没有基督徒。

当我们这样的有德之士如此大批地被置于死地,当这么多的善良人被处以极刑时,却无人认为这对公共利益有何损失——实际上是重大的损失,无人认为这样做会有害于国家。在此,我请你们每日对犯人进行审问,对罪行予以定案者,以你们自己的行动来作证。在你们那些被控以种种暴行者的长长名单中,是否有一个暗杀者、小偷、渎神者、勾引者或偷浴客衣物者,曾列入基督徒的名单之中?或者当有基督徒仅以此名义被传到你们堂上时,是否发现过其中有这一类的坏人?挤满了监狱的都是你们的人,在矿山里哀叹的,被喂给野兽的,也是你们的人:斗兽士表演时,也都是用你们的罪犯来喂野兽的。这里没有基督徒,除非仅仅是以基督徒的名义;如果其中有人以其他名义而受处分,他就已不是基督徒了。①

① 如此具有挑衅性的申辩,其果敢性就足以证实其为对基督教教父特性的赞词,参见上文第三十节。

四十五

我们遵守法规不是因为怕人，而是
因为敬畏上帝及其所颁布的完美法律，
我们畏惧连审判官也畏惧的最高审判者。

那么，只有我们是没有罪行的。如果这对我们来说是一种必然，又有什么值得奇怪呢？因为这确是一种必然。经上帝亲自教导什么是善，我们就对其有完全的认识，因为这是受自一位完美导师的启示；而且我们忠实地执行他的旨意，因为这是来自一位不容我们忽视的审判者的命令。而你们的美德观只是凡人的见解；对它的义务只建立在人间权威的基础上；因此你们的实际道德体系，在完美程度、在造成一种实际美德生活所需的权威上，都是有缺陷的。人藉以指出什么是善的智慧，不会高于促使人实行的权威；前者容易被愚弄，后者又容易被忽视。既然如此，那么，说“不可杀人”，或者教导“甚至不可动怒”，哪是更为全面的法规呢？禁止奸淫，或者甚至不可邪视，什么更加完全？禁止干坏事与禁止说坏话，什么体现了更高的理解？不可伤害人与受人伤害也不可报复，什么更为彻底呢？尽管你们也知道你们也有这些法规，而且能引人向善，但这是取自上帝的法规，以其为古老典范的。关于摩西时代上文已经讲过。对人间的法规来说，如果能设法隐蔽起来，不让人看见自己的罪行，在倾向与需要驱使他去触犯法规而予以蔑视时，其实际权威又何在呢？对这些事，请再就你们所能施加的任何惩罚的短暂性想想——至多处死而已。伊壁鸠鲁根据这一点，就

轻视一切磨难和痛苦，认为它们微不足道，不必介意；即使巨大，也不会持久。毫无疑问，我们这些将在一位明察一切的上帝的审判下领受赏报，而且等待他对罪恶的永久惩罚的人——只有我们会真正努力，在我们更为全面的认识的影响下，去度无可指摘的生活，我们深知隐瞒无方，而且将来的刑罚严重，不仅刑期漫长，而且永无休止，我们畏惧那连审判者也应畏惧的上帝，而不是地方总督！

四十六

不能将基督教视为一种哲学，
基督徒与你们的哲学家在认识和方法上
都没有什么相似之处。

我想，关于你们控告的各种罪行，并据此强烈要求基督徒流血的问题，我已经做了充分的答复。我们对我们的案情做了充分的申述；而且向你们指出了，我们如何能从我们《圣经》的可靠性和古老性出发，甚至从恶神势力的自白中，证明我们的申述是正确的。有谁敢像我们所作的证明那样，根据事实而不是语言技巧，来对我们反驳呢？然而当我们所坚持的真理大白于天下之际，当基督教的价值为人深信，她的好处现在也通过生活的交往为人共知时，不信者又提出这样的观点，说什么她并不是一种神圣事物，而是一种哲学。他们说，这些东西就是哲学家们所倡导和宣扬的——清白、正义、忍耐、节制和贞洁。那为什么不许我们的教理有同样的自由并免予处分，而且在所教导的内容上与他们并列呢？为什么他们没有像我们一样,被强制参加同样的祭礼,如若拒绝就有生命的危险呢?谁会强迫一位哲学家献祭或起誓,或者在中午去熄灭无用的灯呢?[i]不仅如此,他们公开推翻你们的众神,还在他们的著作中攻击你们的迷信;你们却为之叫好。他们之中的许多人甚至在你们的鼓励下,向你们的统治者大声叫骂,你们却给以薪金,为之树立雕像,并没有将他们投给野兽。这也是理所当然的。因为他们被称为哲学家,而不是基督徒。这种哲学家的称号没有打败魔鬼的能力。为什么他们做不到这一点呢?因为哲学家认为魔鬼在众神以下。苏格拉底经常说,"如果魔鬼允许。"可是他虽然否认你们众神的存在,从而瞥见了真理,在其临死时却着人献一只公鸡给埃斯库拉庇乌斯,我想这是为了他父亲的荣誉,[①]因为阿波罗曾宣布苏格拉底为最有智慧的人。好糊涂的阿波罗!居然为一个否认其族类存在的人的智慧作证。当真理随着这种对立而觉醒时,忠实地坚持真理就成了冒犯;而那窜改真理,单纯以其作为藉口者,却正好因此而得到其迫害者的好感。哲学家以及这些骗子和窜改者,怀着敌对的目的伪装坚持真理,而在实行时却加以歪曲,他们所关心的只是荣誉,而基督徒则认真地从内心里渴求真理,并且维持其完整性,因为他们真正关心自己的得救。所以我们与你们之间,在我们的认识上也好,方法上也好,都不像你们想的有什么相似之处。因为泰勒斯(Thales),自然哲学的创始人,对克罗伊斯关

i 指犬儒派哲学家迪奥坚尼斯大白天持灯在街上找人的故事。——译注

① 德尔图良对这一隐晦事件的论述(参见 *Phædo* 著作),比其他各种巧妙理论都强。(埃斯库拉庇乌斯在神话中为阿波罗之父。——译注)

于上帝的问题，在空自思忖一阵之后，又做了什么确切的回答呢？可是没有哪一位实践的基督徒不会发现上帝，彰显上帝，从而将构成上帝的一切特性归于他的，尽管柏拉图断言，要发现宇宙的创造者谈何容易；即使发现了，也难以叫大家认识。然而要是在贞洁的美德上与你们较量的话，我想引一段在雅典人中流行的关于苏格拉底这个公认的腐蚀青年者的话。他说，基督徒也对女性满意。我也知道妓女弗林纳如何点燃了迪奥坚尼斯的欲火，以及柏拉图学派的斯佩乌希普斯(Speusippus)如何在奸淫时身亡。基督徒丈夫只与自己的妻子发生关系。德谟克利特(Democritus)剜去了自己的双眼，因为他看了女人不能不起淫心，于是以其所受的惩戒坦率地承认了他的淫乱。可是基督徒以圣宠所救治的眼看女人，犹如未见；心中不为情欲所动。如果我强调我们的品行更为正直，我就立刻想起迪奥坚尼斯用那沾满泥土的双脚，在柏拉图豪华的床上傲然践踏的情景：基督徒即使对乞丐也不耍威风。如果要论节制精神，我就想到毕达哥拉斯在修立爱(Thurii)人中和芝诺在普里艾莱(Priene)人中横行霸道的情景：基督徒甚至不参与竞选。如果要论镇定，李古尔古斯宁愿饿死，只因拉孔人(Lacons)对他的法律做了某些修改：基督徒即使被人定罪，也会称谢。① 如果要论忠诚，阿那克萨戈拉(Anaxagoras)不承认其仇人的存款：而基督徒甚至在其宗教以外人中，也以忠诚著称。② 如果要论诚实，亚里

① 见《约翰福音》第 21 章第 19 节。这是基督徒在临死前的一种悠久的虔诚习惯：正如莎士比亚的 *Henry IV*(《亨利四世》)中说的，“即使我的生命即将结束，也要赞颂神。”参见《帖撒罗尼迦前书》第 5 章第 18 节。

② 罗马作家 Pliny 在其《书信集》(同前)中，谈到了基督徒的正直品德。

士多德卑鄙地迫使其朋友离去：而基督徒连自己的仇人也不伤害。亚里士多德同样卑鄙地向亚历山大献媚，而不尽力使他走正道，柏拉图为了糊口，也听任其为狄奥尼西乌斯国王（Dionysius）收买。阿里斯提普斯（Aristippus）身穿华服，在十分庄重的外表下大肆挥霍；希庇亚斯（Hippias）因搞叛国的阴谋而被处死：[①]没有哪一个基督徒为了自己的弟兄做过这等事，即使教难非常残酷地迫使他们流落国外。然而有人会说，我们之中也有人违犯我们的教规。可是在这种情况下，我们就不认他们为基督徒了；而干这种事的哲学家却仍然保留其称号和智慧的荣誉。由此看来，在基督徒与哲学家之间有何相似之处？在希腊的门徒与上天的门徒之间，在以求名为目的者与以做人为目的者之间，在空言者与实行者之间，在建树者与摧毁者之间，在以错误为友者与以错误为敌者之间，在糟蹋真理者与恢复和宣讲真理者之间，在真理的蟊贼与其护卫者之间，又有何相似之处呢？

四十七

如果他们有什么正确的和接近
真理之处，也是从我教经典中汲取的；
但经他们恣意篡改后，又造成许多错误。

除非我大错特错，没有什么比真理更悠久的；而且早已为人证

① 此处作者显然有误。历史上有两个希庇亚斯，一个是暴君，皮西斯特拉图斯的长子；一个是希腊的城邦爱利斯的诡辩哲学家。

实的《圣经》的古老性对我是如此大有助益，从而使人们比较自然地认为，它是后人从中汲取一切智慧的宝贵源泉。如果不是要限制本文的篇幅，我也会来证明这一点。哪一位诗人或者诡辩家没有畅饮过先知们的泉水？哲学家们正是从这里汲水浇灌了他们干涸的心灵，正是他们从我们这里得到的东西，使之得以与我们相比。因此，我想，哲学才被某些国家——我是指底比斯人、斯巴达人（Spartans）和阿尔戈斯人——加以禁止，他们的门徒也要学我们的教理；而一般只是贪恋虚荣和追求口才之辈，在他们特有的那种研究中，一碰到《圣经》中有什么使其不快之处，就加以窜改，以迎合他们的目的：因为他们对他们的神没有真正信仰，使他们不致动摇，而且对其信仰也没有足够的认识，这也是由于当时尚处在帐幔时代[i]——即使对犹太人那些自以为信仰为其专有物者，这一切也还是隐晦的。而且因真理都有平易的特点，因而也更易引起一些过分自是难于信仰者的厌烦，决心对其加以窜改；因此他们已经确实认识的东西，也要通过掺杂使之不复确实。发现了上帝的一项简单启示，他们就进而对上帝进行辩论，不是根据他对他们的启示来辩论，而是转到一旁去争论他的特点、本性与其所在等。有人断言他是无形体的；其他人则坚持他有形体——柏拉图派持一说，斯多亚派持另一说。有人认为他由原子组成，其他人认为由数组成：伊壁鸠鲁和毕达哥拉斯就是这样各执一说。有人认为，他是由火组成的；赫拉克利特（Heracleitus）就是这样看的。柏拉图派认为，他掌握着世上的诸事；反之，伊壁鸠鲁派则认为他无所事事，不

i　即基督降生之前。——译注

起作用，可以说是在人间诸事上无足轻重者。于是斯多亚派把他说成处在世界之外，在这庞然大物周围转来转去，像一个浪荡者；而柏拉图派却将其置于世界之中，就像舵手在其所驾驶的船中一样。于是他们对世界本身的看法上，究竟是受造的还是非受造的，究竟是注定要消逝的还是永恒常存的，同样莫衷一是。然后他们对灵魂的性质又辩论起来，有的说它是神性的和永恒的，有的说它是可消亡的。各人根据自己的想法，或者加进一些新的东西，或者将旧的东西改头换面。如果哲学家们的思考歪曲了更古老的《圣经》[i]，这也不足为奇。他们这一类人有的甚至在我们的基督教新启示[ii]中掺假，将它歪曲成一种哲学学说体系，从一条正道中又搞出许多邪道来。① 我之所以提到这一点，是担心深知我们之间有不同意见者，会因此把我们与哲学家们等同起来，并因辩解方式各不相同而鄙夷真理。但是我们立即可以针对这些玷污我等清白之辈抗辩说，这是从基督经其门徒们传下来的真理准则，据此我们可以证明，这些异道的创始者都是后来才有的。凡与真理对立的东西，原取材于真理本身，都是谬误之灵造成的对立学说。良好的教导正是由于他们暗中教唆以致败坏的；有些虚构的东西也因而混了进来，因其与真理近似，所以也能影响它的声誉，或者为它们自己争得更大的信任；从而使人们认为，基督徒不足凭信，因为诗人和哲学家亦如是说，或者认为诗人和哲学家更为可信，因为他们并

---

i　指《旧约圣经》。——译注

ii　指《新约圣经》。——译注

①　见 Iraeneus, Against Heresies(《驳异教徒》)，载 *The Ante-Nicene Fathers*，卷一，Eerdmans，1987，第 377 页。

非基督的门徒。于是我们因宣称有朝一日上帝将审判世界而受人耻笑。因为诗人和我们一样，在此下界也设了一个审判庭。要是我们说，地狱是惩罚人的地下阴火之所，我们同样备受讥讽。因为他们也有他们的阴间火焰河（Pyriphlegethon）。如果我们说到天堂[①]，即由烈火带包围与尘世隔绝，供诸圣者享天上洪福之处，他们信仰的却是厄里西（Elysian）平原。请问，你们诗人和哲学家的这一切与我们极为相似的东西，究竟从何而来？道理很简单，是从我教中取去的。既是从我们的神圣事物中取去的，那么我们更早，于是也更真，更值得相信，因为就连它的仿制品都得到了你们的信任。如果他们硬说他们的神圣奥秘出自他们自己的头脑，那么我们的就是较其为晚的反映了，从事物的情理上讲这不可能，因为影

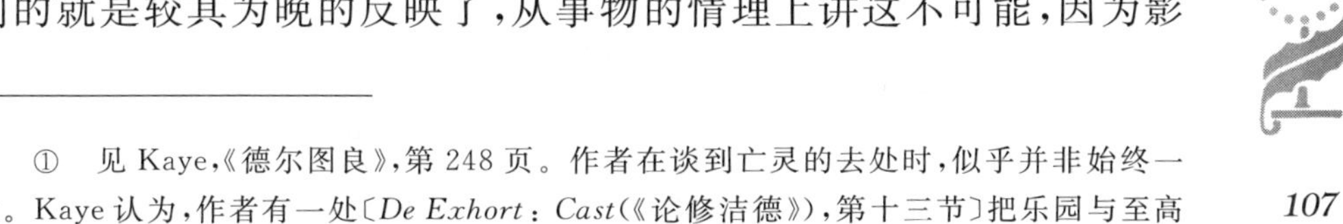

① 见 Kaye，《德尔图良》，第 248 页。作者在谈到亡灵的去处时，似乎并非始终一致。Kaye 认为，作者有一处〔*De Exhort*：*Cast*（《论修洁德》），第十三节〕把乐园与至高者的天堂等同起来了，在该处他可能是将使徒保罗在《加拉太书》第 5 章第 12 节与《以弗所书》第 5 章第 5 节的概念弄混了。不过，一般来说，尽管他并非始终一致，然而这可能还是他的总体看法：

1. 阴府（*Inferi* 或 *Hades*），财主与拉撒路的灵魂各在一处，彼此之间有一道深渊。作者认为“亚伯拉罕的怀抱”在阴府中。

2. 乐园（*Paradise*）。也在阴府中，不过位置更高，更为荣耀。这一幸福之所，只是在我们的主降到阴府中时，才向殉道者和其他大圣者开放。在全人类复活和公审判之后，只剩下：

（1）地狱（*Gehenna*），丧亡者的归宿，为魔鬼和它的使者所预备的去处。

（2）天上之天（*Heaven of Heavens*），义人在此永远享见主及其永远幸福之处。

德尔图良在这一问题上的变化，使我们以后不得不再谈到它；不过在此我们可以指出，拉丁教会的混乱在这一点上，是从我们作者的天才中袭取其特性的。奥古斯丁随着他也在与亡灵状态有关的名词和处所上有某种含糊之处，这一点延续至今，还在困惑着西方的神学家们。利用了这种混乱性，罗马令人吃惊的“炼狱”体系才在中世纪捏造出来；可是希腊人从未予以接受，而且它也与早期拉丁教父，包括德尔图良在内，所传给我们的论点根本不同。

子决不会早于投影物，图像不会早于实物。①

四十八

> 奇怪的是人们相信哲学家的不可信的胡说，
> 对基督徒可信的证言却予以鄙弃，
> 有的人宁愿相信哲学家所说的轮回，
> 而不相信我们所信仰的肉身复活。

现在如果有哪一位哲学家像当初拉贝留斯(Laberius)[i]追随毕达哥拉斯那样，认为一个人也许是从一头驴而来，一条蛇也许是从一个女人而来，并以花言巧语编造种种论证来证明他的观点，难道他不会得到赞同并且使某些人深信，因而不敢以动物为食吗？是否会有人相信自己应当如此禁戒，以免不慎吃了哪位先人的肉呢？可是如果某基督徒许诺，一个人的魂会回到这个人身上，现在的加佑(Caius)是从加佑来的②，民众就会大叫起来用乱石将他逐出，甚至不容其申诉。既然有理由认为，人的魂可以在不同的躯体之间往返，又为何不能回到他曾经待过的躯体之内，须知这是恢复他以前的状态呀。他们已经不是以前的事物了；因为他们除非先中止为以前所是之物，然后才能成为以前所非之物。如果我们想对此搞个水落石出，谁将变为什么动物，还要费许多时间。而我们主要

① 当然，就一个尚不存在的物体而言，是不能有投影的。

i 拉贝留斯可能是一位滑稽诗人，恺撒的同时代人和评论家。——译注

② 即罗马法中常见的人名 Caius。

是为自己辩护，阐述最值得我们相信的一点，即人将恢复为人——每个人都将恢复为人，依然保持其人性；因而灵魂连同其特性一概不变，都会恢复同样的状态，尽管其外貌并不相同。当然，复原的根本理由在于审判的规定，每个人必须是生前的同一个人，以便他在上帝面前受审，从而决定其功过。所以肉体也要出现；因为要灵魂受苦，就不能没有实在的躯体（即肉体）；而且也不应由灵魂单独承受上帝的义怒：因为他们犯罪不是与肉体无关的，一切都是在肉体之内共同干的。然而你们说，已经消失的东西怎能使之再现呢？人哪，试想你自己，你就会相信这一点！想想你在有生之前是什么，虚无。因为如果你曾为何物，你会记得的。既然你在有生之前为虚无，不复生存之后又归于虚无，为什么不能在造物主的旨意下，像当初从虚无中造你那样，使你从虚无再进入生存呢？就你的情况而言，又有何新鲜之处呢？过去没有你时造了你；你不复存在之后还要再造你。如有可能，你就先说说当初你受造的情况，然后再来询问你将来会如何再度受造。要相信可以造成一度有过的你，这当然更容易，因为该创造力当初造成未曾有过的你也不费力。或许有人会怀疑将这世界庞然大物悬在那里的上帝的威力，须知是他造成了前所未有的世界，使它有如从空虚呆板的死亡中，因活化一切有生之物的圣灵而充满生气，其实质就是作复活的真正典型——甚至就是复活的真正形象，以便能对你作证。光每天消失了又重新亮了起来；光明消失之后，黑暗接踵而至。死去的星辰又活了起来；季节一经结束又周而复始；果实成熟了就开始繁殖。种子要腐烂消失之后才能生长繁殖——天下万物都是在消亡中保存下来，从死亡中另换新颜的。你这生性如此高贵的人哪，如

果你在皮提安[①]的名言启发下，懂得你是一切死而复生的万物之长——难道一死即永远消亡吗？每当你消失时，无论是什么物质因素将你毁灭了，吞噬了，卷走了，将你化为乌有了，还会使你重新恢复。就连乌有也属于万物之主。你也许会问，难道我们总是要死又死而复生吗？要是万有之主这样规定了，你即使不乐意，也要服从你受造的规律。然而事实上，除了他告诉我们的目的之外，并没有其他目的。宇宙之所以由不同成分构成，因而万物可由相反物质组成一体——如空心体与实心体，有生机的与无生机的，可理解的与不可理解的，光明与黑暗，生命与死亡——一切事物，通过其存在方式的确定与区分，也有规定的时间顺序，按此顺序，从我们所在世界之初起，依照时间程序进行到结束；至于我们所期待的第二部分则将一直继续下去。所以，在越过那千年间隔的边界线之后，当尘世的表面形象——有如盖在永恒大计上的一层帐幔，同为时间产物——消逝之后，全人类都将复活，得到其在此期间所赢得的善恶报应，从而获得永恒的无限期果报。从此以后再没有死亡，也不再复活，而总是与现在一样，永远不变——作上帝的仆人，永世与上帝在一起，以永恒的本来精华为衣；而一切不真正崇拜上帝的凡夫俗子，则同样被判受永火之罚——该火本身的性质确实直接与其不朽性相应。哲学家与我们一样熟知日常火与神秘火的

① 古希腊阿波罗神谕宣示所的门上，写着负责宣示神谕的祭司皮提安的名句："你要认识自己"。见 *Juvenal*(《尤维那尔》)，十一章二十七节，对此，J. E. B. Mayor 编的 *Juvenal*(《尤维那尔集》)，第十三章，Satires(《讽刺诗》)有大量注释；尤请参考 Bernard 所著 *Serm. de Divers*(《演说文集》)第 40 章第 3 节，载 *Cant. Cantic*(《雅歌诠释》)第 36 章 5-7 节。

区别。因此，无论是天降的雷电，还是从地上山口喷出来的日常火，都与在上帝的审判中所见的不同；因为后者对其所烧灼之物不予毁坏，而且在烧灼时还加以修复。所以火山一直在燃烧；被雷击者也依然健在未被烧伤。这是对永火的一大明证！是为惩处加油的无尽期审判的实例！山虽燃烧却依然存在。那么恶人和上帝的敌人又将如何呢？[①]

四十九

同样的事，对哲学家加以赞扬，对我们却加以谴责和惩处；我们的志愿是宁可为正义和真理而受迫害，也不会背弃神。

所有这一切在我们身上被斥为胡思乱想；在哲学家身上就被视为高妙的思维和惊人的发现。他们是明哲之士，我们是糊涂人。他们应受种种尊荣，我们应为万人所指：不仅如此，对我们甚至应加以处罚。然而有些事情本是维护美德，你们竟随意说它毫无根据，并加之以幻想之名，它却依然是必要的；你们尽可说它于理不通，但它确实有用：它们能使信仰者在畏惧永罚和追求永福中作更圣善的男女。对于大胆探索真理这等有益之举，明智人不应斥之为错误，视之为荒谬。对于确实有益的东西，没有任何理由斥之为坏事。如此说来，你们反对有益之举，指摘我们胡说，事实上你们

① 作者的哲学思想也许不对，但是对他的作证却不能误解。

才是在胡说。同时你们也不能把它看作毫无意义；即使它荒谬毫无意义，终究于人无害。因为在这种情况下，就像许多其他荒诞不值得深究之事一样，既然对人无害，因而从未被视为犯罪而加以惩处。然而在这种问题上，如果情况确实如此，我们也只是理当受人耻笑，也不至于应被判刀砍、火烧、钉十字架和喂野兽，对于这类罪恶暴行，不仅无知的平民感到得意，因而对我们进行侮辱，你们之中的某些人，也因能以你们的不义行为无所顾忌地争取人心而引以自豪。似乎你们可以恣意摆布我们，而不顾我们是否乐意。做基督徒确系我个人心愿。在这种情况下，如果我愿意受惩处，你们才能惩处我；既然你们对我所做的一切只能以我的意志为依归，那么你们所能做的一切，就要决定于我的意志，而不是以你们的权势为依归。因而民众以我们的痛苦为乐就没有根据了。得其所求是我们的快乐，因为我们宁愿受罚，也不肯背弃神；仇恨我们的人相反只有遗憾，不会高兴，因为我们得到了所选择的东西。

五十

可是当我们挺身赴难时，不是像教外人
那样悲观丧气，而是为真理而斗争的战士，
勇敢向前夺取胜利，我们是在殉难时胜利的。

这一胜利给予我们的战利品，就是讨上帝喜悦的光荣和永生。

你们说，既然如此，你们对我们的迫害为何抗议呢？你们应感谢我们加于你们所求的痛苦。固然，受苦的确是我们所求的，不过是像战士渴望战斗那样。当然没有人愿意受苦,因为苦难都会带来恐惧和危险。人虽然反对冲突,却还是尽力战斗,胜利了就为其战斗而欢庆,因为他赢得了荣誉和战利品。我们的战斗是被传到你们的法庭上,在以死刑相威胁的情况下为真理而战斗。胜利就是达到为之战斗的目的。这一胜利给予我们的是讨上帝喜悦的光荣和永生的战利品。而我们却被人克服了。当我们达到我们的愿望时,事实确实如此。所以我们是在死去时胜利的①;我们正是在被人克服时成为胜利者的。你们尽可称我们为 Sarmenticii(被烧死之意)和 Semaxii(被碾死之意),因为我们是被放在一圈柴堆中,被绑在一根半轴型柱上烧死的。这是我们征服的姿态,是我们的凯旋服,是我们的庆功车。[i]这当然不能使被征服者满意;为此,事实上我们被视为一群不顾一切视死如归之徒。然而正是你们所反对的我们的不顾一切和视死如归,在你们之中的光荣与声誉事业上提高了道德的标准。慕齐乌斯(Mucius)甘心将他的右手留在祭坛上:多么崇高的思想![ii]恩培多克勒(Empedocles)在卡塔纳(Catana)自愿投身于埃特纳(Ætna)火山口中:思想多么坚决![iii]迦太基的一位女奠基人拒绝再婚,甘愿葬身烈火:这是何等崇高的贞洁证人!莱古鲁斯(Regulus)[iv]拒绝为个人而牺牲许多敌人的生

---

① 我们是在被杀害时获得胜利的。

i 罗马人的凯旋服是用橄榄树枝编成的。——译注

ii 慕齐乌斯,罗马传说中的英雄,在抗击埃特鲁里亚人(Etruscans)的战争中被俘,宁死不屈。——译注

iii 恩培多克勒,公元前 4 世纪希腊哲学家,捍卫民主的斗士。传说他为了反对虐王的暴政,遭到流放,最后投身于埃特纳火山口中,壮烈殉难。——译注

iv 莱古鲁斯,公元前 2 世纪的罗马政治家和将军。——译注

命，不惜身受重刑：他虽在奴役中，仍为征服者，这是多么勇敢的人！当阿纳克萨库斯（Anaxarchus）像一袋谷物般地被人捶打时还叫道：“打吧，打阿纳克萨库斯的皮囊吧；你们打的不是阿纳克萨库斯。”多么宽阔的哲学家胸怀，至此最后关头，口中还不失诙谐！且不说那些以他们自己的刀剑，或者其他比较缓和的就义方式赢得荣誉的人们。看吧，这些受刑竞争还是经你们之手获得荣誉的。某雅典妓女把施刑人弄得筋疲力尽，最后她将舌头咬断吐到盛怒的暴君脸上，使自己丧失了语言能力，即使她被人制伏，这固然是她的心愿，也不会供出她的同伴们。伊里亚人（Eleatic）芝诺在狄奥尼西乌斯问到哲学有何裨益时，答道，它使人藐视死亡，他在暴君的鞭挞下毫不畏惧，至死矢志不移。人所共知，无比残酷打下来的斯巴达鞭子，在众亲友鼓励的目光下给予该受刑者的荣誉，与该青年人所流的血是相当的。这是多么合法的荣誉，因为它合乎人性；为此，你们不将其藐视死亡与种种残酷暴行看作不顾一切的疯狂，也没有说它是顽固不化；你们为了你们的家乡、帝国和亲友，不惜忍受一切痛苦，也不做神所禁止的事！你们为这些人的荣誉所塑的神像，为他们的画像所写的题词，在其陵墓上所刻的铭文，是为了使他们的大名永垂不朽。你们通过碑铭文物留下来的纪念，似乎使死者复活起来了。可是一个期待神赐予真正复活的人，如果他为神而受苦，却成了疯狂！然而我的好长官们，如果你们遂基督徒的心愿，将他们献作祭牲，杀害他们，折磨他们，定他们的罪，将他们碾成齑粉，从而提高你们在民众中的声望，就请恣意行动吧；你们的不义行为就是我们无辜的证明。所以上帝为我们的这种受难而难过；因为直到最近，你们通过将一位女基督徒投入妓院而不是狮圈，等于宣告我们认为玷污贞洁比任何死亡的惩处更为可怕。[①] 你们的任何暴行无论如何精心策划，都不会对你们有利；对我们倒是一种吸引。我们越是遭到你们的屠杀，人数越是增加：基督徒的血就是种子。[②] 你们的许多作家，如西塞罗（Cicero）在《致土斯库拉人》（*Tusculans*）、塞涅卡在《论机遇》（*Chances*）中，以及迪奥坚尼斯、皮鲁斯、卡利尼库斯（Callinicus）等，曾劝告大家勇于忍受痛苦和死亡；而他们的劝告却没有找到像基督徒这样的门徒，而后者不是用言语而是用行动教人的。正是你们所反对的顽固性在教导人。因为凡看到这一点的人，有谁会不激动，并进而询问其究竟呢？询问之后又怎么会不接受我们的教义呢？接受之后又怎么会不希望受苦，从而分享上帝的丰富恩宠，以便付出自己的鲜血换取上帝的完全宽恕呢？因为这样一切罪过均可赦免。为此，我们在你们宣判之处称谢。由于神性与人性总是对立的，所以当我们被你们定罪时，我们得到了至高者的宽宥。

① 在此，我们看到了德尔图良押头韵的和讽刺短诗式的天才，而成为奥古斯丁与此相似的诗歌之美的前奏。基督徒少女和夫人们宁愿进狮圈而不愿进妓院；宁可被吞食，不愿被奸污。我们的作者硬是让审判官的残酷为基督徒妇女的贞洁唱出了一首颂歌，他们承认这一事实，经常在对她们进行不义宣判时精心策划，不是慨然令其惨死，而是将她们交与强奸者：“将女基督徒判入妓院，而不是投进狮圈。”

② Kaye 用了相当的篇幅* 来阐述这一点，不仅指出了殉道者的坚决，而且说明了一个事实，即基督徒和圣保罗一样，即使并未遭受横暴判处，还是不得不“每日去死”。凡承认自己是基督徒的，就使自己成为社会遗弃者了。人们对他可施以种种横暴与恶行而不受惩处。富人加入到基督门下**，就不得不同意“分散自己的财物。”兄弟反对兄弟，丈夫反对妻子；“人的仇敌就是自己家里的人”。可是教会却通过受难取得了胜利，并“从软弱中成为强有力者”。

* 第 129—140 页。

** 就在康茂德皇帝在位期间。

论偶像崇拜

一

偶像崇拜一词的广泛含义

人类的主要罪恶，世界的最大罪名，招致审判的整个罪状，就是偶像崇拜。[1] 尽管每一种过犯各有自己的特点，按规定也要在其特定名义下受审，可是却都划在偶像崇拜的总项目之下。撇开名称来看行为，偶像崇拜者与杀人犯一样。要问他杀了谁？是否有加重其罪状之处，他杀害的不是别人或哪个敌人，而是他自己。用的什么诡计？他自己错误的诡计。用的什么凶器？对上帝的冒

---

① 这一郑重的宣告赢得了我为《论偶像崇拜》在本丛书中所定的顺序位置。在本篇和《护教篇》之后，接下来的是三篇肯定其立场，与陷于邪恶之中的世界的总罪恶——偶像崇拜针锋相对，为基督徒原则进行辩护的文章。这三篇文章是《论戏剧》、《论花环》和《致斯卡普拉》。《致斯卡普拉》写在本篇之后，本篇中（第十三节）也确实提到了这一点，不过据理而论，它也是本篇的结果，它既阐明又证实了本篇的内容。于是我有一个具体计划：其结果就是一个年代表（一部分是估计的），各方面的评论都认为不可能准确，但这样却可能达到大致准确，而且颇为有利。《论偶像崇拜》未受孟他努主义的影响。不过请参考 Kaye，《德尔图良》，同前，第 16 页。

犯。袭击了几次？就看他崇拜偶像多少次。认为偶像崇拜者并未丧亡的人[①]，会坚持说偶像崇拜者并未犯杀人罪。再者，你在这一个罪行[②]中会同时看出有作伪和淫乱在内；因为事奉伪神者当然是伪造[③]真理者，而一切作伪之举就是淫乱。所以，他也犯了淫乱罪。因为凡与不洁之神同谋者，一般怎能不随之玷污和淫乱呢？而这正是《圣经》[④]之所以用淫乱一词斥责偶像崇拜的原因。欺诈的实质，我认为，就在于剥夺他人所有，或者拒不予人以其应有之物；对人欺诈当然就是最大的罪名了。然而偶像崇拜是拒不予上帝以其应有的尊荣，却将其给予他人，从而对其进行欺诈；因此欺诈又与侮辱相连。既然欺诈与淫乱和作伪都会带来死亡，那么在此情况下，偶像崇拜与前者一样，也免不了凶手的罪名。在这些如此凶恶和断绝救恩的罪行之下，所有其他罪行也可以按一定的方式，分别依一定的顺序，在偶像崇拜里找到自己被反映出来的本质。在其中也有对世俗的贪欲。在哪种偶像崇拜的隆重礼仪中，没有礼服和装饰作背景呢？在其中还有放肆和醉酒；因为参与这种庆典者多数是为了吃喝、口腹和满足贪欲。其中包含着不义。因为不义者莫过于不认识正义之父的人。其中也包含着空虚，因为它整个体系都是空虚的。其中也有欺骗，因为它的全部内容都是假的。这样一来，在偶像崇拜中就有各种罪恶，在所有罪恶中都

① 原文是："并未丧亡"，似乎丧亡过程已经完成；当然，这是指在审判中被判罪以后，而不是在实际上。

② 即在偶像崇拜上。

③ 这是玩弄字眼的技巧：本应作"an adulterator"。

④ Oehler 所参照的出处是《以西结书》第 23 章；但是也可举出许多出处，如《摩西五经》和《诗篇》等。

有偶像崇拜了。甚至可以反过来，因为所有的罪过都意味着与上帝对抗，而与上帝对抗无不起自于魔鬼和邪神，其本性皆为偶像；毫无疑问，凡是犯罪的都犯有偶像崇拜罪，因为他做的事属于偶像主人的管辖范围。

二

狭义的偶像崇拜及其多样性

但是，我们且让这些罪行的普遍名称，退回到其行为本身的特点上来，让偶像崇拜留在本身的意义上吧。就其本身来说，作为对上帝如此敌对的一个名称，罪恶如此累累，从中分出这么多分枝，产生这许多脉流的东西，也足够了，我们不得不对其进行防范的偶像崇拜在蔓延中所采取的种种方式，大部分都取材于这一名称，因为它以多种方式扰乱上帝的仆人之心；而这一点不仅是在人们不知不觉中，而且是在外衣的掩盖下进行的。多数人只是按下列含义来看偶像崇拜，即看他是否焚香，或者祭献祭牲，或者设祭神宴，或者立誓献身圣职或者祭司职；似乎只有亲吻、拥抱和实际的肉体接触才算通奸；只有使人流血，实际夺去生命才算是凶杀。然而主对我们熟知的那些罪行所定的范围又何其广泛：他指出通奸甚至在欲念上[①]，“凡看见妇女就动淫念的”，在内心里动淫心的；他断

① 《马太福音》第5章第28节。

定杀人[①]甚至包括一句骂人或侮辱人的话、一次动怒，以及对兄弟缺乏爱德之举：正如约翰所教导的，[②]凡恨他兄弟的，就是杀人的。不然的话，如果我们只是在外邦人都认为应受惩罚的罪过上受审，那么魔鬼邪恶的特点，以及主上帝给我们用以防范撒旦深奥之理的[③]规戒，其内容岂不太有限了吗。那么，又怎能像主所规定的那样[④]，使我们的"义胜过文士和法利塞人的义"呢，除非我们是从其反面特点即广泛不义性看问题的。然而不义之首既是偶像崇拜，那么首要之点就不仅是要在其可捉摸的表现中认清它，而且要针对偶像崇拜的广泛性加以自我防范。

三

偶像崇拜的起源以及该名词的意义

古时并不存在偶像。在制造这种怪物的匠人出世[⑤]之前，神庙和神殿里空空洞洞，正如许多地方至今为止，一直保持着古代的遗风。可是偶像崇拜却经常有人在实行，这不是指名称上，而是指那种作用说的；因为直至今日，也可以在神庙之外不用偶像来进行。然而自从撒旦将神像和画像，以及各种形象的制造人引人世

---

① 《马太福音》第 5 章第 22 节。

② 《约翰一书》第 3 章第 15 节。

③ 见《启示录》第 2 章第 24 节。该处的撒旦深奥之理原指诺斯底谬说，现在用以指一切骗人的邪说。

④ 《马太福音》第 5 章第 20 节。

⑤ 出世。

界以来，往昔这种人间灾祸的简陋行业，就从偶像得名和发展起来。从此以后，凡以任何方式生产偶像的工艺，一时就成了偶像崇拜之源。至于偶像究竟是由铸造工人铸的，还是由雕工刻的，或者由织工绣的，倒无关紧要；因为这不是看一个偶像是用石膏、石头、青铜[①]、白银或丝线制成的材料，还是其色彩问题。即使没有偶像也会犯偶像崇拜的罪，如果有偶像，倒不在乎它是用什么材料以什么形式制成的；以免有人认为，只有制成人形的才算偶像。为了证明这一点，就要对该词进行解释。希腊语的 *Eidŏs* 意为形象；*eidōlŏn* 是由此发展而来的小词[②]，正如我们语言的发展过程一样。任何形象及其小词所代表的东西，都应称为偶像。所以偶像崇拜是"对各种偶像的侍奉和崇拜"。因而，每个制造偶像的匠人犯的都是同一种罪恶[③]，否则供奉金牛形象而非人的形象的上帝的子民，就不会有偶像崇拜罪了。[④]

四

不得制造偶像，更不得进行崇拜。

偶像和偶像制造者同属一类。

上帝既禁止制作也禁止崇拜偶像。既然制作所崇拜之物是第

---

① 或黄铜。

② 即加上此词后，相关原词（或字）转有"小"之意。

③ 即偶像崇拜。

④ 见《出埃及记》第 32 章；并与《哥林多前书》10 章第 7 节相比较，该处援引了《出埃及记》第 32 章第 6 节。

一个行动，那么禁止制作（崇拜如果非法）就是第一个禁令。为了做到这一点——即根除偶像崇拜的对象——于是神性律法宣布，“你们不可作什么偶像”[1]；又说，“也不可作什么形象仿佛上天、下地和地底下、水中的百物”，于是便禁止了上帝的仆人在整个宇宙内有此类行动。以诺(Enoch)事先就曾指出，“魔鬼和叛逆天使之灵，[2]会将一切因素，宇宙间的一切设施，天上、地下和海中诸物用于偶像崇拜，使其圣化为神，与上帝对立。”所以人类谬误崇拜万物，只是不敬万物创造者本身。此类诸物的形象就是偶像；将这些形象神圣化就是偶像崇拜。凡偶像崇拜所有的罪名，都必然要加到每一个偶像的每一制造者身上。总之，以诺在全面警告中，对偶像崇拜者和偶像制造者都预先进行了谴责。他又说：“罪人们，我向你们强调指出，只有用悔改去迎接那流血的丧亡之日。[3] 你们这些侍奉石块，和用金、银、木、石、泥制作形象，以及侍奉幽灵、魔鬼、庙堂神灵[4]和种种谬误，而不按知识行事的人，是不会从它们

① 见《利未记》第 26 章第 1 节；《出埃及记》第 20 章第 4 节；《申命记》第 5 章第 8 节。当然还要注意，德尔图良在上一节里已对偶像一词下了定义，而且也谈了对这一定义的看法。

② 可将其与 *de Oratione*（《论祈祷》）第二十三节和 *de Virg. Vel.*（《论处女面纱》）第七节相比。

③ Oehler 等在此处作“Sanguinis perditionis”。如果它正确的话，那么，“perdition of blood”一词按希伯来说法，就应视为与“bloody perdition”等同了。试与《撒母耳记下》第 16 章第 7 节；《诗篇》第 5 章第 6 节，第 26 章第 9 节，第 55 章第 23 节；《以西结书》第 22 章第 2 节处的类似例句及旁注相比较。但 Fr. Junius 却将其作“Of blood and of perdition”-sanguinis et perditionis。Oehler 对他自己的读法解作“blood-shedding”，似乎不能令人满意。

④ Oehler 在此处根据臆测作“In fanis”。其他人分别作——infamis，infamibus，insanis，infernis 等。

那里得到什么帮助的。”可是以赛亚[①]说：“除我以外，是否没有别的神，你们是证人。”“而那些当时进行铸造和雕刻的人却不是：他们都是虚妄之辈！他们所造之物与他们相似，而对他们毫无助益！”在此以后，他整篇的讲话都是在谴责偶像的制造者和崇拜者。最后他说：“要知道，他们的心是尘埃和泥土，谁也无法使自己的灵魂得到解救。”在这些话中，大卫也把制造者包括在其中了。他说：“于是，就让他们与造他们的人一样吧。”[②]那我这个记忆有限的人，还有什么再说的呢？还有什么要从《圣经》里援引的呢？似乎《圣经》的声音还有什么不足之处；或者对于主是否首先诅咒和谴责了那些东西的制作者，其次也诅咒和谴责了它们的崇拜者的问题，还有什么需要再加考虑之处呢！

五[③]

关于其他辩解或托词

当然，如果人们对有关的纪律[④]略有所知，就决不许偶像制造

① 见《以赛亚书》第44章第8节及其下文。

② 见《诗篇》115篇第8节。按我们的版本为“造它们的人与它们相似”。德尔图良则又一次与七十贤士本相合。

③ 参见本篇第八和第十二节。

④ 即上帝的圣殿——教会的纪律。Oehler作“*eam* disciplinam”，其含义为，这类偶像制造者如果明知上文所说的上帝的律法，却依然操持其不法的行业，而且提出进教堂的要求时，不可予以允准。而Fr. Junius则作“*ejus* disciplinam”。

者进入上帝的圣殿，现在我们还不得不再费点力，来对他们的这一类托词进行回答。首先，“我没有其他生活出路”的这种说法，根本不应出于我们的口，对此可更为严肃地反问道：“那么，这样你们就有了生活出路吗？如果按你们自己的律法行事，那与上帝还有什么关系呢？”[①]至于他们贸然从《圣经》里取来的论据，“说什么使徒说过，‘各人是什么身份，就守住这身份。’”[②]那么，按这种解释，我们就都可以坚持罪恶了！因为我们没有哪个人原来不是身为罪人的，基督之所以降世，不为其他，只是为使罪人得到解救。他们又说，该使徒以他本身做榜样，留下了一条命令，“每个人都要靠亲手作工为生。”[③]如果这个诫命对所有手作业都成立的话，我认为连澡堂小偷[④]也是靠其双手为生的，甚至强盗还是靠其双手为生的；伪造文件者造出那罪恶的笔迹，当然也不是用脚而是用手进行的；演员们则不仅靠手，而且靠四肢来谋生的。所以就让教会来查考一下所有靠双手及其工作为生的人，是否有什么行业例外，为主的纪律所不容的。但却有人反对我们“禁止形象仿佛什么”的提法，说什么，“那么，摩西在旷野里为什么要制作铜蛇的形象呢？”一般之所以要将某些形象定为未来奥秘施恩计划的基础，其目的不是要废除律法，而是要使之成为其最终原因的自成一体的典型。否

① 就是说，如果你们是以自己的律法，而不是以上帝的意志和律法，作为你们生活的来源和手段，你们是不会感谢和服从上帝的，因而也不必要求进入他的圣殿（Oehler）。

② 见《哥林多前书》第 7 章第 20 节。英译本作“Let every man abide in the same calling wherein he was called.”

③ 见《帖撒罗尼迦前书》第 4 章第 11 节；《帖撒罗尼迦后书》第 3 章第 6 至 12 节。

④ 系指光顾公共澡堂的小偷，该处为罗马受人欢迎的胜地。

则，如果我们将这些形象解释为律法的对立物，我们岂不是与马吉安派(Marcionites)[i]一样，认为万能者前后不一，从而指摘他变幻不定，在这里禁止，在那里又加以命令吗？可是如果有人佯装不知下列事实，即树立起来的铜蛇形象，代表的是从毒蛇——邪魔天使——手中救出我们的主的十字架的形象，①那么，就它本身而言，悬起来的则是被杀的邪魔；如果有什么有关这一形象的解释曾经启示给了更可尊敬的人们②，也不打紧，只要我们记住使徒说的，当时的一切，都是以预象③的形式发生在子民④身上的。只要这位上帝通过律法禁止仿佛什么的形象，在铜蛇问题上又以特殊命令禁止制作⑤，这就够了。如果你尊敬这位上帝，就以其律法为依据，"你不可制作形象仿佛什么的东西。"⑥如果你回过头来，再看要求制作仿佛什么的命令，也要仿效摩西：不可违犯律法作什么

i 这异端派坚持旧约的上帝不同于新约的上帝的二元论。——译注

① 这一段论证的大意是，象征并不是偶像：即使是这样，上帝也只会以圣洁的象征来命令我们。希西家王(King Hezekiah)的铜蛇(Nehushtan)使我们得知"偶像崇拜的危险"(王下 18:4)，甚至一个神性象征如果使人违犯第二条诫命，也理应加以捣毁。

② 请参考 Dr. Smith 所编的 *Dict. of the Bible*《圣经词典》"蛇"条。

③ 见《哥林多前书》第 10 章第 6 和第 11 节。

④ 即犹太人民，在《圣经》中一般用单数的"the People"来表示。在书写时，我们将尽量标明词的区别，如此处则用大写法。

⑤ 原则上，例外就证明了法规的存在。Oehler 解释说，"在那种情况下，通过特殊法规的事实，上帝就表明了，仿佛什么形象的制作以前是不许的，而且他曾经明令予以禁止。"

⑥ 见《出埃及记》第 20 章第 4 节等。在米兰圣安波罗修(St. Ambrose)教堂里，人们所见的那荒谬的"铜蛇"，居然被厚颜无耻地说成就是摩西在旷野里所树起来的蛇。然而它根本没有什么象征特点，因为它并不是悬在一根竿上的，也不是装在一个十字架上的。而很像装在一根枢轴上的风向标。

形象的事,除非是上帝命令你这样做。[1]

六

为洗礼所谴责的偶像崇拜。

制作偶像事实上就是崇拜它。

即使没有哪条上帝的律法禁止我们制作偶像;即使圣灵的声音没有同样地对偶像的制作者和崇拜者都进行了警告;从圣事本身中我们也可以对这种行业的违反信仰得到解释。如果我们制作偶像,又如何能弃绝魔鬼及其天使呢?如果我们宣称不与它们同伙,却赖以为生,那我们宣称的与之决裂又是什么决裂呢?我们既然为了生计已对它们承担了义务,那与它们又有什么不和之处呢?你们用双手所承认的东西,就能用口舌予以否认吗?难道能口头上不制作,而行动上却制作吗?难道能宣扬一个上帝,又制作许多神吗?难道制作一些假神的人能宣扬真神吗?有人说,"我虽然制

① 德尔图良的论述与亚历山大的克莱门,以及所有的早期教父的论述,都是相合的。不过试看天特会议(Council of Trent)的要理(第二章,问题17)——"不要认为这条诫命是在禁止绘画、造型或者雕刻艺术,因为《圣经》上告诉我们,上帝曾经亲自命我们造基路伯(Cherubim)和铜蛇的像,等等"。这样说来,就要加以比较了,因为在本书作者把此事视为一个例外时,该要理却把它变成了准则:至此,我们就只是在从艺术上来看问题。但是,要理(问题23与24)又进一步说,圣人的肖像应当制作和受到尊崇,以此作为"一种神圣的习惯"。它还强调,这种习惯受到信徒的重视,对他们大有好处:这就认可了一件有问题的事,尤其是上述的那种尊崇到处都在变成崇拜,正如当初对铜蛇那样,民众"向其献香",而且往往更有甚者。但这还不是我要说的;因为该要理还强调说,有多大把握就不必争论了,这端道理"由使徒时代的文献、教会的大公会议以及许多才德出众的教父著作中得到证实,教父们对此完全一致"。毫无疑问,他们是"一致的",但却完全相反的方向上。

作，但不崇拜”；似乎有什么理由使他不敢崇拜，而不是因而不应制作——崇拜和制作都同样是对上帝的冒犯。不仅如此，你制作它们因而使之得以为人崇拜，你就是在崇拜；并且你不是以什么无足轻重的香烟去崇拜，而是以你自己的精神；你所牺牲的不是什么牲畜的生命，而是你自己的生命。你向它们献上你的才智，用你的汗水向它们祭奠，向它们燃起你筹划构思的火炬。你对它们来说胜过一位祭司，因为它们是靠你的手段才有了一位祭司的；你的勤奋就是它们的神性。[①] 你不是坚持说，你并未崇拜你所制作的东西吗？哎！可是它们却说不是，你为它们所宰杀的是这更肥美、更珍贵、更重大的祭牲，你的永生。

七

信徒对允许偶像制作者进教堂不满；

更不用说允许他们参加圣职了。

信仰的热情会把一个人的申诉一整天都倾吐到这一方面来了：他悲叹的是，一个基督徒居然从偶像那里走到教堂中来了；居然从一个敌对的作坊走到神的圣殿里来了；那生产偶像的手居然向神圣天父举起来了；居然用那在门外为反对上帝而祈祷的手进行祈祷；居然将那为邪魔赋予形体的手伸向主的圣体。这还不够。如果他们是从别人手里领受他们所玷污的圣体的，这还不打紧；可

① 就是说，要不是你制作了它们，它们不会存在，所以（就不会被视为神；因而）是你的勤奋给予了它们以神性。

是给大家分送圣体的正是这玷污圣体的手。偶像制作者甚至被选而晋升圣秩(ecclesiastical order)。真是罪过！犹太人曾有一次对基督动武，而这些人却天天对其圣体进行摧残。这些手理当砍掉！现在让我们看看，“倘若你一只手叫你跌倒，就把它砍下来”[①]这句话，是否只是就外表形象说的。还有什么比那在主的圣体上使人跌倒的手更该砍掉呢？

八

还有其他行业为偶像崇拜服务。

合法的谋生手段多着呢。

还有很多其他行业虽未涉足制作偶像，却为其提供附属物品，犯同样的罪，因为没有它们偶像就起不了作用。至于你是建造还是提供装备，如对庙宇、祭坛或神龛进行装饰，压制金箔、铸造其徽章甚至神龛等，这倒无关紧要：这种工作所提供的不是外形，而是权威，其更为重要。如果确为生活[②]所迫，也有其他行业可以提供生活出路，不必越出教规之外去制作偶像。泥水匠除制作什么形象之外，还会修补屋顶、粉刷灰泥、精抹水池、划尖顶线，以及在通用墙上作多种浮雕装饰。油漆匠、大理石匠和铜匠，以及各种雕刻匠，都了解其本行的延伸领域，[③]而且做起来更为容易。描绘神像

① 《马太福音》第18章第8节。

② 见本篇第五节和第十二节。

③ 见本篇第二节。

的匠人漆一个餐具柜①，不知要容易多少！从欧椴树干中刻出战神像的匠人，钉一口箱子，不知要快多少！任何手艺不是其相邻手艺的渊源，便是它的亲缘②；没有哪一行与其相邻的行业无关的。人们的嗜好有多少，手艺的分支就有多少。“但是各种手艺的工资和报酬不同”，因而所需的劳动量也不同。工资低的可藉多挣来弥补。需要神像的通用墙会有多少？为偶像修建的神殿和庙宇会有多少？可是住房、办公大楼、浴室和经济公寓又有多少？为皮鞋和拖鞋上金的活每天都有；可是为墨丘利和塞拉庇斯上金的活就不是这样。关于手艺的收入问题③，就说到这里。奢侈和排场比各种迷信更有市场。排场就会比迷信需要更多的杯盘。奢侈就要比隆重仪式用更多的花环。所以我们一般劝人去从事这一类手艺，因为它们实际上与偶像及其专门事项不相干；何况，偶像共有的东西往往也是人们共有的；对此，我们也要注意，不可应他人的邀请，故意地去为偶像服务。如果我们做了让步，没有采取常用的办法，我想就不会不沾染偶像崇拜，我们就会并非无意地动手④忙于尊崇和侍奉邪神之事。

① 餐具柜(Abacum)。该词有多种含义；但这也许是最常见的用法：例如在贺拉斯(Horace)和尤维那尔的著作中。

② Alterius＝ἕτερος 在《新约》中等于“相邻的”，见《罗马书》第 13 章第 8 节。本文的作者一定知道西塞罗的名句——“因为与人类有关的艺术，都有着共同的联系”，等等。见 *Pro Archia*(《为阿卡雅辩护》)之一，卷十，Paris，1817，第 10 页。

③ Quaestum 另有作“questum”，那就要译为“起诉”了。

④ “Quorum manus non ignorantium”，即“并非无意者的手”，就可以译如上文，因为修饰词“无意地”不是修饰手的，而是修饰人的。

九

某些与偶像崇拜相连的行业。

专论占星术。

在各种手艺中[①]，某些行业会犯偶像崇拜之罪。对占星术士就不用说了，[②]但近来有些人对我们的态度表示异议，为他们自己辩护，坚持干这一行，我就来说几句。且不提他尊崇偶像，将它们的名字写到天上，[③]赋予它以神的种种权力；因为人们以为我们的命运是由星宿的永恒定夺支配的，于是便以为不必去寻求上帝。现在请让我进一言：这些背弃上帝而迷恋女人的天使，[④]同样也是这一妖术的发明者，因而也受到了上帝的谴责。上天裁决的威力直达大地，人们无意中都为之作证！占星术士与他们的天使一样，也受到排斥。各城市和意大利对占星术士都予以明令禁止，正如上天对其天使一样。[⑤] 徒弟和师傅都受到同样被驱逐的处分。"可是博士和占星术士从东方来。"[⑥]我们是知道巫术与占星术相互联系的。星宿解释者是首先传报基督诞生和向其献"礼"者。就此名义而言，我是否就应认为基督对他们就有什么义务吗？那又

① "Ars"一词在拉丁语中一般指"科学技术"。(见《提多书》第 3 章第 14 节。)

② 见《以弗所书》第 5 章第 11 至 12 节及类似段落。

③ 即以它们的名字为星辰命名。

④ 请与第四节及该处的引文比较。这一概念似乎是以《七十贤士本》的亚历山大抄本的古文为依据的，在《创世记》第 4 章第 2 节处，作"神的天使"，而不是"神的儿子"。

⑤ 见 Tacitus，《编年史》，同前，卷二之 31 等(Oehler)。

⑥ 见《马太福音》第 2 章。

怎么样呢？难道这些博士的虔诚，现在也成了占星术士的保护人了吗？占星术士现在确实也讲基督，讲基督星宿之学；难道就不对农神、战神以及出自同一死者之列[①]进行崇拜和宣扬吗？不过这种法术在福音之前之所以允许，为的是在基督降生之后，再不得通过天象来解释什么人从天上诞生。因此，他们向当时还是婴儿的主献了乳香、没药和黄金，作为基督即将予以废除的世俗[②]祭献和荣耀的终结。以后呢？当然是上帝的旨意赐梦告诉这些博士，叫他们不要由来时的路回家，而要走另一条路。其用意是：不要走他们的老路。[③] 这并不是为了使希律(Herod)不迫害他们，事实上他也没有迫害过他们；甚至他们是在他不察觉的情况下，经另一条道路离去的，因为他也不知道他们是经哪条道路来的。之所以如此，就是使我们由此理解到正确的人生道路和规戒。这样看来，给他们的命令是今后要走另一条道路。那么，用灵迹来施法的其他巫术，甚至与摩西相争的，在福音到来以前，都一直在考验上帝的耐性。[④] 因为此后的西门术士刚一受洗，(由于他还想着他那骗人的邪教；就是除他职业所施的奇迹以外，甚至能买到按手赐予圣灵之权)即受到使徒们的谴责，并被逐出教。[⑤] 除他以外，与士求保罗(Sergius Paulus)一起的另一术士，(由于他开始与这些使徒们作

① 由于异教诸神的名字一般用在星宿上，因而往往不过是一些被神化的古人名字。

② 或异教的。

③ 或宗派。

④ 见《出埃及记》第7、8章，并与《提摩太后书》第3章第8节相比较。

⑤ 见《使徒行传》第8章第9至24节。

对)受到了失明的惩罚。[1] 占星术士们如果偏离了使徒们的道路,我想,也会遭到同样的命运。再者,巫术既然受了罚,占星术作为它的一个类别,当然也要随着同属而受判处。在福音传来之后,诡辩家、占星家、巫师、预言者或者术士,没有不受到明显惩罚的。"智慧人在哪里?文士在哪里?这世上的辩士在哪里?上帝岂不是叫这世上的智慧变成愚拙吗?"[2]占星家们,如果你们不知道你们应当成为基督徒,你们就一无所知。要是你们知道,你们就也会知道这一点,就是不要再从事你们那预测他人危机的职业,而要使你们知道自己的危险。你们在那条道上无分无关。[3] 凡以其手指或魔杖滥用[4]上天者,就不能对天国抱什么希望。

十

论学校教师和他们的问题

此外,对学校教师我们也要查问一下;不仅他们,也包括所有其他文学教授在内。不仅如此,我们毫不怀疑,他们与各种偶像崇拜也很接近:首先,他们必然要宣讲各民族的诸神,说明他们的名称、家谱、荣誉特点,全面地、一一地进行介绍;其次,要庆祝这些神

---

① 见《使徒行传》第 13 章第 6 至 11 节。

② 《哥林多前书》第 1 章第 20 节。

③ 见《使徒行传》第 8 章第 21 节。

④ 见《哥林多前书》第 7 章第 31 节,"用世物的,要像不用世物。"占星术士妄用天体,将它们用于罪恶目的。

的大小节日，好像是通过这些节日来计算他们的收入一样。哪一位学校教师没有七神表[①]，却常常参加大五日节(Quinquatria)呢？每位学生都要为了智慧女神的荣誉，把他的第一次学费献给她；于是，尽管他没有说“吃祭神之物”[②](并非献给哪位具体邪神的)，只是为了避免被人说成是偶像崇拜者。他在这样的情况下[③]所受的沾染，难道就比那在名义上和实际上公开向偶像献祭的职业者要差多少吗？就这一点来说，智慧之神节与智慧之神的其他献祭一样，农神节与其他农神献祭一样；农神祭在农神节日，甚至每个小奴隶都要进行奉献。新年献礼和七山丘纪念日献礼都是要收的；冬至节和男亲属节的献礼也是一定要的。学校应饰以花环，由祭司夫人和市政司主祭；学校应在规定的假日进行庆祝。这一切在偶像的诞辰也要同样进行；邪神的各种庆典都要参加。谁会以为这一切适合一位基督徒教师的身份，[④]除非他也认为这也合乎非教师者的身份。我们知道有人会说，“如果不许上帝的仆人教书，那么也不可读书了”；那么，“又怎能学会一般的人间知识，掌握什么意义和活动呢？因为文学是掌握各种生活的教育工具。我们怎能排斥人世学问呢，没有人世学问，又怎么能求上帝的学问呢？”现在让我们来看一下文学教学的必要性；我们要反省它有一部分是不许可的，有一部分则无法避免。文学学习也不同于文学教授，前

① 指七大星辰。

② 见《哥林多前书》第8章第10节。

③ 就是说，因为“他在名义上没有吃”等。

④ 此处明确指出基督徒教师，说明当时基督教学校的存在与特点。对此，可从以后的朱利安皇帝(Emperor Julian)时代了解更多的情况。

者对信徒来说是允许的;因为学习与教授的原则有所不同。如果一个信徒从事文学教授,教授时他当然是在赞扬,他传授时就是在肯定,他回忆时,就是在为其中对偶像的赞语进行作证。他以此名称①为邪神盖章;而律法如前所述,禁止"提别神的名"②,以及将此名③赋予虚妄。④ 所以,人们早期对邪魔的信念,是从他们受教之初树立起来的。你问,那从事有关偶像的初级教学者,是否犯偶像崇拜罪吗?但是在一位信徒学习这些东西的时候,如果他已经能理解什么是偶像崇拜了,他就不会接受也不会容许这些东西;如果他还不能理解什么是偶像崇拜,那么也就更谈不上接受或容许。如果他开始理解,那就应当首先要懂得他以前关于上帝和信仰所学的东西。于是他便会抛弃那些东西,不予接受;于是就会和那从不知情者手中知情地接过毒药,但却不服用者一样安全。必须性给了他以可原谅的理由,因为他没有其他的学习办法。再者,不教书要比不读书容易得多,正如学生们不参与其他社会庆典和学校庆典带来的污染,也要比教师们不参与更为容易。

十一

贪婪与偶像崇拜的联系。

---

① 即诸神的名字。

② 见《出埃及记》第 23 章第 13 节;《约书亚记》第 23 章第 7 节;《诗篇》第 16 篇第 4 节;《何西阿书》第 2 章第 17 节;《撒迦利亚书》第 13 章第 2 节。

③ 指上帝的名字。

④ 即赋予某一偶像,也就是以赛亚所说的"虚妄"。

某些贸易即使赢利也要避免。

如果我们想想其他罪过，追溯一下它们的来龙去脉，那就从“万恶之源”[①]贪婪开始，某些人确实是在它的诱惑下，“在真道上遭到覆舟之灾。”[②]尽管贪婪也被使徒保罗称为偶像崇拜。[③] 其次就是贪婪的代理人，说谎（且不说发假誓，因为连发誓也是不许的[④]）——贸易适合上帝的仆人的身份吗？然而除贪婪之外，什么是赢利的动机呢？如果没有赢利的动机，就没有贸易的必要了。即使在经营中有某些正义之处，也有义务避免贪婪和说谎；我认为，那种纵容各种邪魔的贸易是属于偶像的灵魂和精神的，就犯有偶像崇拜罪。更确切地说，难道这不是主要的偶像崇拜吗？如果说，同一商品，乳香以及所有其他外来产品，既用以拜祭偶像，也供人们作治病药膏，而对我们基督徒来说，主要是用作丧葬的安慰，一切全由人来决定。既然在各种情况下，场面、祭司和对偶像的拜祭，都要靠危机、损失、烦扰、思虑、奔走或贸易来提供，你又能指出什么才是偶像的代理人呢？那么谁也不要再辩解说，对各种贸易都会有例外了。对一切较为重大的罪过来说，都要随着危机的严重性而扩大其防范范围；这是为了使我们不仅能远离罪过，而且远离罪过产生的手段。因为即使罪过是别人犯的，但如果是以我为

① 《提摩太前书》第6章第10节。

② 《提摩太前书》第1章第19节。

③ 见《歌罗西书》第3章第5节。有人提出，原文的“quamvis”应作“quum bis”，即“鉴于他两次提到贪婪”等。该两个出处为《歌罗西书》第3章第5节和《以弗所书》第5章第5节。

④ 见《马太福音》第5章第34至37节；《雅各书》第5章第12节。

手段干的，那就没有什么区别。如果他做的事对我来说是非法的，我无论如何也不得作他所需要的人。所以我应当懂得十分小心，以免不许我做的事却以我为手段而作成。总之，在别人的案件里，我也可以从那未审裁判中看到自己并不为轻的罪责。既然禁止我行邪淫，我就不为此目的给他人提供帮助或与之合谋；既然我肉体已远离妓院，我也深知不得从事拉皮条的行当，或者为了他人而开设这种场所。同样，禁止杀人也告诉我，斗剑士教练也应排斥在教会之外；凡是不许自己做的，也不提供手段帮别人去做。注意，这里有一个更为类似的未审裁判案例：如果有一个公众牺牲品的血食承办商来入教，你能让他长此操其旧业吗？或者是他已经入教又操其旧业，你认为能允许他留在教内吗？我认为不能；除非对一个乳香供应商你佯装不知。实际上，一个是供应血的，另一个是供应香的。如果说，在世上尚无偶像之前，偶像崇拜一直是无形的，一般都是通过这种商品来进行的；如果说，甚至现在，偶像崇拜的工作大部分都不用偶像，而是通过焚香进行的；那么，乳香供应商对邪魔来说就更有用了，因为无偶像时这样就更易于进行偶像崇拜，而没有乳香商供应的这种商品则不然。[①] 现在让我们彻底检查一下信仰本身的良心。一个基督徒乳香供应商如果要经过神殿，怎好用口去啐那香烟缭绕的神坛，并吹散其上的香烟，而这一切正是他所提供的呢？他怎能前后一致地既驱逐自己的养子，[②]

① 早期基督教教父们，对礼仪中用乳香之所以普遍表示反感，在此处得到了解释。

② 指人们对其奉香的魔鬼或偶像。

又以自己的家作他们的仓库呢？事实上，即使他驱逐了一个魔鬼，[①]他也不必为自己的信仰而庆幸，因为他驱逐的并不是什么敌人；他的祈祷自应得到他每日为之提供香火者的允准。[②] 所以，没有什么制作偶像或为其提供装备的手艺、行业和贸易能摆脱偶像崇拜的罪名；除非我们将偶像崇拜与为偶像崇拜服务说成完全不同的东西。

十二

对我将何以为生的托词作进一步的答复

如果我们在信仰上已经盖了印，[③]还要说，“我无以为生”[④]，这不是妄自以生计所迫来自慰吗？现在我将对这突如其来的提法作更全面的回答。这些话也未免说得太迟了。因为根据那十分明智的建造者的比喻，[⑤]人总要先好好计算工程的花费，以及他所有的办法，以免开工之后尴尬地看到自己一筹莫展，事先就应进行筹划。即使现在你也应以主的教导为榜样，来打消一切托词。不要说，“我家境贫困”，而主却称贫穷人为“有福的”[⑥]。你说“我没有

---

① 指从附魔者身上。

② 就是说，魔鬼为了对每日向其奉香者表示感激，只好应他的祈求离开那邪魔附体者的身体。

③ 指在洗礼中。

④ 见上文第五节和第八节。此处令人想起约翰逊博士的幽默名句。

⑤ 见《路加福音》第 14 章第 28 至 30 节。

⑥ 《路加福音》第 6 章第 20 节。

吃的了。”主却说，“不要忧虑吃喝”[①]，并且以百合花作为衣着问题的榜样。[②] 你说，“我靠我的工作为生。”不然，而且要“变卖你所有的，分给穷人”。[③] 你说，“可是我要照顾子女和后代。”主说，“手扶着犁向后看的，不配”做此工作。[④] 说什么，“我受契约的约束。”主说过，“一个人不能侍奉两个主子。”[⑤]如果你想做主的徒弟，就要“背起你的十字架，来跟从我”：[⑥]你的十字架即你的苦恼和磨难，或者就是你的肉体，它就像一个十字架。为了主，父母、妻子和儿女都要撇下。[⑦] 你为了儿女和父母，就对这些手艺、贸易和行业犹豫起来了吗？以上出处甚至还向我们证明，所有“崇高的誓约”[⑧]、手艺和贸易，为了主都要撇下；当雅各和约翰受主召唤时，就舍了船，别了父；[⑨]马太也从税关上站了起来；[⑩]对信仰来说，连埋葬父亲也嫌太费事了。[⑪] 主所召唤的人没有一个对他说，“我无以为

① 《马太福音》第 6 章第 25、31 节等；《路加福音》第 12 章第 22 至 24 节。

② 《马太福音》第 6 章第 28 节；《路加福音》第 12 章第 28 节。

③ 《马太福音》第 19 章第 21 节；《路加福音》第 18 章第 22 节。

④ 《路加福音》第 9 章第 62 节，该处作“is fit for the kingdom of God”。

⑤ 《马太福音》第 6 章第 24 节；《路加福音》第 16 章第 13 节。

⑥ 《马太福音》第 16 章第 24 节；《马可福音》第 8 章第 34 节；《路加福音》第 9 章第 23 节，14 章第 27 节。

⑦ 见《路加福音》第 14 章第 26 节；《马可福音》第 10 章第 29 至 30 节；《马太福音》第 19 章第 27 至 30 节。将上述经文与德尔图良的话相比较，即可看出他是在为基督的神性作证。

⑧ 指任何重要的关系。

⑨ 《马太福音》第 4 章第 21 至 22 节；《马可福音》第 1 章第 19 至 20 节；《路加福音》第 5 章第 10 至 11 节。

⑩ 《马太福音》第 9 章第 9 节，《马可福音》第 2 章第 14 节；《路加福音》第 5 章第 29 节。

⑪ 《路加福音》第 9 章第 59 至 60 节。

生”。信仰不怕饥饿。它也知道,饥饿也好,各种死法也好,为了主都要加以蔑视。它学会了不珍惜生命;更何况食物呢?(你问道)“有多少人达到了这种条件呢?”可是对人不可能的,对上帝都容易。[①] 不过,我们对上帝在这方面的宽厚和仁慈要感到安慰,因为他没有听任我们的“急需”发展到与偶像崇拜接近的地步,反而对它的一丝气味也要像对瘟疫一样地远远避开。(而且)不仅在上述情况下如此,在所有人间迷信中,无论是专属诸神的,有关亡者的、帝王的以及邪神的,无论是通过献祭和祭司的,通过戏剧之类和通过假日的,也莫不如此。

十三

论庆祝有关偶像崇拜的节日

可是,为什么要谈献祭与祭司呢?而且,对戏剧和那一类的娱乐,我们已经写了一篇专论。[②] 此处我们只需讨论一下假日及其他特殊庆典,这些假日和庆典我们之所以接受,有时是由于我们的放荡,有时是由于我们胆怯,才违反信仰的规戒,在偶像崇拜上与教外人同流合污。实际上,我要提出来进行争议的第一点,就是一个上帝的仆人在这类问题上,是否应当与各个民族在衣着、饮食和

---

① 《马太福音》第19章第26节;《路加福音》第1章第37节,第18章第27节。

② 《论戏剧》,见本篇以后部分。

其他方面同乐。“与喜乐的人要同乐，与哀哭的人要同哭”[1]，这是使徒在劝弟兄们保持一致时说的。然而对这些目的来说，“光明和黑暗有什么相通呢”，[2]生命与死亡又有什么相通呢；否则我们就否定了经上所载的“世人将要喜乐，你们倒要忧愁”。[3] 如果你们与世人同乐，就有理由担心我们也将与世人同忧。然而当世人喜乐时，我们要忧愁；而当世人以后忧愁时，我们却要喜乐。在阴间[4]，以利亚撒(Eleazar)[5]在亚伯拉罕怀里享受清凉，而那富人却要在那火中受煎熬，通过他们不同的苦乐变化，都分别得到了其应得报应的补偿。在某些赠礼日(gift-days)，有的人得到其所求的荣誉，有的人得回其应得的工资。你说，“现在我要收回我的东西，或者偿还别人的东西。”如果人们是从迷信出发才定下这一习俗的，那你这已摒绝他们的各种虚妄者，为何要去参与那为拜偶像而定的庆典；似乎对你也规定了某一天，若不遵守该节日，你就无法偿还你所欠人的，或者收到人所欠你的东西呢？请你指出你希望据以处理此事的方式。可是你为何又利用别人不知情来玷污自己的良心，而躲躲闪闪呢？如果人们不是不知道你是基督徒，那么，你违背别人的良心，行事却装作你不是基督徒，你就是在受试探；

① 见《罗马书》第 12 章第 15 节。

② 见《哥林多后书》第 6 章第 14 节。在《论戏剧》第二十六节中，德尔图良也有同样的引文(Oehler)。在该处，他也同样加上了“在生命与死亡之间”等语。

③ 《约翰福音》第 16 章第 20 节。可以看出，此处德尔图良将“kovsmo”译作“seculum”。

④ 德尔图良在此处，显然是将“在阴间”一词用以指幸福之所。奥古斯丁说，他从未发现《圣经》何处有此用法。见 Ussher，“Answer to a Jesuit”“答某耶稣会士”，载 He-descended into hell 一文。(另参本书第 107 页注 1)

⑤ 即拉撒路，见《路加福音》第 16 章第 19 至 31 节。

但是你如果将自己伪装起来,[①]你就成了试探的奴隶。无论是在后一种情况下,还是在前一种情况下,你都免不了“以上帝为耻”的罪名。[②] 然而“凡是在人前以我为可耻的”,他说,“我在我天父的面前也要以他为可耻的。”[③]

十四

关于亵渎。圣保罗的论点之一。

可是目前大部分基督徒心目中开始产生这种想法,即无论何时如果为了怕“上帝的名受亵渎”而做异教人所做的事,就可以原谅。现在我们在任何情况下都要完全避免的亵渎,我认为在于这一点:如果我们之中有人由于欺诈、侵害、侮辱或其他使人怨恨的理由,引起异教人合乎情理的亵渎,从而使“圣名”理所当然地受到攻击,那么主也必然会感到愤慨。不然的话,如果“我的名因你们而受亵渎”[④]是指所有亵渎说的,我们就要统统丧亡了;因为这时整个竞技场群众就会撇开我们的功过,恶意地攻击“圣名”了。我们就只好停止(做基督徒),人们也不会再亵渎了!相反地,如果我们还是基督徒,就只好听任人家亵渎:不是由于我们践踏教规,而

① 即如果别人不知道你是基督徒:Oehler 此处作“dissimulaberis”;然而 Latinius 和 Fr. Junius 作“Dissimulaveris”,即“如果你掩饰你是基督徒的事实”,似乎更好一些。

② Dodgson 先生这样译,很好。

③ 见《马太福音》第 10 章第 33 节;《马可福音》第 8 章第 38 节;《路加福音》第 9 章第 26 节;《提摩太后书》第 2 章第 12 节。

④ 《以赛亚书》第 52 章第 5 节;《以西结书》第 36 章第 20、23 节。参见《撒母耳记下》第 12 章第 14 节;《罗马书》第 2 章第 24 节。

是由于我们遵守教规；不是由于我们反对，而是由于我们赞成这种教规。好一个近似殉教的亵渎，因为正是我为它而受人厌弃时，才证明我是基督徒！[①] 对谨遵教规者的诅咒，正是对圣名的祝福。使徒说过，我“若仍旧讨人喜欢，我就不是基督的仆人。”[②]但这位使徒在它处却要求我们取悦于所有的人，他说：“我凡事都求众人喜欢。”[③]当然，他一贯是以遵守农神节日和新年节日来讨人喜欢的呀！（是这样吗？）还是通过节制、忍耐，或者通过端庄、善良、正直呢？同样地，当他说，“向什么样的人，我就作什么样的人，无论如何总要救些人”[④]，难道是指“与偶像崇拜者就作偶像崇拜者”，“与异教徒就做异教徒”，“与世俗人一起就做世俗人”吗？可是尽管他并不禁止我们与偶像崇拜者、奸淫者和其他犯罪分子交往，说道，“你们除非离开世界方可”[⑤]，当然他这样说并不是要放松对这种交往的节制，因为我们既不得不与罪人一同生活，与他们相互混杂，就有可能与他们一起犯罪。有了使徒所允许的生活交往，就会发生谁也不允许的犯罪。与异教徒共同生活是合法的，与之同死就不是的了。[⑥] 让我们与大家一起共同生活吧；[⑦]让我们与之同乐

① 这种用词法是在逐字照抄原文——“quæ tunc me testatur Christianum, cum propter ea me detestatur”。

② 指圣保罗。《加拉太书》第1章第10节。

③ 《哥林多前书》第10章第32至33节。

④ 《哥林多前书》第9章第22节。

⑤ 《哥林多前书》第5章第10节。

⑥ 系指犯罪(Oehler)，因为“罪的工价乃是死”。

⑦ 此处似乎是在玩弄字眼“convivere”(由此谈到“convivium”等)，正如西塞罗在*de Sen*.(《论老年》)第十三节中，也是这样。

吧，但这是从共同的人性出发，而不是从迷信出发。就灵魂而言，我们是同等的人，就教规来说却不是；我们是世界的共同拥有者，而不是错误的共同拥有者。既然我们在这种事上不得与外人共融，更何况在弟兄之间举行这种邪恶的庆祝呢！谁能对它支持或者为之辩护呢？圣灵对犹太人的圣节日进行谴责，说道，“你们的安息日、月朔和节期，我心里恨恶。”[①]在我们方面，安息日也好，月朔和以前上帝所欣悦的节期也好，都稀疏起来了，[②]所庆祝的却是农神节、新年节、冬至节和主妇节——往来馈赠——新年礼物——游乐喧嚣——酒宴嘈杂！可叹，外邦人对他们的教派比起我们来更为忠诚，他们不接受基督徒的任何庆典！不接受主的节日，也不接受五旬节，即使他们知道，也不与我们分享；因为他们担心会被人认作基督徒。而我们却不担心被人视为异教徒！如果说要放纵一下肉体，你们已经做到了。我不是指你们自己的节日，[③]而是此外还有许多；对异教徒来说，每个节日不过一年一次：你们的节日却是每八天一次。[④] 试列举外邦人所有的节日，将它们排列起来，也不足以凑成一个五旬节。[⑤]

① 《以赛亚书》第 1 章第 14 节等。

② 此处值得注意。教会早期并不是不过安息日，但那只是暂时对希伯来基督徒的一种让步。

③ 也许是指你们自己的生日。见下文第十六节。据 Oehler 的看法，是指“星期日以外的所有基督教节日”。

④ “每周都有一个复活节。”——Keble

⑤ 指五十天时间，见《申命记》第 16 章第 10 节；试与 Hooker, *Ecc. Pol.*（《教会政治》），第 4 章，页 13 和 7（Keble 版）相比较。

十五

关于尊崇皇帝纪念胜利等的节日。

三童子与但以理的事例。

他曾说，"你们的行为应当发光"[1]，而现在我们所有的商店和大门都在发光！现在你们会发现，教外人与基督徒比较起来，他们倒有更多的大门既没有灯，也没有月桂花环。对这种（礼仪）问题应如何看呢？如果这是对偶像的一种崇敬，那么对偶像的崇敬就是偶像崇拜。如果是针对人的，我们也要想到所有的偶像崇拜都是针对人的；[2]我们还要想到，所有的偶像崇拜都是对人的崇拜，因为外邦人的众神以前都是人，这在他们的崇拜者中是众所周知的；所以这种迷信敬礼是施与以前的人还是现在的人，倒没有什么区别。偶像崇拜之所以受谴责，并不是由于被定为应受崇拜的人，而是因为那种崇敬是属于魔鬼的。"该撒的物当归给该撒。"[3]只要将上帝与该撒并行提出，"并将上帝的物归给上帝"就够了。那么，什么是该撒的呢？就是当时提出询问的，是否应当向该撒交纳的人头税。所以主要人们把钱币给他看，并且问那上面的是谁的像；当听到说是该撒的像时，他说，"该撒的物当归给该撒，上帝的物当归给上帝"；就是说，钱上的该撒肖像归给该撒，人身上上帝的

---

① 《马太福音》第 5 章第 16 节。

② 见本篇第九节。

③ 《马太福音》第 22 章第 21 节；《马可福音》第 12 章第 17 节；《路加福音》第 20 章第 25 节。

肖像[①]归给上帝;那么就要将钱给该撒,将你自己给上帝。不然的话,如果一切都是该撒的,那什么是上帝的呢?你会说,“那么,我门前的灯和门柱上的月桂花环就是对上帝的一种尊崇吗?”当然,它们摆在那里并非因为是对上帝的尊崇,而是通过那种礼仪对那代替上帝者的尊崇,除该宗教礼仪暗中献给魔鬼以外,这一点是很明显的。因为我们应当清楚,是否有人由于对世俗文学的无知,而不了解在罗马人中也有门神;如门枢神(Cardea)由门枢得名,至于门神(Forculus)由门得名,而门限神(Limentinus)由门限得名,闸门神(Janus)由闸门得名:我们当然知道,这些名字虽无意义,而且纯属虚构,可是一旦用到迷信上,就通过献祭的联系被邪魔和不洁之神据为己有。否则邪魔不会有其本名,然而他们在此处找到了一个名字,同时也有了一个标记。在希腊人中我们也看到有阿波罗门神(Apollo Thyræus),以及安特利(Antelii 或 Anthelii)即司门的邪魔。因此圣灵从一开始就预见到这些东西,并通过最早的先知以诺预先指出,连门户也会用到迷信上去的。因为我们看到,浴池里的其他入口[②]也受到崇拜。然而如果在入口处有什么值得崇拜的,那么灯和月桂花环也应属于它们。凡是你对一个入口所做的,就是对一个偶像所应做的。在此处我还要以上帝的权威作证;因为为了众神之故,而不对上帝有所表示,实属不妥。我认识一位弟兄夜里在梦中受到严厉惩罚,因为在一次突然宣布公众庆

① 见《创世记》第 1 章第 26 至 27 节;《路加福音》第 20 章第 25 节。

② 该词等于河流的入口之类。所以 Oehler 认为该词在此处系指仙女们一般居住的泉眼处。Nympha 一般认为与 Lympha 同。见 Horace, *Sat.*(《讽刺诗》),卷一,第 5、97 页以及 Macleane 的注。

典时，他的仆人在其门上饰以花环。而他自己没有戴上花环，也没有命令他们这样做；因为他事先离开了家，回来之后便对这种做法做了谴责。在这类事情上，即使在我们家规问题上，我们在上帝面前也受到赞扬。[①] 因此，在对国王或皇帝应有的尊敬上，有一条命令就足够了，根据使徒的命令，[②]我们在诸事上要“服从官员、君王和掌权者”；[③]但是在教规范围之内，只要与偶像崇拜无关。也正是为此才预先给了我们三兄弟的榜样，他们在其他方面都听命于尼布甲尼撒王，却坚决拒绝朝拜他的肖像，[④]这就证明，凡是将对人的尊崇抬到与神的崇高地位相似时，就是偶像崇拜。所以在各方面都服从大利乌(Darius)的但以理(Daniel)，只要对他的宗教没有威胁的，[⑤]就坚守他的职责；为了避免发生这种危险，他并不像他们怕国王的火那样怕国王的狮子。所以，还是让那些没有光明的人每天点起他们的灯吧；让那些已经临近地狱之火的人，在他们的门上挂起那就要烧起来的花环吧：黑暗的作证和惩罚的预兆，对他们来说是非常适宜的。你们是世上的光，[⑥]是一棵常青树。[⑦] 你们既已弃绝神庙，就不要把你们的门户搞成一座神庙。我说的太少了。你们既已弃绝妓院，就不要把你们自己的家室弄得像一座

① 看来系指一些上帝行动的事情，也许是在梦中宣布的，不见得一定是在日常生活中发生的事。

② 《罗马书》第13章第1节等；《彼得前书》第2章第13至14节。

③ 《提多书》第3章第1节。

④ 《但以理书》第3章。

⑤ 《但以理书》第6章。

⑥ 《马太福音》第5章第14节；《腓立比书》第2章第15节。

⑦ 《诗篇》第1篇第1至3节，第92篇，第12至15节。

新妓院。

十六

关于个人的节日

至于有关个人和社会节日的礼仪，如白长袍礼、订婚礼、结婚礼和命名礼等，我认为并没有什么夹杂有偶像崇拜的危险而需要防范。需要加以考虑的，倒是举行这种仪式的原因。我认为以上所述各项本身都是纯洁的，因为男人的长袍也好，婚姻或联姻的戒指也好，都不是来自于对什么偶像的崇拜。总之，我找不出什么服装是上帝所诅咒的，除非是男着女装：[①]因为他说，“凡穿女人衣服的男人都是可诅咒的。”然而长袍是一个男性名称的服装，而且是男人穿的服装。[②] 上帝并不禁止举行命名或婚礼庆祝。“不过还有些祭礼是这种场合下专用的”。如果我受到邀请，如果该仪式的名义不是“参与祭礼”，那么出席我的朋友的仪式就完成了我的职责。但愿事实上是在“出席他们的仪式”，以免被人认为我们在作非法的事。可是由于恶魔用偶像崇拜包围了世界，所以我们能参与的是那些在人们看来，我们是在为某人而不是为某偶像举行的礼仪。很显然，如果我被邀出席有献祭的仪式，我不会去，因为这

① 德尔图良在此处应加上了“穿男人衣服的女人”等语。见《申命记》第 22 章第 5 节。此外，该处用的字眼不是“可诅咒的”，而是“可憎恶的”。

② 因为它称为 *toga virilis*——男人长袍。

是专属于偶像的礼仪；在这种事情上，我既不会献计，也不会出钱或者为之卖力。如果我是以献祭的名义被邀的，而且也参加了，我就是偶像崇拜的参与者；如果是其他原因把我与献祭者联在一起的，我就只是献祭的一位旁观者。[①]

十七

关于仆人和其他官员问题。

基督徒可任什么职务。

当信教的仆人或自由人[②]以及官员，在他们侍候的奴隶主、主顾或主管人献祭时，他们能做什么呢？如果谁给主祭人递上酒，甚至以献祭所需要的或其中的一个字来帮助他，他就成了偶像崇拜的执行人。将这条准则记在心中，我们就可以效法圣祖和其他先辈[③]的榜样，甚至"为长官和掌权者"服务，像他们那样服从崇拜偶像的君王，直到偶像崇拜的边界为止。于是最近发生了一场争论，即一个上帝的仆人是否可接受某种地位或权力，如果可以，是否是凭藉某种特殊恩宠或机敏，才使自己未受任何偶像崇拜沾染；根据约瑟和但以理的例子，他们身穿华衣，地位显赫，执掌着埃及和巴比伦的管理大权，但却绝不沾染偶像崇拜。同样我们也认为，一个

① 《哥林多前书》第 8 章。受到灵感的使徒此处所立的法规，似乎与《哥林多前书》第 10 章第 27 至 29 节处的一样严厉。

② Oehler 在此处作"子女"；而 Regaltius 和 Fr. Junius 则作"自由人"。对此我赞同后者：理由之一是它与"主顾"更为呼应。

③ Majores 当然可直译为"古人"；但我却仍保留了通常的用意"先辈"。

人不论身居何职，都可以仅以职务的名义顺利地进行活动，既不献祭，也不利用其权力帮别人献祭；不承包祭牲；不派人照看神庙；不贪求他们的供奉；不以自费或公费演出或者主持演出；不为任何庆典发布告示或通告；甚至不作任何宣誓：此外（凡属于权力之类的事），也不对什么人的生命或人品作裁判，因为你可能为了钱而对他宽容；既不对人定罪也不预先定罪；[①]不拘留任何人，不监禁或拷打任何人——只要你相信这一切是可以做到的。

十八

与偶像崇拜有关的衣着

然而我们现在却要谈谈衣着本身和职务服饰。每个人有他自己的服装，有日常的服装，有各个职务和地位的服装。因此，以著名的紫红和金色作颈部的装饰，在埃及人和巴比伦人中是地位的标志，就像现在镶边的、带条纹的或者绣有棕榈的长袍，以及省区大祭司的金色花环一样；只是名义各不相同。因为这些服饰只是以荣誉的名义，授予那些被封为国王亲属者的（因此，这些人往往被称为国王的"华服人"[purpled-men][②]，就像在我们[③]之中那身着白长袍者被称为"白衣人"[candidates][④]一样）；不过这并不意

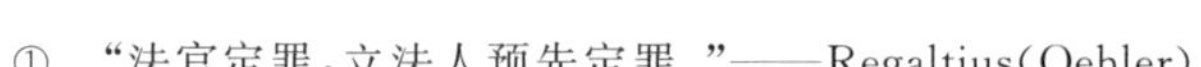

① "法官定罪，立法人预先定罪。"——Regaltius(Oehler)

② 即"purpurates"。

③ 我们不是指基督徒，而是指罗马公民。

④ 或"white-men"。

味着，这种服装就必然与祭司职或某一偶像崇拜礼仪有联系。因为如果是这样的话，如此圣洁和坚定的人[①]必然会立即抛开那不洁之衣；而且人们会立即看出来，但以理并不像人们很久以来所认为的那样，他并不是偶像的虔诚奴隶，他既没有拜过彼勒(Bel)，也没有拜过龙。所以紫红衣是一种便服，当时在蛮族人中并不用作地位[②]的标志，只是高贵[③]的象征。因为原系奴隶的约瑟也好，因[④]被掳而改变身份的但以理也好，都通过蛮族高贵的服装表示他们达到了巴比伦和埃及国的自由地位；[⑤]所以在我们信仰者中间，如有必要，镶边长袍和女长袍[⑥]可分别定为男孩与女孩的专用服装，这只是出身而不是权力的标志，是种族而不是职务的标志，是等级而不是迷信的标志。然而紫红衣或其他地位和权力的标记，从一开始就用于嫁接在地位和权力上的偶像崇拜上了，带有其本身被亵渎的污点；更何况那镶边的、带条纹的长袍，以及宽紫带长袍都穿到偶像身上去了；束棒和权杖也摆在它们面前了；这也难怪，因为魔鬼就是此世的长官：它们手持束棒，身穿紫袍，作为一个集团的标志。如果你身着这种服装，却并不履行它的职务，对你又有什么好处呢？置身于不洁事物之中，谁也纯洁不了。如果你穿一件本身就脏的衣服，它也许不会因你而变脏；而你由于它却清洁不

① 或言行一致“consistency”。

② 即职位。

③ 或自由或良好的出身。

④ 或“在……时”。

⑤ 就是说，服装为他们已达到这种地位的标志。

⑥ 此处我没有像 Oehler 那样读法，因为找不出有将“stola”用作男孩衣之处；而且从文法上讲，我所采用的 Gelenius 和 Pamelius 的读法似乎更好。

了。你现在以“约瑟”和“但以理”来辩解，要知道旧事物与新事物，粗糙的与精细的，当初的与发展了的，为奴者与自由人往往不能相提并论。因为他们即使在他们那种情况下，依然是奴隶；然而你却不是任何人的奴隶，[①]你只不过是基督的奴隶，[②]既然是他把你从此世的奴役中解救出来的，你就有义务按照主的榜样做人。至于主一生都在屈辱和隐晦中奔走，无以为家：因为他曾说，“人子没有枕头的地方；”[③]不讲穿戴，否则他不会说，“那穿细软衣服的人是在王宫里”；[④]总之，容貌外表庸庸碌碌，正如以赛亚先知所预言的一样。[⑤] 既然他对追随自己的人都不施行权力，还为他们作卑下的服务；[⑥]虽然他明知他有自己的国，[⑦]却拒绝被立为王，[⑧]这就给了他的门徒们一个断然摒绝一切荣耀和华服，以及地位和权力的十足榜样。如果这一切应当利用的话，那么除了上帝的儿子外还有谁来利用呢？要用怎样和多少束棒来护卫他呢？要用怎样的紫红袍披在他的肩上呢？如果他没有宣称现世的荣耀一概与他和他的门徒无缘，那么，他头上要戴怎样的金冠呢？因此，凡是他不愿接受的，就是他所拒绝的；他所拒绝的，就是他所谴责的；凡是他所谴责的，就是他视之为属于魔鬼虚荣的东西。因为那些东西除非

---

① 见《哥林多前书》第 9 章第 19 节。

② 圣保罗在其书信中，以“耶稣基督的”“仆人，保罗”或“奴隶”的称号为荣。

③ 见《路加福音》第 9 章第 58 节；《马太福音》第 8 章第 20 节。

④ 《马太福音》第 11 章第 8 节；《路加福音》第 7 章第 25 节。

⑤ 《以赛亚书》第 53 章第 2 节。

⑥ 见《约翰福音》第 13 章第 1 至 17 节。

⑦ 见《约翰福音》第 18 章第 36 节。

⑧ 《约翰福音》第 6 章第 15 节。

不属于他，他是不会谴责的；而不属于上帝的东西，只会是魔鬼的东西。你既已发誓弃绝“魔鬼的虚荣”[①]，就要知道其中的一切无非是偶像崇拜。但愿这一事实能有助于我们想起，现世的一切权力和地位不仅与上帝无关，而且是与其为敌的；正是由于它们才决定对上帝的仆人进行惩罚；也正是由于它们，为恶人准备好的惩罚才被他们忽视了。然而“你们的出生和你们的财产，对抵制偶像崇拜来说都是累赘”[②]。要避免它，不会没有办法；因为即使没有，也还有一条使你成为更幸福的官的出路，当然不是在地上，而是在天上。[③]

十九

关于服兵役问题

在这最后部分，对处于地位和权力之间的服兵役问题，看来也要作决定。[④] 不过现在的问题在这一点上，一个信徒是否可以从

① 在洗礼中。

② 意即根据你的出身和家产，你就有资格担任那与偶像崇拜有某种联系的职务。

③ 指殉教（Oehler 此处援引 La Cerda）。关于“作天上的官”（居高位）的思想，请参考《马太福音》第 19 章第 28 节；《路加福音》第 22 章第 28、30 节；《哥林多前书》第 6 章第 2 至 3 节；《启示录》第 2 章第 26 至 27 节，第 3 章第 21 节等。

④ 对在《论戏剧》和《论花环》中关于军人职业的更为彻底的批判，本章当可为我们作好准备；不过我认为 Neander 的判断是很恰当的。《论花环》本身据某些评论家的意见，与其说是孟他努派的，不如说是孟他努式的，在这些评论家中，吉彭由于 Kaye 所提出的理由（见其著作页 52），以及其他几乎同样显著的理由，不能算关系太大的。当然，如果这种禁欲主义的意见和诸如此类的例子，足以把一个人划为异端徒，那么对当前一些好基督徒所有的种种怪癖，又应如何论断呢？

军，是否可以接纳军人入教，甚至那些不必参与献祭和执行死刑的下级军官，是否可以入教。在天上与人间的誓约[①]之间，在基督的标准与魔鬼的标准之间，光明世界与黑暗世界之间，没有共同点。一个灵魂不能属于两个主人——上帝和该撒。而摩西却仍然手执权杖，[②]亚伦(Aaron)佩戴带扣，[③]施洗的约翰腰束皮带，[④]嫩(Nun)的儿子约书亚(Joshua)率领着一支民众队伍作战：你大可对此进行嘲笑。然而一个基督徒男子如果没有刀剑(他的刀剑被主拿走了)[⑤]，又怎么作战呢，甚至在和平的日子里怎么服役呢？尽管士兵们来到约翰那里，也领受了应遵守的准则；[⑥]尽管百夫长也接受了信仰，[⑦]可是主以后在解除彼得的武装时，还是解除了每个士兵的义务。我们认为，凡指定用于非法行动的服装，就不会合法。

二十

关于语言方面的偶像崇拜

可是，由于人在上帝的戒律方面的品德，不仅会受行动的影

---

① 拉丁语中的“sacramentum”也有“军人誓约”的用意。

② 原文 Virgam，葡萄树枝条鞭，或短棒，在罗马军中为百夫长(即上尉)阶级的标志。

③ 用于束祭司服；所以此处所说的军人用的带扣，可能就是皮带扣。带扣有时会作为军中的奖赏来授予(White 和 Riddle)。

④ 就像士兵系皮带一样。

⑤ 《马太福音》第 26 章第 52 节；《哥林多后书》第 10 章第 4 节；《约翰福音》第 18 章第 36 节。

⑥ 见《路加福音》第 3 章第 12 至 13 节。

⑦ 《马太福音》第 8 章第 5 节等；《路加福音》第 7 章第 1 节等。

响，而且也受语言的影响（经上记载，“要注意一个人和他的行为”[①]；又说，“要凭你的话定你为义”[②]），那么我们就要牢记，即使在语言上也要提防，由于不小心或者胆怯而受到偶像崇拜的侵蚀。律法之所以禁止呼外邦众神之名，[③]当然不是要我们不称呼他们的名，日常交往迫使我们不得不说到他们：因为人们经常要说，“你会在医神埃斯库拉庇乌斯的神殿里找到他”；又说，“我住在伊西斯女神街”；还说，“他成了朱庇特的祭司”；还有许多这一类的例子，甚至有些人还以此命名了。我以某人的本名沙特恩（Saturn）称呼他，并不是在尊崇农神。如果我称呼某人为马可（Marcus），我也没有尊崇他在马可之上。可是经上说，“别神的名你不可提，也不可从你口中传说。”[④]这条命令就是叫我们不要称它们为神。因为在这条命令里他说，“你们不可用主你们的上帝的名去称呼虚无”[⑤]，即偶像。[⑥] 所以凡以神的名去尊崇偶像的，就犯了偶像崇拜罪。然而我如果把他们作为神来谈时，就要加上一句，使大家看出我并不是称他们为神。就是《圣经》也提到“神”，但却加上“他们的”即“外邦人的”：正如大卫在提到“神”时，他说，“而外邦的神都是邪魔”。我说到这一点，是作为以下意见的根据。不过，“以大力

① Oehler 也好，其他编纂者也好，看来都没有找到此处提到的这段经文。

② 《马太福音》第 12 章第 37 节。

③ 《出埃及记》第 23 章第 13 节。圣路加却按本书作者的原则，提到了宙斯的孪生子卡斯托尔和波鲁克斯，《使徒行传》第 28 章第 11 节。

④ 《出埃及记》第 23 章第 13 节。

⑤ 《出埃及记》第 20 章第 7 节。

⑥ 因为《圣经》称偶像为“虚无”和“虚妄之物”。参见《列王纪下》第 17 章第 15 节；《诗篇》第 24 篇第 4 节；《以赛亚书》第 59 章第四节；《申命记》第 32 章第 21 节等。

神之名”和“信仰之神保佑我”[①]这类说法，本是习俗上的一种缺陷；而这种缺陷是加上了某些人的无知，他们不知道这就是在以大力神之名起誓。而以你曾宣誓弃绝的神名进行起誓，岂不是与偶像崇拜的信仰合流吗？你既以它们的名起誓，又怎能不尊崇它们呢？

二十一

关于对异教人做法的默认

当外人以他们众神之名，以起誓或其他宣誓方式来约束你时，而你因怕被人认出[②]就保持沉默，这是胆小的表现。因为你即使保持沉默，也承认了众神的尊严，正由于此尊严之故你才受到约束。至于你承认外邦人的神，是通过称他们为神，还是通过听到别人这样称呼，又有什么关系呢？是你以偶像之名起誓，还是在别人起誓时予以默认呢？我们为何不承认撒旦的狡诈，他的目的就在于，他能以其仆人之口，做到他不能以我们之口做到的事，通过我们的耳朵来使我们陷入偶像崇拜呢？在这各种情况下，无论起誓的是谁，是以友好或不友好的方式，都是他在迫使你与之协同行

---

① Mehercule 或 Medius Fidius。此处是按后者的意见译的，Paley 也是这样理解的，他认为这等于说，神保佑我。Smith 的拉丁词典与之意见一致，并将其解作“me deus fidius servet”。White and Riddlle 将 me 视为代名词或附词，可以省去，并将其解释为“真理之神作证！”“老天作证”“千真万确”。

② 怕被人发现自己是基督徒（Oehler）。

动。如果用的是不友好方式，你就是受到了挑战，应当知道起来战斗。如果用的是友好方式，那么你该多么坚决地把你的责任转向主，从而解除你对他的义务，而恶魔正是通过他来将你拴在对偶像的尊崇，即偶像崇拜上的呀！这样的忍让都是偶像崇拜。如果你对被树为权威者表示尊重，你就是在尊崇他。我知道有的人（愿主原谅他！），当在公开诉讼中听到别人说"朱庇特对你震怒"时，就答道，"正相反，对你震怒"。一个信朱庇特为神的教外人，又会有什么不同的做法呢？因为即使他不以朱庇特之名来回骂，只要回骂就是在承认朱庇特的神性，说明他因被人以朱庇特之名咒骂而激怒起来。如果是以某无足挂齿者之名（诅咒的），又有什么值得激怒的呢？你既然震怒，也就承认了它的存在，而你恐惧的宣称，也就是一种偶像崇拜行动。更何况当你以朱庇特之名予以回敬时，也是在以与激怒你者同样的方式尊崇朱庇特！而一个信徒在这种情况下只需笑笑，不是震怒；不仅如此，根据诫命[①]，甚至不得以上帝的名来回骂，而要明确地以上帝的名予以祝福，这样不仅可以摧毁偶像又宣扬上帝，同时还守了教规。

二十二

关于接受以偶像之名所致祝福

一个已经皈依基督的人，不会让别人以外邦神之名予以祝福，

① 见《马太福音》第 5 章第 44 节；《彼得前书》第 3 章第 9 节。

同样也总是要拒绝不洁的祝福，并将其转向于上帝从而自洁。接受别人以外邦上帝之名所致的祝福，就是接受因上帝之名所发的诅咒。如果我行了施舍，或者对人家做了好事，受恩者求他的诸神或殖民区的神灵保佑我，那么，我施舍之物及施舍行为就成了对偶像的一种尊崇，因为人家是以偶像之名的祝福来回报我的。然而他为何不知我是为了上帝才那样做的呢；我既是为了上帝才做的，难道不应当使上帝受荣耀，而不是使魔鬼受尊崇吗？如果上帝知道我是为了他才做的，他同样也知道，我不愿表示我是为他做的，并且以某种方式使他的诫命①成为对偶像的一种献祭。有些人说，“谁也不要宣扬自己”；但我以为也不要否定自己。因为在任何事上进行伪装，装作教外人，就是在否认自己；而一切否认当然就是偶像崇拜，因为所有的偶像崇拜，无论在行动上还是言语上，都是否认。②

二十三

以偶像之名所立的书面约据。

默认。

---

① 此诫命系指“要善待他们并借给人所需”。

② Neander对于《论偶像崇拜》并未沾染孟他努思想的看法，受到Kaye的婉转质询，其主要原因是这一章与关于治蝎毒剂（Scorpiace）的过激态度不谋而合。后者认为，这种过激态度在此处所表现的立场中达到了“最高点”。但我认为，Neander的态度还是可取的。失足者往往表现出他们思想上的癖好，于是在尚未弄清他们自己正走向何方时，就不自觉地暴露了他们的倾向，从而成为他们自认为有理的自欺牺牲品。

不过，这类东西还有一种在行为和言语上双面锋利的形式，尽管它讨好你就如它哪一面都无害，但它哪一面都会伤害人；它看来不是行为，因为你在言语上没有抓住它。以抵押品向教外人借钱时，基督徒在誓言下作保证，还要否认自己这样做了。当然，诉讼的时间，审判庭的地点，主持审判的人员，决定他们知道自己这样做了。[①] 基督命令我们不可发誓。借钱者说，“我是写了，但我什么也没有说。叫人死的不是口舌，而是书面的文字。”在此我请自然和良心来为我作证：自然作证，因为即使口舌没动，没发命令，但是心灵没有命令，手就什么也不能写；尽管心灵可能以它自己所想的东西，或者别人所说的东西向口舌发出命令。现在为了不叫你说“是别人所讲的”，现在我请良心作证，别人所讲的是否为心灵接受了，[②]是否在口舌与之协同或者没有动作的情况下，传达到手上去的。主说过，罪过是在心中和良心里犯的，这就够了。他说过，如果贪欲和恶念进入一个人心中，就应视为行为。[③] 你既已作过保证，那么它显然“已进入你心中”，就再不能说你不知道或不愿意了；因为你既作过保证，就知道是你所作的；既然知道，当然是愿意

① 这可能是整篇中最晦涩难解的一段。我采用了 Oehler 的读法，并按着被认为是他的理解而译的；但各家的读法大有差异，说不准哪是对的。不过，我简直无法想象，此处的“se negant”和以下的“tamen non negavi”，与上一章末尾的“puto autem nec-negare”有联系；而正确的译法是这样的：“而（这样做）就否认了自己”，即否认了他们的基督徒称号和信仰。“当然教难时期”像现在的时期——或“诉讼的时期”就会构成很合理的意义——“和法庭的地点，以及主持审判的人员，都要求他们了解自己”，不得推诿或伪装。我对此译法缺乏信心，但我认为它与上下文比较吻合，而且与以下的“可是我并未否认”（指我的称号与信仰），以及与本章末提到的“否定字样”等都比较协调。

② Dodgson 先生译作“想过”；该词当然也可以那样理解。

③ 见《马太福音》第 5 章第 28 节。

的：那么，在思想和行动上就都做了；你也不能以小罪来为大罪开脱，[1]说什么我为我实际上没有做过的事作保证，这显然是个错误。“可是我并未否认，因为我并未发誓”。然而你发过誓，因为你即使没有这样做，如果同意这样做，人们还是要说你发过誓。在有书面文据的情况下，无言是一种无效的申诉；在有文字根据时，无声也是如此。因为撒加利亚（Zacharius）虽然受罚，暂时丧失了说话能力，还用心灵进行交谈，他越过那僵硬的舌头，用手传达了他的心声，不用口也表达了他儿子的名字。[2] 于是在其笔下，手说的话比任何声音都清楚，在蜡板上听到的字音比所有口舌的发音都响亮。[3] 你就去问一个人们已经懂得他说过话的人，他是否曾说过话吧。[4] 我们祈求主，不要让那种约据的不得已性包围了我们；万一发生这种情况，愿他使我们的弟兄有办法帮助我们，或者给予我们冲破这种不得已的决心，不要让那代替我们口舌的否定字样

① Oehler 将“小罪”理解为“起誓”，将“大罪”理解为“否认主基督”。

② 见《路加福音》第 1 章第 20、22、62、63 节。

③ Dodgson 先生就是这样译的，这种译法与 Oehler 的断句法相合。（不过他的译法太难解了，使我不得不将断句稍加改动，为了使它明朗一点，于是对 Oehler 文略有增补）也许我们可以这样来译：“他用他的笔说话，他的话在蜡板上被人听到：手比任何声音都清楚；文字比任何口舌声音都响亮”。（Oehler 整理文如下：“Cum manibus suis a corde dictat et nomen filii sine ore pronuntiat: loquitur in stilo, auditur in cera manus omni sono clarior, littera omni ore vocalior. ”我看其中没有什么问题。）

④ 无可怀疑，除德尔图良此处所强调的特定情况外，他诉诸良心的做法，正是理智、教父伦理和《圣经》所坚持的。现在在拉丁教会人士中，通过将利高烈（Liguori）提至“圣者”和“教会圣师”地位，把伦理变成了教条，我们不妨把上述做法与这种伦理比较一下。就连纽曼枢机主教（Cardinal Newman）也不能毫无保留地接受，如此彻底地叫人们去搞诈骗与伪善。见利高烈全集，卷二，第 34—44 页，以及 Meyrick 所著 *Moral Theology of the Church of Rome*（《罗马教廷的道德神学》），London，1855。1857 年再版本（Baltimore），其中有本丛书编者写的序言。此外请参考 Newman 所著的 *Apologia*（《辩护书》），第 295 页及其以后所述。

在审判之日拿到我们面前，愿那上面盖的不是证人的章，而是天使的章！

二十四

总结论

在这偶像崇拜的暗礁和港湾之中，在这处处浅滩和隘道之间，信仰驾驶着上帝之风推动的航船前进；只要小心就安全，只要全神贯注就可靠。然而对那些失足落水者，这一切却是一个无法逃脱的深渊；对那些触礁者来说，则是无法摆脱的覆灭；对那被吞没者来说，它是令人透不过气来的漩涡——即使在偶像崇拜中也是如此。那里的波涛都能淹死人；那里的漩涡都会将你吸进地狱。你不要说，“谁能保证自己安全无恙呢？我们只好离开世界了！”[①]似乎留在世上作一个偶像崇拜者，还不如离开世界！如果我们怕的主要是偶像崇拜，那么就没有比提防它更容易的了；任何“不得已”与这种危险比较起来，就都微不足道了。当使徒们在商议时，圣灵之所以解除了我们身上的束缚与轭，[②]是为了使我们解放出来，尽力防止偶像崇拜。我们的这条律法，越是完全遵守，越会感到方便；这是基督徒特有的律法，教外人就是凭藉它来认识我们和检查我们的。这条律法应当向慕道者予以介绍，对入教者进行教诲；使

① 《哥林多前书》第 5 章第 10 节。

② 《使徒行传》第 15 章第 1 至 31 节。

他们在仰慕中能加以深思；在遵守中能持之以恒；不遵守者能放弃他们的称号。[①] 我们可以看到，根据方舟的预象，在教会内是会有乌鸦、老雕、狗和蛇的。但无论如何，在方舟的预象中是不会有偶像崇拜者的：从来没有造什么动物来代表偶像崇拜者。凡是方舟内没有的，在教会内也不应有。[②]

① 即不做基督徒了（Oehler 所提到的 Rigaltius 的说法）。

② Kaye 在其所著的《德尔图良》一书中所写的一般介绍，对参考该书的人是很有益的，关于《论偶像崇拜》的解释，可参考该书中的序言，第 xxiii 页，以及正文的第 56、141、206、231、300、343、360 和 362 页等处。

论 戏 剧[①]

一

上帝的众位仆人，当你们走到上帝的台前，把你们隆重地献给他的时候，[②]要努力好好了解信仰的条件、真理的道理，以及基督教纪律的法规，在这些法规所禁止的其他世俗罪恶之中，就有戏剧的娱乐。而作证和承认[③]你们曾做过这些事的诸位，也要重新想想，不要因真正的或伪装的无知而陷入罪恶。因为世俗娱乐的力量可以提供继续参与的机会，从而延续故作无知的时间，诱使良知扮演不诚实的角色。对此二者，你们之中的某些人也许被教外人

---

① Neander 博士认为，本文是作者在陷入异端之前写的，但 Kaye 主教发现，涉及从军问题时的过激言词，有孟他努异端的嫌疑。有此可能，不过如果他是作为一个公开的孟他努主义者写的，那就很可能不会这么含糊了。无论如何，一篇毫无色彩的文章，学者们既然对其细微之处也意见纷纭，实际上就应视为正统之作。过激的说法，只不过是作者天才的特色而已。在一些个性突出的作者身上，都可以发现类似的情形。Neander 认为本文写于公元 197 年。Kaye 和 Allix 博士均认为本文写于迦太基；见 Kaye，《德尔图良》，同前，第 55 页。

② 这是指学友又称 Novitioli 说的。见 Bunsen，*Hippolytus*（《希波律特》），卷三，教会与家庭出版社，第 5 页。

③ 此处是指我们所谓的信徒或领餐者。

的观点所骗,他们在此问题上提出的论据如下:(1)在外界事物上的耳目高级享乐,与心灵和良心上的虔诚毫无抵触之处;而且(2)在一切人间娱乐中,只要我们选在适当的时间和地点寻乐,并且对上帝保证适当的尊崇与敬意,就不会犯罪。但这也正是我们所要证明的:就是这些东西与对真神的真正虔诚和服从并不一致。有些人认为,基督徒这群随时准备去死的人,在其放弃享乐的坚决性上训练有素,就是为了在一切羁绊断绝之后,能从容地蔑视生命。他们将这视为熄灭一切欲念的办法,因为这一切对他们已经毫无意义;于是就认为,这一切与其说是上帝的命令明确规定的,不如说是人间智谋的结果。对基督徒来说,如果还能继续享受这么大的快乐却要为上帝去死,真是莫大的遗憾!事实并非如此,虽然若事实果真如此时,基督徒的坚定性也会对如此适宜的计划和出色的安排完全服从的。

二

再者,任何人都会辩解说,据我们所知,万物都是上帝所创造,并给予人类用的,它既出自于如此善良的造物主,就应当是美好的;而其中的许多东西也用于演戏,如马、狮、健壮的体魄和优美的歌声等。凡是按上帝的创造意志而存在的,就不可能想象有什么与他不合或敌对之处;既然没有什么与他敌对之处,就不得视为对其崇拜者有害,因为对他们来说并无不合之处。毫无疑问,与公共娱乐场所有关的建筑本身,都是由大小石块、大理石、石柱等构成的,这些都是上帝的东西,是他所赐用以美化大地的;就连演出也是在上帝的天底下进行的。人间的无知为自己所作的辩解是多么巧妙，尤其是在他担心失去任何一点快乐，任何一点人生甜蜜享受的时候！事实上你会看到，不少的人是由于娱乐的危机而不是生活的危机才离开我教的。因为就连一个糊涂人也不会那么怕死，他知道这是命定之事；可是聪明人并不忽视娱乐，而视之为珍贵的恩赐；因为哲学家和糊涂人都同样是从娱乐中得到快乐的。现在谁也不否认这无人不晓之事，大自然也在告诉我们，上帝是万物的创造者，而且万物是美好的，是上帝对人类的恩赐。但他们对至高者并没有深入的了解，只是凭自然启示，而不像"亲人"那样了解他，只是从远处而不是从近处认识他，因此关于他对使用其所造世界方面有何命令和禁令，必然不知。同时，他们对那些与之对立，并将其亲手所造之物加以妄用的敌对势力，当然也不了解；因为他们既不认识上帝，就无法了解他的意志和他的敌人。那么，我们就不仅要考虑万物是谁造的，还要考虑是被谁败坏的。这样就可以看出，当初它们是为什么造的，同时也可以看出不是为什么造的。败坏状态与初始纯洁状态大不相同，因为造物主与败坏者大不相同。现在连教外人都一致禁止和尽力避免的各种邪恶，也是从上帝所造之物来的。例如，用铁器、毒药或妖术所犯的凶杀罪。铁器、药草和魔鬼都是上帝所造之物。难道造物主造成这些东西，是为了毁灭人吗？决不，他用一条总的诫命，"不可杀人"禁止了各种杀人行为。再者，除了上帝，世界的创造者外，还有谁用金、银、铜、象牙、木头和各种其他材料，来制造偶像呢？可是他这样做，难道是叫人把这些东西树为与之对立的崇拜对象吗？恰恰相反，偶像崇拜在他眼中是头等大罪。有什么非上帝之物在开罪于上帝呢？

然而它既开罪了上帝，即已非属上帝之物，而为其眼中的可恶之物。身犯种种罪过的人不仅为上帝所造，而且是他的肖像，然而在灵魂和肉体上却与其创造者脱离了。因为我们有眼不是为了放纵色欲，有舌不是为谈坏事，有耳不是为了听坏话，有嘴不是为了满足食欲，有肚腹不是为了分享满足食欲之乐，有性器官不是为了放纵淫欲，有手不是为了施行强暴，有脚不是为了浪荡一生；难道将灵魂置于肉体内，就是为了使它成为一个有思想的陷阱、诈骗和不义行为的制造所吗？我想不是；如果要求我们纯洁的上帝痛恨一切邪恶，并且痛恨这种邪恶的阴谋，那么毋庸置疑，凡他亲手所造之物，绝不是为使它产生其所谴责的行为而造的，即使这种行为是藉其所造之物来进行的；因为实际上，受造物之所以应受谴责的理由，就在于妄用了上帝的创造。因此，我们既藉认识主也对其敌人有所认识，在发现造物主的过程中也察觉到了这头号的败坏者，就无须惊奇也不必怀疑，那邪恶势力和反对上帝的天使，在当初就将人——上帝的创造和肖像、世界的主人打倒，夺去了他的纯洁性，从而完全改变了人原来与它一样受造，趋向完全圣洁的本性，成为它那种恶毒反对其造物主的状态，于是对上帝给予人没有给它的恩赐怀恨在心，要使人在上帝面前有罪，树起它的最高权威。①

三

在对异教徒的观点有了这种了解之后，现在再来看看我们自

① 关于本文中的魔鬼词汇，可与第十、十二、十三、二十三等节比较，并请参考 Kaye 在其 Account of the writings（《著作说明》）一文中详尽而集中的介绍。

己人的一些不当想法;某些人无论其信心是简单或是审慎,都要求对放弃看戏找到《圣经》上的直接权威,他们认为,这个问题还说不定,因为并没有明文规定上帝的仆人不得看戏。当然,我们从未看到在哪里这样具体地指出,“不可进入竞技场或戏院,不可观看决斗和演戏”;就像明文规定“不可杀人;不可崇拜偶像;不可犯奸淫或欺诈罪”[①]那样具体。但我们发现,大卫诗篇的头一句话却是指这种事说的,他说:“不参与恶人的集会,不站在恶人的道路上,不坐亵慢人座位,这人是有福的。”[②]尽管他似乎事先就曾预言说,义人不会参加犹太人的集会和讨论,不会参与杀害我主的策划,可是《圣经》仍然还有其无比广泛的适用范围:在其直接意义被充分挖掘之后,还可以从各个方面加强宗教生活的实践,于是针对目前的问题,也可以找到一句近于直接禁止看戏的说法。如果他将这少数犹太人称作恶人的集会,那对这样众多的异教徒集会更将如何称呼呢!难道异教徒与犹太人相比,倒不那么邪恶,倒不算多大的罪人和基督的敌人吗?请你再看其他情况多么巧合。因为在演戏时,有人坐在座位上,有人站在通道上。因为座位与斗兽场围墙之间的空间,以及观众席位之间的上下通道,称为道路;妇女所坐的曲线形席位称为座位。所以,相反上说,还是成立,凡进入恶人的集会中,站在罪人的道路上,坐在亵慢人座位上的,都是有祸的。对一件一般而言的事,即使还需要对其加以特别解释,我们总是可以理解的。因为在某些具有特定含义的事物中,包含着普遍真理。

① 《出埃及记》第 20 章第 14 节。

② 《诗篇》第 1 篇第 1 节。

当上帝对以色列人的责任进行劝告，对他们严厉谴责时，他必然也是指所有的人说的；当他向埃及人和埃塞俄比亚人预告被毁的危险时，当然也对所有犯罪的民族都预告了未来的审判。如果由种反推到类，那么所有犯罪的民族便都是埃及和埃塞俄比亚；如果由类推到种，就戏剧的根源来说，每次演戏都是恶人的集会。

四

为使人们不致认为我们是在诡辩，现在把话题转到我们洗礼印记的最高权威上。当我们进入水中，按规定词句进行基督教信仰宣誓时，我们公开宣告我们弃绝魔鬼、魔鬼的虚荣及其使者。难道不是首先就偶像崇拜而言，才有了魔鬼、魔鬼的虚荣及其使者，简单地说，才有了各种不洁恶神问题的吗？所以，如果我们已经确知，戏剧的全部内容无不以偶像崇拜为基础，当然就会得出这样的结论，圣洗池中的弃绝宣誓也涉及戏剧，因为它作为偶像崇拜，也就属于魔鬼、魔鬼的虚荣及其使者。现在让我们指出一系列戏剧的来源，看它们是在什么培育条件下发展起来的；其次再看其中的某些剧目，它们的剧名是什么；然后看它们的内容，讲的是哪些迷信（接着是地点，它们是献给哪位保护神的）；最后是其中的艺术和公认的作者等。如果以上所述各项都与偶像无关，就可以认为它没有偶像崇拜之嫌，因而就不属于我们洗礼宣誓的范围了。[①]

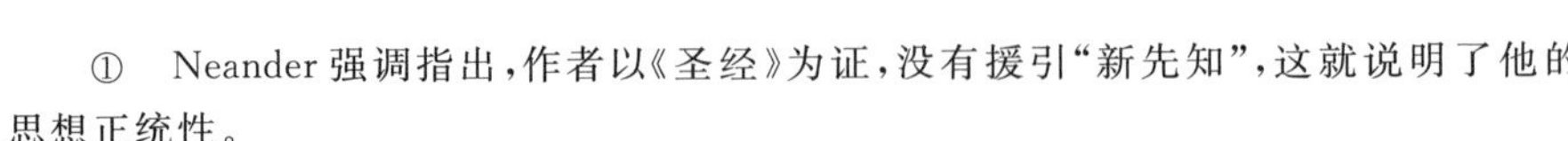

① Neander强调指出，作者以《圣经》为证，没有援引“新先知”，这就说明了他的思想正统性。

五

在涉及这些戏剧来源的问题上，由于情况比较模糊，而且少为人知，于是只得追溯到远古时代，而且只能以异教文学著作为准。对此问题发表著作的有许多作者。据称戏剧的起源是这样的。提迈乌斯(Timaeus)[i]告诉我们，从亚洲迁移过来的吕底亚人，在提莱奴斯(Tyrrhenus)的率领下，在埃特鲁里亚(Etruria)定居，当时提莱奴斯在一场王位之争中，将它让与其兄弟了。那时，除了他们那带有迷信成分的礼仪之外，在埃特鲁里亚还以宗教的名义规定了演戏。罗马人根据自己的要求，借用了埃特鲁里亚的演员，也承袭了其相应的季节和名称，因为据说，戏剧(Ludi)之名就是从“Lydi”而来；尽管瓦罗(Varro)[ii]认为，戏剧从游戏(Ludus)得名。例如罗马人也将潘神祭司(Luperci)称为“Ludii”，因为他们在神戏中跑来跑去；[iii]可是照他看来，青年人的这种游戏仍然属于节日和神庙内容，以及宗教崇拜之列。不过，这些东西既出自偶像崇拜，其名称的来源就无关重要了。通称为神戏的酒神节庆典(Liberalia)，[iv]明

i 提迈乌斯，公元前5世纪的希腊历史学家。——译注

ii 著名罗马古文物学者，与西塞罗同时。——译注

iii 潘神神戏为罗马人2月间祭潘神的一种庆典。在此仪式中，由潘神祭司祭杀一头公山羊，将血涂在两个青年人的额上，青年人应大笑。随后赤身的潘神祭司腰系所宰羊的羊皮带，沿帕拉亭山丘跑起来，触摸所遇到的妇女，使她们生育能力旺盛。——译注

iv 酒神节庆典是纪念酒神的节日，庆典在3月17日举行，在这一天青年人接受白长袍。——译注

确地显示了酒神先祖的荣耀：据说，这些庆典是当初尝到酒的美味的农民们，怀着感激的心情，为报答酒神所赐的丰收而献给他的。其次大地神节庆典(Consualia)[i]也称为神戏(Ludi)，当初是献给海神的，因为海神也称为(Consus)。以后罗慕洛将赛马节(Equiria)[ii]献给了战神，尽管罗马人说赛马节也是献给罗慕洛的，因为赛马节是通过他献给海神的，他们认为，海神也是计谋之神；确实他不愧为计谋之神，正是他定计掳掠萨宾人(Sabine)处女给其士兵为妻的。这确实是一条好计；我想在罗马人看来，仍不失为公正之举，而我认为在上帝眼中却并非如此。由此它的起源便受到污染：你们当然不能说，那起源于罪恶、无耻、强暴、仇恨，起源于战神之子，一个弑兄的创建人的，是什么好东西。直到如今，在竞技场的转角处还有一个献给该海神的地下祭坛，上面写道："海神主计，战神主战，万能诸神保平安。"7 月 7 日，由帝国的祭司们在此献祭，8 月 20 日由罗慕洛以及女灶神的祭司们献祭。除此之外，根据比索[iii]传下来的说法，罗慕洛规定，为了尊崇克敌制胜的朱庇特，要在塔培阳山(Tarpeian Hill)演戏，称为塔培阳戏也叫作卡庇托尔戏。此后罗马国王朋皮利乌斯规定了敬战神和霉神(Robigo)的戏(他们居然发明一位治霉的女神)；随后荷斯第里乌斯国王、马尔基乌斯(Ancus Martius)国王及其他人等，也有类似做法。关于为崇敬这些偶像而规定演这些戏的问题，在特兰奎卢

i　大地神节庆典是大地以及农业丰收神(Consus)的节日，节日定在 8 月 21 日。大地神的祭坛在竞技场下端，祭坛上平日堆着土，这一天清理出来向他献祭。——译注

ii　赛马节是纪念战神的节日，每年 2 月 27 日和 3 月 14 日在竞技场举行。——译注

iii　比索，历史学家，公元前 133 年任罗马执政官。——译注

斯(Suetonius Tranquillus)的著作[①]中有详尽的介绍。而我们就无需多费口舌,来指明其偶像崇拜的来源了。

六

除了古代的证据之外,还有后代神戏的证据,从它们直至今日所有的名称上,好像从它们脸上所印的标记上,就可以看出它们的起源,究竟是为什么偶像为什么迷信神戏设计的,以及是否属于同一类型等。例如以大地母亲[②]、阿波罗、海神、拉丁民族之神朱庇特(Jupiter Latiaris)以及花神等之名而献演的神戏,都具有一个共同的目的;其他庆祝君王寿辰、国家节日和胜利以及城市节日的神戏,也同样具有迷信的起源。还有一些按亡者遗愿进行的演出,这是为纪念个别人而举行的丧礼;并且也是按古代的旧制行事的。因为从一开始神戏就分为敬神的和丧礼的两种,前者是为敬拜邪神的,后者是为纪念亡者的。然而我们认为,在偶像崇拜上既然与我们所厌弃的邪神有关,就没有什么不同之处了。如果可以向亡者表示敬意,也就可以向他们的神表示敬意,因为他们对亡者和这些神都表示同样的敬意;在这两种情况下,都是同样的偶像崇拜;我们对一切偶像崇拜都同样地深恶痛绝。

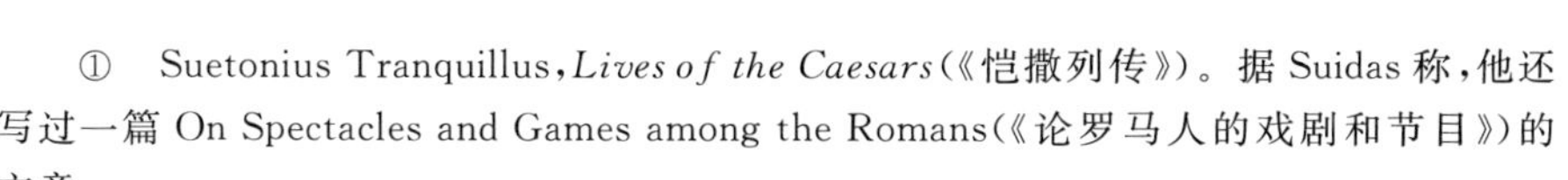

① Suetonius Tranquillus, *Lives of the Caesars*(《恺撒列传》)。据 Suidas 称,他还写过一篇 On Spectacles and Games among the Romans(《论罗马人的戏剧和节目》)的文章。

② 即自然女神赛比利。每逢拉丁民族之神朱庇特节日,都要在阿尔巴鲁斯山(Mons Albanus)上向其献祭,并以其名献演神戏。

七

这两种神戏的起源相同，名称相同，其根由也相同。既然它们都沾染了其创始人崇拜邪神的罪污，那么在其仪式的盛况上也定会彼此相近。但是最初享有盛况之名的马戏表演场面则尤为排场，那长长的偶像行列，各式各样的马车、车辆、宝座、花环与服饰，一切都证明它们是为谁而设的。以什么仪式和献祭开始、居中和结束；有多少团体、祭司和官员参加游行队伍，众邪神宫殿所在的大城市的居民都一清二楚。如果说在各行省由于财力所限，这一切会略为简朴一些，马戏表演仍然应视为它们的根源；它们必然会为由其而出的源头所玷污。自源头而出的涓涓细流和由芽苞抽出的嫩枝，都带有其本源的特性。任何马戏游行仪式，无论其奢简如何，都是对上帝的冒犯。尽管游行时所抬的偶像不多，却有一尊是邪神崇拜的偶像；虽然队伍中只有一台车，但这却是朱维(Jove)的座车：任何邪神崇拜无论其场面奢简如何，都会在其根源上受到污染。

八

现在按照计划，再谈谈地点问题，马戏场最初是献给太阳神的，他的神殿在马戏场中央，他的太阳神神像在神殿顶上闪闪发光；因为人们认为，一个位于广阔天地之间的偶像，不宜于放在屋顶之下来崇拜。有些人认为，第一台马戏场戏是赛尔克(Circe)[i]为纪念其父太阳神而演出的，竞技场正是由她而得名的。既然她是魔鬼与邪神的女祭司，显然女巫们就是以她的名在施法(这一点毫无疑问)。从场地的布置来看，到处都是偶像崇拜。竞技场的每一处景点本身就是一个神殿。那些卵形球[ii]是为崇敬卡斯托尔与波鲁克斯而设的，有些人公然以为它们出自朱庇特这只天鹅的卵。海豚敬向海神喷水。圆柱上有纺织女神赛西亚(Sessia)的肖像、丰收女神迈息亚(Messia)的肖像，大柱上还有果实保护神图图里纳(Tutulina)的肖像。对面有伟大、万能与胜利三神的神坛。人们传说，这些神都是萨莫色雷斯人。据海尔梅特莱斯(Hermeteles)说，高大的方尖柱碑是为太阳神而设立在广场上的；那上面的题词与它的来源一样，都属于埃及人的迷信。邪魔族类离开了他们的大地母亲(Mater Magna)就感到孤单，因此她就护守在壕沟神欧利普斯(Euripus)[iii]之上。如前所述的大地神(Consus)埋在爱神门(Murcian Goals)的地下。这两扇门是用一个偶像制成的。因为人们认为穆尔西亚(Murcia)是爱的女神，而且在该处人们为她修了一座庙。基督徒呀，你看有多少不洁之名占据着这竞技场！一个由这么多邪魔占据的庙宇，与你又有什么相干呢！既然谈到了场所，现在就正好藉此机会对某些人提出的问题先说几

i 赛尔克系海中仙女，由太阳神与海神所生，以魔术著称。——译注

ii 在竞技场上置有七个卵形球，当人们依次绕每个球一周后，就搬走一个。——译注

iii 围绕着罗马竞技场的一条壕沟，据说大地母亲就守护在那上边。——译注

句。你们说，如果我在竞技场没有活动时前去，是否也有被污染的危险呢？没有什么法律禁止我们到这些地方去。因为不仅演戏的场所，即使是庙宇，只要有一定的正当理由，并且与该地的公开作用和性质无关，上帝的仆人就可以进去而不致危及基督徒的忠诚。就连街道、市场、浴池、旅店以至我们的寓所，也不是都没有偶像的。撒旦及其使者充斥普世。然而我们犯罪并不只因身在人世，而是由于沾染了世俗的罪恶才玷污了自己。因此，如果我到卡庇托尔[i]或者赛拉庇斯神殿里去献祭或崇拜，我就会得罪上帝，如果我到竞技场或戏院去看戏，也是一样。这些场所本身并不会玷污人，而是在其中的所作所为使人受到玷污；我们认为，该场所本身也将因而受到污染。被污染的东西也会污染我们。正因如此，我们才提醒你们，这种场所是为谁修建的，从而使我们明了在该处所举行的一切，都是献给这些守护偶像的，因为该处就是为他们修建的。

九

现在再来谈谈马戏的专门表演。过去的马戏只是简单地在马背上表演的，当然一般也并无什么犯罪之嫌；但当其转入神戏之中后，就由敬拜上帝一变而为魔鬼所用了。于是这种马戏表演就被视为献给卡斯托尔和波鲁克斯的神戏了，据斯特西科鲁斯（Stesichorus）说，那两匹马系信使神墨丘利所赐。海神同时也是马术之

---

i 卡庇托尔为朱庇特在罗马的神殿，建在萨图尔尼乌斯山上。——译注

神，希腊人称之为希皮乌斯(Hippius)。对车队来说，他们将四辕马车献给了太阳，将二辕马车献给了月亮。然而正如诗人说的，爱里克托尼乌斯(Erichthonius)是第一个敢于驾四辕马车，而且跑得车轮飞转的人。爱里克托尼乌斯，火山神(Vulcan)与智慧女神之子，这个在大地上放纵情欲的产物是一个怪物，甚至就是魔鬼，而不仅是蛇。不过阿尔戈斯人特罗奇鲁斯(Trochilus)要是第一架马车的创始者，当时他就已经将其献给朱诺了。如果说，罗慕洛是第一个在罗马展示四辕马车的人，那么我想他也会将自己列在众偶像之中，起码若他与奎利鲁斯(Quirinus)地位相等的话。然而马车既有如此的创始人，驾车人自然也会穿上具有偶像崇拜色彩的服装；最初只有白红两色，前者是献给雪花耀眼的冬天的，后者是献给红日高照的夏天的：可是以后随着奢侈与迷信的发展，人们逐渐将红色献给了战神，将白色献给了西风神(Zephyrs)，将绿色献给了大地母亲或者春天，将蓝色献给了天空和海洋或者秋天。可是这种种偶像崇拜既然都是上帝所谴责的，那么，这些表现形式当然也会受到与之同受谴责的自然因素的影响。

十

现在再说剧场演出。正如上文所述，它们的来源与马戏一样，都带有偶像崇拜的名称，因而从一开始就称为“神戏”，并且是与马戏合演来敬神的。它们的场面也是相似的，都是在令人沉闷的烟雾和血泊中，在笛声和喇叭声中，在丧礼和祭礼的两位主持人，哀悼师和祭司的指导下，从神庙和祭坛出发游行到演出场地。我们既已从“神戏”的起源谈到了马戏，现在就转到剧场表演问题上来，先说说表演场地。剧场首先的确是一座维纳斯神殿；因此剧场演出才得以逃脱查禁而立足于世。因为那些检查官为了维护伦常，预见到剧场上的放荡无耻对道德大有危害，往往在剧场修建之初就下令将其拆毁了。于是教外人的公论与我们的共识就构成为一致的明证，而人伦的初步判断也可以证实我们的观点。因此仅次于其剧院的伟大的庞培，在建成该淫秽城堡之后，深恐有朝一日哪位检查官会取缔他的纪念地，就在那里加盖了一座维纳斯神殿；他谕令民众前去参加献庙仪式，并不称之为剧院，而称为神庙，说什么“在那里附设了座位以便看戏”。于是藉口这是圣地，就在一个往往遭到查禁和一直受到谴责的建筑物上加了一层掩饰，用迷信蒙住了品德规范的眼目。然而爱神和酒神是亲密的盟友。这一对邪神相互勾结，誓作酗酒和淫乱的保护神，于是爱神的剧院也就是酒神（希腊人称之为迪奥尼西亚 Dionysia）之家：因为人们也恰如其分地将其他演剧场所称为“酒神节庆典”，这些场所就是他所创建的；毫无疑问，剧场的演出都是以他们为其共同保护神的。舞台所特有的那种放荡的动作和姿态，就是为他们而设计的，一个以其妖性诱人，一个以其服饰放肆著称；至于其中的呼喊声、歌声以及弹奏和吹奏乐声，却是献给阿波罗、缪斯（Muses）、智慧女神和信使之神的。基督徒呀，你应当仇视这些东西，因为它们的创始者正是你仇恨的对象。所以对于剧场艺术，对以我们所深恶痛绝者之名而设计的东西，现在我们要说几句话。我们知道，亡者之名及其肖像都无甚关系；但是我们也深知，当他们的偶像树立起来之后，在此名义下大干其罪恶勾当，以受人崇敬而自鸣得意，并且妄自称

神的,不过是一些受诅咒的恶神、魔鬼。我们既然知道,这些艺术也是为那些以其创始人之名而设计的东西服务的;这些东西就不能不受偶像崇拜的沾染,它们的创始人正是因此而被列入邪神之中的。此外,关于艺术问题还有必要进一步深入,以邪魔所采取的态度,来堵住一切狡辩,他们从一开始就决心遂其私意,除造成种种邪神崇拜的罪恶外,还污染了剧场演出,其目的在于勾引人离开上主,一心服从它们,通过给予人以演戏所需的才能,来实现它们自己的企图。它们不过是为了自己,才去设法以达到预定的目的;它们也不全通过别人将这种才能给予世界,除非是那些以它们的名义和偶像以及历史,为了自己而捏造造神谎言的人。

十一

根据我们的计划,现在就来谈谈格斗。格斗的起源与神戏相近。因此它们一直就是祭礼性或者丧礼性的,当初格斗本是为对民族之神或亡者表示敬意而设的。于是用以纪念朱庇特的,也称为奥林匹亚(Olympian)格斗,在罗马称为卡庇托利(Capitoline)格斗;纪念大力神的称为涅墨亚(Nemean)格斗;纪念海神的称为伊斯特米亚(Isthmian)格斗;纪念亡者的称为悼亡(Mortuarii)格斗。既然如此,那么格斗表演通过那庸俗的花环、主祭长老、来自各团体的辅祭者及其献祭的血污而受到邪神崇拜的污染,又有什么可怪之处呢?对于"地点",我们还要加上一句,这是大家公认专为敬拜缪斯、阿波罗、智慧女神以及战神进行表演集会之处,在此人们格斗和吹号,其声势不亚于马戏场,它确实是人们庆祝邪神节日的一座神庙。体育表演的起源也是与卡斯托尔等神，[①]大力神和信使之神有关的。

十二

最后让我们来看看最为著称，最受人们欢迎的戏剧。这种戏被称为责任性的表演，因这种表演是一种职责，由此而得“职责”（*officium* 和 *munus*）之名。古代人认为，在这种表演中他们是在向亡者尽责；后来将其残酷性稍加修饰，略为改变了它的性质。因为以前人们认为，可以用人血使亡者的灵魂得到安慰，于是往往购买俘虏或生性不驯的奴隶，并将他们在亡者的丧礼上予以祭杀。随后他们认为，最好是在他们的罪行上盖上一层娱乐的面纱。于是便尽力教那些为了准备格斗的人使用武器，就是让他们学会去死，这些人到举行丧礼之日，就被彼此杀死在安葬处。他们是在用谋杀来慰藉亡者。这就是“职责性演出”的根由。然而这种修饰也随着残酷的程度而日益提高；因为这群人面兽心的东西，除非在一场人被野兽撕成碎片的活剧中，找不到什么高度的享乐，于是为慰藉亡灵而献上的牺牲，就被视为丧礼祭礼之类的东西；这种事就是偶像崇拜：因为偶像崇拜实际上是一种对亡灵的崇敬；前者和后者都是对亡灵的敬礼。何况邪魔就在亡者的肖像里。尽管这种演出已经由对亡者表示敬意转为对活人致敬，这里是指会计官和地方官以及大小祭司，我还是要说说名称问题；因为偶像崇拜与职务称

① 卡斯托尔等神即卡斯托尔与波鲁克斯。

谓紧紧相连，凡以该称谓的名义作的，也会沾染它的罪污。这一点也适用于“职责性表演”的游行仪式，只需看看与这些敬礼有关的场面；因为那紫红袍、束棒、头带、花环，以及训话、谕令和庆典前夕的欢宴，都不是没有魔鬼的仪式和召唤邪魔的场面的。至于那可怕的地方，圆形剧场（amphitheatre）[①]，连饶舌的作伪证者都应付不了，我又何必来说三道四呢？因为它是专为更多的比卡庇托尔神庙更为可怕的名称[②]而设的，这是众邪魔的庙宇。正像人们说的那样，那里的不洁之神多不胜数。对于剧场艺术，最后我还要指出一点，我们知道其中的两种演出，是以战神和繁殖女神黛安娜（Diana）为保护者的。

十三

我们认为，我们已经根据计划说明了，崇拜邪神的罪恶是如何以种种方式，与戏剧在起源、名称、场面、演出地点及其艺术上紧紧相连；而且我们可以毫不犹豫地说，它对我们这些已经两次弃绝[③]一切偶像者是很不相宜的。正如使徒所说的，“偶像算不得什么”[④]，而在于那是对邪魔表示的敬意，邪魔是这些受到崇拜的肖像的真正占有者，无论其对象是亡者或（他们想象的）邪神都一样。

---

① 圆形剧场，亦即马戏场。用于观看戏剧、斗兽、格斗等表演的场所，据称可容八万七千名观众。

② 此处系指地狱中的恶神，首先是冥王（Pluto）。

③ 此处所说的“两次弃绝”，一次是在进入洗礼间之前，一次在进入洗礼间之后。

④ 《哥林多前书》第 8 章第 4 节。

因此，在这一点上，他们同出一源——因为亡者和邪神二而一也——这两种偶像崇拜我们都深恶痛绝。神庙也好，古迹也好，我们都同样厌恶：我们既与神坛无缘，也不崇拜什么肖像。我们既不向邪神献祭，也不为亡者举行丧礼；而且这两种仪式我们都不参加，因为我们不能既参加上帝的节日，又参加魔鬼的节日。[①] 如果我们不让口腹受到这种污染，那又应如何使我们更为高贵的器官眼耳，远离偶像崇拜与丧礼之乐，因为这些东西不仅要通过肉体，而且会消化于精神和心灵中，而上帝对后者比对我们身体器官更加有权要求保持其纯洁性。

十四

上文指出的偶像崇拜的罪名，已经足够使我们远离戏剧了，现在再进一步从另一方面看看，这主要是为了那些在思想上自慰，认为还没有明确禁止看戏的人，似乎我们在谴责世俗贪欲时，对戏剧问题还讲得不够。我们知道，既有对钱财、地位、饮食、淫乐和虚荣的贪欲，也有对享乐的贪欲。而看戏正是一种对享乐的贪欲。既然如此，那么在贪欲的总名称下，就包括有享乐在内；同样地，在享乐的总名称下，就包括有“看戏”在内。然而上文我们已经讲过，就演出的场所本身来说，并没有什么污染之嫌，而是由于在其中所做的事使该处受到污染，又进而污染他人。

① 《哥林多前书》第 10 章第 21 节。

十五

如上所述，我们对戏剧中包括有偶像崇拜的一切污点的主要话题，已经讲得够多的了，现在再来指出戏剧与上帝事业对立的其他特点。上帝曾经教导我们如何与圣灵宁静地、从容地、安详地、和蔼地相处，因为只有这种态度才能与其善良、温和、敏感的本性相合，而不可以狂乱、暴躁、愤怒与悲伤①去烦扰他。可是这一切又怎能与戏剧相合呢？因为戏剧总会引起心情激动，凡是有享乐，就会因感情激化带来享乐的滋味；而当感情激化时，你就会尝到冲突的滋味。于是在出现冲突时，你就会狂乱、苦恼、愤怒与悲伤，还有随之而来的一切恶果，这都与基督的宗教大相悖逆。即使有人以庄重而有节制的态度来欣赏戏剧，同时使之与其地位、年龄、性格协调，思想却不可能不受干扰，内心不能没有某种说不出来的骚动。谁也不能参与这种娱乐而不感到强烈的激动；谁也不能在此强烈的激动下而无自然疏忽。而这种疏忽又会造成强烈的欲望。如果没有欲望，也就得不到什么快乐，这样的人会被耻笑为无聊之辈，到了剧场而一无所获；我认为，我们之中没有如此无聊的人。再者，如果一个人表示自己不赞成某些人，而行动上又与这些人待在一起，那么他说自己不愿与他们一样，就是言行不一。《圣经》上说，“如果你见了盗贼，就乐意与他同伙”②。但愿我们不与这些恶

① 《以弗所书》第 4 章第 30 至 31 节。

② 《诗篇》第 49 篇第 18 节。

人同居在此世界上！尽管这一点无法做到，至少在世俗之事上要与他们分开；因为这世界是上帝的，而世俗之事是魔鬼的。

十六

由于我们禁止情欲冲动，所以就不看任何戏剧，尤其是圆形剧场表演，而这种冲动是该活动的主要因素。你看来到剧场的群众早已十分激动、狂热、冲动得头脑发昏，为他们的赌注而争吵不休。他们嫌执政官的行动太迟缓了：他们的眼睛一直在随着他那摇签壶里的签在转；于是便一齐盯着他的信号，接着同声疯狂地大叫起来。你从他们疯狂的说话中，可以看出他们是多么“忘乎所以”。他们喊道，“签已经抛出来了”[①]；人们相互告诉大家都看到的东西。从这里我就可证明他们的盲目性；他们并没有看清抛出来的究竟是什么。他们认为那是一面“信号旗”，实际上是从天而降的魔鬼形象。其结果便开始出现疯狂、暴怒、混乱，以及和平祭司绝不允许的种种行为。然后人们便时而无故地相互仇视，叫骂指摘；时而又无故地表示支持，大声欢呼。这些行动如此不能自主的人们，他们自己究竟是在追求什么呢？除非他们只是失去自我控制，于是因他人之忧而忧，因他人之乐而乐。无论他们要求的是什么反对的是什么，都与他们自己完全无关。因而他们的爱毫无目的，恨也毫无理由。无故地爱是否要比无故地恨更为合法呢？当然，

① 此处抛出来的实际上是手帕。抛手帕为表演开始的信号。参见 Martial xii，28(29)；Suetonius，*Nero*(《尼禄》)，第 22、23 页。

上帝是不许我们恨人的，即使我们有恨的理由；因为他命令我们爱仇人。上帝不许我们骂人，即使有骂的理由，而且要我们为骂我们的人祝福。既然在圆形剧场里人们连君王和民众都不放过，那还有什么地方比这里更为残酷呢？如果在圆形剧场里出现的这种疯狂行为，允许其在他处出现在上帝的圣者们身上，那么在圆形剧场中也应当允许；如果到处都不允许，那在圆形剧场里也不能允许。

十七

难道我们不是同样要避免有不端行为吗？就这一点来说，我们更是要远离剧场，这里是一切不端行为的发源地，因为此处所欣赏的东西，正是他处人们所不齿的东西。于是丑角着女人装，毫无廉耻地表演的下流动作，又称阿特兰神戏(*Ludi Atellani*)①，在舞台上居然不以为耻，人们甚至从小就学那哑剧角色的动作，以便长大成为演员。就连娼妇，人们情欲的牺牲品，也被搬到台上去了。尤其可悲的是面对其他妇女——恰好是人们要避讳的对象，现在却在各种年龄各个阶层的群众面前公开亮相；将她们的住处、收入与出众之处公之于众，甚至那些并不需要听到这种事情的人都听到了。且不提那最好让它留在其阴暗的角落之中，以免玷污日光清白的东西。元老院和各个阶层都应为之感到羞愧！这些扭捏作态、羞耻之心早已泯没的女人们，当其置身于光天化日之下和大庭

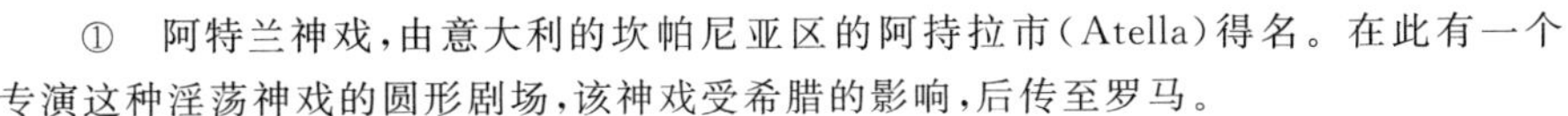

① 阿特兰神戏，由意大利的坎帕尼亚区的阿持拉市(Atella)得名。在此有一个专演这种淫荡神戏的圆形剧场，该神戏受希腊的影响，后传至罗马。

广众之中时,至少每年一次也要感到羞愧。既然一切不洁之事都应遭到我们的厌恶,而且也知道粗话和废话都将受上帝的审判,那还有什么理由要听那提都不能提的事呢?同样地,又有什么理由要看那干了有罪的事呢?为什么我们认为出于口会玷污人的事,[①]眼看耳听了却不以为会玷污人呢?眼和耳既是心灵的直接工具,工具脏了,心灵又怎能纯洁呢?既然不洁之事遭到禁止,剧院也应在禁止之列。既然我们不以世俗文学之说为然,在上帝看来只是疯话,那么关于那些戏剧的规定就相当清楚了,因为各种悲剧和喜剧都是由此产生出来的。如果悲剧和喜剧是各种残忍的、任性的、凶恶的和放肆的残暴和纵欲行为的教唆人,对这种残忍卑鄙的事最好是提都不提。凡是在行动上应当鄙弃的,口头上也不得予以接受。

十八

如果你说,《圣经》上提到了竞技场[②],我也承认。然而你也不得不承认,在那里所干的事却不宜于你去看:如拳打、脚踢、掌击、手臂的各种粗暴动作,以及形形色色扭曲人形之举,简直是对上帝肖像的扭曲。你绝不会赞同那些疯狂的赛跑和投掷技巧,更不用说那可笑的跳跃;你绝不会欣赏那有害无益的力量表演,当然也不

① 《马可福音》第 7 章第 20 节。

② 见《哥林多前书》第 9 章第 24 至 25 节。圣保罗提到了他在大数(Tarsus)所熟悉的希腊运动,如拳击、赛跑,依法比赛,跑到终点,授予花环等。他认为这一切并无意义。

会赞同那些一心追求一种人工体格，来超过造物主化工的企图；而且还会厌恶希腊运动员的饱食终日，无所事事。摔跤也是魔鬼的把戏。是魔鬼首先将人摔倒置于死地的。它的厉害之处在于其毒蛇伎俩，牢牢抓住，死死缠住，一下溜走。你并不需要花环；为什么要在花环上去寻求快乐呢？

十九

现在我们看看《圣经》是怎样谴责圆形剧场的。如果我们认为，我们可以在那残酷、无情和野蛮之中竞争，就到那里去吧。如果我们真是人们所说的那样[①]，就到那里去享受人血吧。叫有罪者受到惩处，这当然好。除罪犯之外，有谁否认这一点呢？可是无辜者仍不会在他人的痛苦中找到欢乐：反而要为一位兄弟的罪恶深重到应受如此可怕的惩罚而感到痛心。然而又有谁能保证，总是有罪者被判喂野兽或者其他处罚，而无辜者绝不会由于法官的报复、辩护的无力或拷问的严酷而受到处分呢？既然如此，那么我想，对恶人的受罚不闻不问岂不更好，以免我不得不去过问是否有好人遭到不幸——如果他们确系好人。当然也有些无辜者被卖作格斗士，来充当大家娱乐的牺牲品。即使就那些被判送进圆形剧场者来说，为了处罚他们的较小罪过，竟然要送他们去杀人，岂非咄咄怪事！不过这些话我是对教外人讲的。至于基督徒，就无需我再费话来劝他们不看这类演出了；即使没有谁比我更能说出其

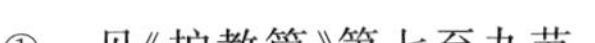

① 见《护教篇》第七至九节。

中的全面情况，除非他至今还有看戏的习惯。不过我宁愿留点缺口，而不想再去回忆它。[①]

二十

某些人由于不愿放弃某种乐趣，就咬定我们无法指出，是哪句话或哪个地方禁止我们参加这一活动，是在何处直接禁止了上帝的仆人参加这种集会，这种人的推理是何等荒谬何等勉强！我最近还听到个别戏迷有新辩护词。说什么，“就是太阳即上帝本身也从天上在看戏，并没有受到任何污染。”是呀，太阳光还照射在阴沟上，也没有受到什么污染。[②] 但愿一切罪行都能逃脱上帝的目光，从而不受任何审判！可是他在看着人们抢劫，看着人们作伪、通奸、欺诈、崇拜邪神以及演戏等；正因如此，我们就不可去看，以免无所不察的上帝看到我们。人哪，你这是把罪犯与法官混为一谈了；罪犯之所以为罪犯，在于他是受监察者，法官之所以为法官，在于他是监察者。难道你真以为，在竞技场之外我们就可以装疯吗？难道在剧场的门外不是与门内一样在煽动情欲，在圆形剧场之外不是与在其内一样使人狂妄，在竞技场之外不是与在其内一样使人残暴，因为在圆柱门廊、层层台阶和门帘之外，上帝不是同样在监察着吗？凡是上帝一直谴责的事，无时无处都不能无罪；凡是各

---

① 由此有人想到，德尔图良作教外人时可能有此习惯。

② 这是希腊犬儒派哲学家迪奥坚尼斯的一句名言。见 Diog. *Laertius*（《拉尔修》），vi. 6. 63。

个时代各个地方都不许干的事，任何时候任何地方都不许干。真理的完美以及对其应有的充分遵从、一律敬仰和忠实服从就在于此，在这一点上，真理的看法从不更改，它的判断绝不动摇。凡是真正好的，只能是好的；真正坏的只能是坏的。在上帝的真理中，一切都是坚定不移的。

二十一

并未完全掌握真理的教外人，由于他们没有受到上帝的教导，所以随着他们的愿望和情欲，把一件事看成坏或好的；把在这里是好的，在那里说成坏的，把在这里是坏的，在那里说成好的。于是就发生了这样的怪事，一个即使迫于生理需要，也几乎从不在公共场合撩起上衣的人，在圆形剧场内却将它脱掉，似乎硬是要在大众面前显露原形；一位一直细心防止他的大闺女听到粗话的父亲，居然亲自把她带到剧院，让她接触到那种种下流言语和姿态；一个在大街上看到有人吵架会打起来时，定将加以劝阻的人，竟会在竞技场上千方百计鼓励更为严重的争斗；一个怕看见自然亡故的死人的人，在竞技场上居然能冷眼注视血肉模糊、撕成碎片和被自己的血弄得一塌糊涂的尸体；甚至来看戏的人既认为杀人者应为其罪受罚，却又用鞭子和棍棒强迫不愿前去的格斗士去进行凶杀；甚至一个要用狮子来惩罚各种杀人犯者，却要给予凶狠的格斗士获释的短棒，并赏以获得自由的小帽。而且还要叫人把那可怜的牺牲品抬回来，让他看一眼，以便细致欣赏一下他在远处便想要杀害的人；如果他原来并不想这样，那就又加残酷了！

二十二

这有什么奇怪的呢？诸如此类的出尔反尔，感情上好恶无常，判断上飘忽不定，好坏混淆和是非颠倒的行为，正是我们意料之中的事。就说那些戏剧的编导者吧，看看他们对那些马车夫、戏子、摔跤者（这些男人不惜为之卖命，女人不惜为之奉献肉体，为之去犯他们所鄙夷的罪行的最受欢迎的格斗士们）究竟是何态度；他们以什么原因抬举这些人，又以同样的原因说这些人犯有他们所谴责的罪行；甚至以耻辱的罪名判处这些人，剥夺其公民权，不许他参加地方议会、讲坛、元老院、骑士团，不得拥有其他许多荣誉和职位。这是何等的颠倒！他们欣赏其所惩处的，同时又蔑视自己所嘉奖的；他们尊崇艺术，却侮辱艺术家。他们之所以鄙夷一个人，正是为了他们认为值得称道之处，这是多么令人愤慨的事！认为事是坏事，而其事主即使最受欢迎时，也不无可鄙夷之处，这是一种什么样的自白！

二十三

既然人们在欣赏叫好之余，也认为这类人理当判处流放到某耻辱的荒礁上，剥夺其享有生活地位的一切权利，上帝的正义更将如何惩罚投身于这种行当的人呢？那引起许多心灵不安，挑动种种狂热情欲，造成各式各样丑态的马车夫，居然还像祭司一样头戴花环，或者身穿拉皮条者的花衣，一身魔鬼打扮，难道上帝会欣赏他，让他坐上自己的马车，像以利亚一样乘旋风升天吗？① 一个用剃刀修面，完全改变自己的形象，尽力去模仿农神、伊西斯（良妻之神）[i]和酒神，仍不满足，却安心接受被人殴打和被打耳光之辱，似乎在嘲笑我们的主的人，难道主会喜欢他吗？也许魔鬼的教导之一，就是要和蔼地将面颊送给人打。同样地，他让悲剧演员穿高跟靴，是因为主说过，“没有人能使自己的身量多加一肘。”②他是想使基督成为说谎者。至于戴假面具的问题，我要问问，既然上帝禁止各种模仿，尤其人的形象是他的肖像，那么这会符合他的旨意吗？真理之主憎恶各种虚伪，他把所有虚伪不实之物都视为窜改。他既然反对各种作伪行为，因而决不赞成人们伪装各种声音、性别和年龄；决不会赞成伪装的爱与恨，以及悲伤与眼泪。而且在他的律法上也声明了，着女人服装、装做女人的应受诅咒，③至于他对专门训练来扮演女人的哑剧演员的审判又当如何呢？拳击手能逃脱惩罚吗？这些拳击手的伤痕，拳头上的老茧，耳朵上的肉瘤，难道是受造之初就有的吗？难道上帝给他造了眼，就是为了在拳击时被打瞎的吗？且不说那为了保全自己，把别人推到狮子面前的人，这时他作为杀人凶手，并不亚于他以后将这人在格斗场上扼死。④

① 《列王纪下》第 2 章第 11 节记载：先知以利亚与以利沙同行时，忽有火车火马将二人隔开，以利亚就乘旋风升天了。

i 埃及女神伊西斯，司生育与繁殖，为良妻的象征。——译注

② 见《马太福音》第 6 章第 27 节。

③ 见《申命记》第 22 章第 5 节。

④ 对这一点传统上是这样来解释的：当两位格斗士准备格斗时，就放出一头狮子向他们扑来。这时一个人为了保全自己，将另一个推到狮子面前；后者将狮子杀死，自己却又被前者杀死。因而前者行动上虽然只是一次杀人，但在意念上却是两次杀人。

二十四

还需要用多少方式来说明，戏剧的特点中没有什么是上帝赞许的，或者说，也没有什么上帝虽不赞许，却还能得到上帝仆人赞许的呢？如果我们已经澄清了，这些东西完全是为魔鬼而设置的（因为凡不属于上帝的，或者不蒙他喜悦的，就是属于他的凶恶敌人的），这就是说，这些东西里所包含的，正是我们在信仰宣誓里所弃绝的。我们不得与我们所弃绝的东西有任何联系，无论是在言语上还是在行动上，无论是企望还是期待；可是如果我们不继续为信仰作证了，岂不就是不再弃绝恶习而且在毁弃圣洗誓愿吗？我们岂不是只好求教于教外人吗？那就让教外人来教导我们，基督徒看戏究竟对不对。然而弃绝这种娱乐，是一个人接受了基督教信仰的主要标志。既然一个人取消了信仰的特征标记，那就犯了否认信仰的罪。你对做这种事的人还能抱什么希望呢？如果你到敌人阵营里去了，交出了武器，放弃了自己的准则以及对自己领袖的忠诚誓言，也就是誓与其所弃绝的敌人共存亡了。

二十五

一个人坐在那与上帝无缘的地方，还会想到他的创造者吗？当他狂热地为一个马车夫叫好时，心灵上还能保持安宁吗？当他为一个戏子而激动不已时，还知道什么是端庄吗？此外在戏剧里，最具诱惑力的东西，莫过于男女的放荡性服装。那感情的交融，不同爱好之间相合与相反者，在这种密切文流中碰撞出情欲的火花。当中的人所想的，无非是看戏和被人观看。一个悲剧演员在大声朗诵时，难道会想到什么先知的呼吁？在那娇柔动人的笛声之中，难道他会想起某一篇圣诗？一个格斗士在其格斗的紧张时刻，难道会宣称不应再对打了吗？当他双眼看到熊在咬人而格斗士却被裹在网中时，难道会动恻隐之心吗？但愿上帝不要叫他的子民热中于这种残酷的游戏！从上帝的集会走到魔鬼的集会里去了，正如人们说的，从天上走到猪圈里去了；既向上帝高举双手，又不停地为戏子鼓掌；既对圣善之事颂念“阿们”[i]，又站在格斗士一边为之撑腰；除对上帝和基督以外，对任何人都高声呼喊“直到永远”[ii]，这是何等怪诞的行为！

二十六

自愿接受戏剧诱惑的人，又怎么能不被邪魔附体呢？现有一位妇女的例子——上主作证——她去戏院之后，回来就被邪魔附体了。以后在驱魔过程中，问它何以竟敢侵袭信徒，它公然答道：“我做的完全正确，因为我在我管辖区内发现她。”另一个例子是众所周知的，某妇女去看戏后，当晚就梦见在一块布上写有该演员的名字，并且受到谴责，五天之后该妇女就去世了。关于与戏剧里的

---

i　基督教的祈祷经文，一般多以“阿们”结束。“阿们”意为但愿如此，即但愿所求之事得以实现。——译注

ii　在基督教的经文末尾，一般都颂赞上帝或基督“直到永远”。——译注

魔鬼来往而与主分离的事例还多着呢！因为谁也不能侍奉两个主子。光明与黑暗，生与死有何共同之处？

二十七

如果只是因为在这里上帝的圣名受到亵渎——在这里每天有人对我们大叫，将他们“投进狮圈”，迫害指令从这里传出，诱惑从这里产生；此外没有其他原因，我们对教外人的这种聚会与活动也应深恶痛绝。如果你在那罪恶审判的热潮中被人发现，该怎么办呢？不是这里的人会对你有什么危害，谁也不知道你是基督徒；可是天上会对你怎么样呢？正当魔鬼在此集会中胡闹时，你难道怀疑天使是否正从天上看着每一个人，谁正在口吐或耳听亵渎之词，谁正在为撒旦张目与上帝作对？难道你不应当远离基督敌人汇聚之地，一切瘟疫集中之所，连其上方的空气都被那邪恶的叫声所污染的地方吗？也许在那里也有些令人开心的东西，既令人赏心悦目又正当无邪的东西，甚至还有某些高尚的东西。没有人会用毒药去调和酸醋苦胆，都是在精美的佳肴中加毒药。同样地，魔鬼也是在它所酿造的致命毒酒中，加上上帝最喜爱最满意的东西。因此只能把那里的一切勇敢、正当、动听悦耳和美味之物，视为加在毒糕上的蜜滴；不要去贪图那种享乐，因为在那诱人的享乐中你会遇到危险。

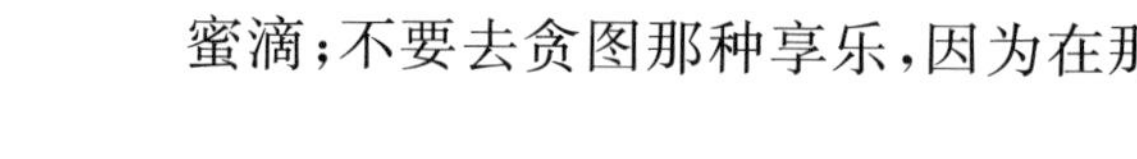

二十八

让魔鬼的客人去欣赏这样的美食吧。那种地点、时间以及邀请人们的主人，都是属于魔鬼的。我们的晚宴和婚礼喜庆的时刻尚未来到。我们不能与他们同席，因为他们也不能与我们坐在一起。问题是现在是他们的时刻；现在他们应当喜，我们应当忧。耶稣说："世界将要欢乐，你们却更忧愁。"[①]因而在教外人欢乐时，我们就哭泣吧，这样在他们忧愁之日，我们就可以欢乐了；否则，我们现在分享他们的欢乐，来日也要分担他们的忧愁。基督徒呀，如果你把现世的快乐与来世的一样追求，未免太娇气了；如果把现世的快乐看作真正的快乐，也未免太天真了。哲学家把安详与宁静称为快乐，他们为此感到心情舒畅，怡然自得，甚至以此为荣。而你们却渴望锦标、舞台、尘土与竞技场！请你们告诉我，一个宁肯快乐死去的人，难道他毫无快乐地活着吗？我们除了使徒的愿望，即离开现世的被接纳于主的家中之外，还有什么其他想法呢？[②] 我们的愿望所在，也就是我们的快乐所在。

二十九

尽管事实上你们是想在欢乐之中度过今生，为何又对上帝所赐的各种稀有福乐忘恩负义，并不满足，不知感恩戴德呢？还有什么比与上帝天父——我们的主和好，得蒙启示真理，明认我们的过错，和以前的种种大罪获得宽赦更令人愉快的呢？还有比轻视享乐，轻视世俗所能给予的一切，真正自由、良心纯洁、生活知足、毫

① 《约翰福音》第 16 章第 20 节。

② 《腓立比书》第 1 章第 23 节。

不怕死更愉快的吗？还有什么比将列邦诸神踏于足下，驱除邪魔，医治疾病，导求启示，向上帝而活更为崇高呢？这才是合乎基督徒身份的、神圣的、永恒的、自由的娱乐和演出。要把世事的变幻、季节的交替、时光的流逝看作你的竞技场演出，要期待末世目标的实现，捍卫教会团体，随上帝的信号而动，随天使的号声而起，手持殉教者的橄榄枝光荣凯旋。如果你欣赏舞台艺术，我们有自己的大量作品——圣诗、警句、圣歌、箴言；这一切并非虚构，而是真实的，并非技巧之作，而是确凿的实际。你要看搏击与格斗吗？好，这也不少，而且不同一般。试看淫乱为贞洁所克服，背信弃义为忠实取代，残忍受到仁爱痛击，无耻在端庄面前黯然失色，这是在我们之间进行的斗争，而我们在此斗争中赢得了花环。你还要看流血的事吗？这里有基督的事迹。

三十

然而万众拥戴、备受尊荣和凯旋的主近在眼前的再次来临，又将是何等场面！天使们将如何欢腾！复活的圣徒们何等荣耀！此后的义人王国是何等情景！耶路撒冷新京又将如何！再看看其他场面：那决定永久命运的最后审判之日，教外人认定决不会来之日，他们所嘲笑之日，而这腐朽的旧世界及其一切产物，却都将于此日在一场大火中化为灰烬。那时展现在人们眼前的，是何等宏伟壮丽的场面！那时是什么在使我惊叹，使我发笑，使我欢乐，使我雀跃呢？而我去看那许多曾被公然宣称，将被迎进天庭的显赫君王，他们却与伟大的朱庇特，以及为其荣耀作证者一道，在那黑暗的底层中呻吟。而曾迫害基督之名的各省大员，在比他们当权之日用以烧基督追随者更猛的烈火中受煎熬。至于那些曾向其弟子宣称上帝绝不关心人世，并断言人根本没有灵魂，或者死人的灵魂再不会回到其所离开的肉体里去的智者哲学家，在曾受其愚弄的弟子面前满面羞惭，与他们一道在烈火中受煎熬。诗人们不是在阴间的判官或冥神的审判座前，而是在他们意料之外的基督台前战战兢兢！这时更要听听悲剧演员，他们在自身悲痛中的声音必更响亮；看那喜剧演员的手脚在熔化一切的大火中必更为柔和；再看那在火轮上烤得通红的马车夫；还有那些格斗士，他们不在竞技场里，而是在烈火中乱窜。除非那时我无心注意这些罪恶的侍役们，否则我真想定睛细看这些曾对上主大施暴虐之辈。我会对他们说："这就是那木匠或雇工的儿子，不守安息日的人，撒马利亚人和附魔者！这就是你们从犹太人手中买到的人！这就是你们用芦秆和拳头敲打，向他吐唾沫，迫使其喝酸醋苦胆的人！这就是被他的门徒偷偷弄走，以便说他复活了的人，或者是园丁将他搬走，以免自己的莴苣被前来的观众践踏坏了！"是哪位会计官或祭司慷慨施恩，使你们能有幸得见这般奇事，并对这等事欢欣鼓舞呢？而现在在一定程度上，我们通过信仰也可以想象到这些事。可是这些眼所未见耳所未闻，甚至人心从未领会到的，又是些什么事呢？我想，无论如何，总要比马戏场、剧场和各种竞技场中的活动更为高尚。

论　花　环[1]

一

最近发生了这样一件事：当至尊诸皇帝的赏金[2]分到军营中时，头戴花环的一些士兵迎上前来。其中之一，更应说是上帝的士兵，比其他以为可以侍奉两个主子的弟兄更加沉着，只有他光着头，将没有戴的花环拿在手中——仅凭这一特点，大家就认出这是位基督徒——显得高贵不凡。于是大家开始指出他，在远处的对他嘲笑，在近处的对他咬牙切齿。他一离开队伍，就被人告到法庭。法庭随即问他为何衣着这样与众不同？他说，他无权和别人那样戴花环。再问其原因时，他答道，我是一个基督徒。好一个以上帝为荣的士兵。该案件经过审理和判决，上诉于上一级法庭后，被告被传唤到地方长官堂上。他随即脱掉厚厚的军大氅，开始释

① Neander 博士断定，本篇作于公元 204 年。那么，此处所说的奖金，应指塞维鲁斯皇帝在位时，为纪念征讨帕提亚人的胜利而颁布的恩赐。

② 塞维鲁斯皇帝曾使他的两个儿子与他共享皇权；卡拉卡拉于公元 198 年，格塔于 208 年。

去重负；他脱下了脚上的军靴，开始站在圣洁的土地上；[①]他交出了宝剑，保卫主也用不着它；他放下了手中的花环；现在他怀着倾流鲜血的心愿，一身红色装束，以福音为衣，佩带更为锐利的上帝圣言之剑，用使徒的甲胄完全武装起来，头戴更为适宜的白色殉教花环，在狱中等待基督的恩赐。随后便开始对他的为人进行不义的审判——是否站在基督徒的立场，我不知道，因为教外人的看法不会两样——认为他任性浮躁，为区区衣着小事轻易舍生，却给有此称号者[②]带来了麻烦；可能他还以为，在这么多士兵弟兄中只有自己勇敢，只有自己才是基督徒。显然，他们既已抛弃了圣灵的预言，[③]也就执意要拒绝殉教了。因而使他们感到不满的是，这么好的长期和平局面受到了他们的威胁。我并不怀疑有些人已经背弃了《圣经》，正在收拾行李，准备从一个城市逃到另一个城市；因为他们从福音中所能想到的只是这些东西。我也知道，他们的牧者平时是雄狮，战时是小鹿。至于别人在对我们逼供时所提出的问题，以后再谈。关于他们所反问的一点——究竟什么地方禁止我们戴花环？——我认为，在此处讨论比较适宜，实际上这正是目前争论的实质。一方面，无知而急于求教者，可以由此获得教益；另一方面，对那些妄图为罪恶辩护的人，也可加以驳斥，尤其是就那

① 作者在此处认为，殉教者足踏之地，即使在其殉教之前就已经是神圣的，殉教者将自己的鞋脱下，既祝圣了这块土地，同时也是对它表示敬意。

② 此处的称号系指基督的称号；基督的追随者自称为基督徒，始自安提阿的信众。

③ 吉彭认为，《论花环》是德尔图良持正确信仰时写的，然而此处提到的孟他努派“新预言”的观念，却证实了评论家们对吉彭的以下判断是正确的，即吉彭认为基督徒应对军队不服从和违反朝廷法令的事负责。

些头戴花环的基督徒自己看来，这只是一个争议问题，似乎这根本不算什么过犯，至少也只是一个争论，因为它可列入有待探讨的问题之中。然而，现在我就要指出，这既不是什么无罪的事，也并非争议问题。

二

我肯定地说，除非是在考验时期，没有哪位信徒头上戴过花环。无论是对慕道者①、证道者②、殉教者，还是对叛教者来说，事实都是如此。试想，我们现在讨论的惯例是何时定下来的。可是当人们提出为何要遵循这一惯例时，显然该惯例这时已经在为人们所遵循。因而违反某种哪怕是由于其良好声誉而得以成立，并因大家普遍接受而被充分认定的惯例的行为，既不能说不算过犯，也不能视为争议未定之事。所以我们要追问这样做的根据，这是毫无疑问的；并不是对该惯例抱有什么成见，也无意去推翻它，而是要建立它，如果你也赞同它的根据，就可以更好地去遵照执行。要是有人已经背弃这一惯例，而且正在寻求其背弃上述惯例以来行为之解释，其目的就是要使该惯例成为争议的对象，这算什么样的程序呢？因为他在这方面似乎是想进行探索，以表白他不守惯例并无过错，可是事先在其伪装遵守时却早已背弃它了。如果说，今天他接受花环没有错，过去他拒绝遵守该惯例时就已经违犯了。

① 慕道者系指正在学习经文教理，但尚未接受基督教洗礼正式入教的信徒。

② 证道者系指曾冒生命危险，公开为其对耶稣基督的信仰作证的男女信徒。

因此，现在的讨论并不是针对那些以不正确态度提问的人，也不是针对提出争议的人，而是对那些真心求教，寻求咨询的人。真正的提问者都是从这种愿望出发的；我要称赞那些在了解遵守某一法规的根据之前，就相信有予以遵守的义务的信仰。张口就问哪里写着不许戴花环，这很容易。然而哪里又写着应当戴花环呢？实际上，双方都急于要找到自己的《圣经》根据，都认为《圣经》在支持自己一方。因为如果以《圣经》没有禁止为由，就说戴花环合法，那么也能以同样的理由说它不合法，因为《圣经》上也没有命令戴花环。法规该怎样定呢？能以两者都没有禁止，就都予以接受吗？或者以两者都没有命令，就都加以拒绝吗？有人说“没有禁止的，就是允许自由的事”，可是我却要说，没有允许自由的事，就是禁止的事。

三

既然已经有了一个事先为我们说明实际情况的古老惯例，那我们又要在这方面一直来回争持到何时呢？如果说《圣经》上并没有这方面的规定，毫无疑问，那一定是通过传统来的习惯得到认定的。因为它如果不是当初传下来的，又怎么会成为惯例呢？你也许会说，即使要为传统辩护，也要找到书面根据。这时我们可以问，是否传统除书面的以外，都不得予以接受。当然我们要说，如果没有任何书面根据，仅凭传统就得到认可，以后又经习惯承认的做法的事实给我们提供先例，这种做法也不会得到认可。现在就从洗礼开始，[①]简要地谈谈这类事。在我们走进水中之前不久，我们先在会众和主礼人面前，郑重宣誓弃绝魔鬼及其虚荣和使者。这时我们被浸入水中三次，宣发的誓愿比主在福音书中所定的更为广泛。在（如初生婴儿）从水中被抱起来之后，[②]先吃一点奶与蜜的混合物，从这天起禁浴一周。在破晓之前的聚会中，我们只是从主礼人手中领圣餐，因为主命令我们要在进餐时领取，而且大家要同样领取。[③] 每逢周年纪念，我们都与生日庆典一样为亡者献

---

① 谈到教会初期的某些传统做法惯例，此处要引用以前也多次用过的 Bunsen 的《希波律特》，同前，卷Ⅲ。近于直译的做法，也许会偏离早期基督教习惯的这一重要描述的原意。

在洗礼过程中，我们在弃绝魔鬼与其使者，及其王国的虚假光荣之后，为了尊崇圣三圣名，我们三次浸入水中。然而这种三浸礼是实际规定礼仪的发展。到目前为止，在某些地方一直容许参与圣餐者亲自用手拿饼的一小部分，但是现在就不许圣职人员以外的人分饼和施洗礼了。根据我们的主的命令和榜样，可在一般用膳时间领圣餐，由男女信众来接受，但一般都是在黎明之前进行的。在亡者的周年纪念日，为我们已故的亲友献祭，我们尊重那一天为他们的真正生日，生于更加美好的生活之中。在一般时期我们跪着祈祷，但在主的日子里，以及复活节至圣灵降临节期间，我们站着祈祷，我们认为星期日禁食也不合法。在主的晚餐中我们也留心，不让分给我们的饼和酒，由于我们的大意，有一点一滴落到地上。我们在所有生活环节中，都在额头上划十字，我们毫不含糊地以此为荣，因为在教外人看来这是我们的耻辱，而在他们面前这却是我们的宣信行动。

他承认，这些习惯并没有什么《圣经》根据，而是对基督命令的一种扩充。但我们要注意，在十字圣号中也没有什么迷信习惯。通过这种行动，“为耶稣之名忍受耻辱”，坚强了自己，决不背叛主。请注意，这一切取代了无数异教习惯，也是对它们的抗议。其含义是——“上帝不许我夸耀，除非因着基督。”关于这种做法，我不是在表达个人的意见，而是按早期基督徒的心意进行解释。德尔图良沾染了孟他努主义，但并未脱离公教的共融，他还在为信众的共同事业辩护。Bunsen，*Church and House Book*（《教堂和家庭的书》），第 19—24 页。

② 此处提到的是天主教承认合法子嗣的形式。父亲将新生婴儿抱起来，接受他为其家庭成员，承认他为自己的合法儿子和继承人。

③ 所有信众，无论男女和贫富，都要同样地领受圣餐。

祭。我们认为在主的日子里，斋戒或者在礼拜时跪拜都不合法。从复活节到圣灵节，我们都举行同样的特殊庆典。如果有酒或饼落到地上，即使是我们自己的东西，我们也会感到可惜。我们在一举一动，进进出出、穿衣穿鞋、入浴、入席、点灯、入座，以及日常生活的一切行动中，都要在额头上划十字圣号。

四

如果你对于上述以及类似的守则，一定要找到《圣经》上的具体规定，那是什么也找不到的。对你来说，传统是这些守则的创始者，习惯是它们的维护者，信仰是它们的遵守者。理智会赞同传统、习惯与信仰的，这一点你可以自己看到，或者从有信仰的人身上了解到。同时你会相信，之所以要人服从它，是有一定道理的。我还要再提供一个事例，因为最好是向你说明古代的习惯。在犹太人中，妇女头上一般都蒙着面纱，以便人们加以辨别。现在要考查这一事例的律法依据。我们先把使徒放在一边。如果说，利百加(Rebecca)远远看到自己的未婚夫，就将面纱放了下来，这种纯个人性的庄重行为，不可能就此成为律法，或者只是对那些与她持同样看法的人才能成为律法。只有处女才应蒙上面纱，而且是在她们待嫁闺中之时，而不是在她认识其已定的丈夫之后。如果说，苏撒拿(Susanna)在受审时被迫揭开面纱，[①]从而提供了妇女戴面

① 见天主教《圣经》通行本 *Dan.*《达尼尔》第 13 章第 32 节："这两个坏人命她除去面纱——因为她原是戴着面纱的——好让他们饱餐她的美色。"参见次经《苏撒拿传》32 节。

纱的证据，我也可以说戴面纱是一种个人自愿的事。她在被人控告后，对她给自己招来的不幸感到羞愧，于是适当掩盖自己的美貌，因为现在她怕人看她。然而我并不认为，在她想叫人喜欢时，会在与丈夫相遇的路上揭去面纱。现在假定她一直是蒙着面纱的。在这种具体情况下，或者其他实际情况下，我也要查找一下衣着法规。要是到处都找不到，就说明是传统使这种做法成为习惯，以后由于使徒的规定和理智的正确解释，才得到大家认可的。因此，这一事例充分说明，遵守习惯所认可的不成文传统，也可以找到根据；经长期一贯遵循[①]所认定的传统，就是合格的证人。即使在民事问题上，如果没有具体条例规定，习惯也可算是法律；究竟是以文件还是以情理为依据，结果是一回事，因为实际上情理就是法律的基础。可是你说，既然情理是法律的基础，那么凡是以情理为基础提出来的东西，就都会被视为法律了。尽管主说，“你们又为何不自己审量什么是合理的呢？”[②]而且只有取悦上帝、助人遵守规诫和使人得救的才是合理的事，你是否就以为每位信徒都有资格创始和制定法律呢？不仅对某一案件的审理，而且对所有要求我们考虑加以决定的事，使徒也说过，“若在什么事上有所不知，

① 关于这种传统，一是要有使徒的基础，二是并非什么新鲜事物，而且是长期传下来的，一直没有相反的情况。此处所说的传统，涉及的是一些无关重要的事。据作者说，这些习惯的长期持续是其存在的主要理由，可见他认为，上述习惯从亚使徒时代就已经普遍了。在此处没有为这种扩充和传统进行辩护，它们像洪水一样改变了当初传与圣徒们的信仰原则。即使在他为某些可能出现的新鲜事物的孟他努启示进行的短短辩护中，他也是假定理智应服从《圣经》和使徒律法。总之，他的“惯例”原则在无关重要的事上也应予尊重：如果是创新，就不属公教之列了。

② 《路加福音》第 12 章第 57 节。

上帝也必对此指示你们”。[①] 尽管他没有接到主的命令，也不自诩[②]他拥有指导别人求得所有真理的上帝的圣灵，他却经常给人们提出劝告。因此，他的劝告在上天情理的保证下，丝毫不亚于上帝的命令。现在你要诚心向这位导师求教[③]，不管这传统当初从何而来；也不要管创始者是谁，只问它的权威，尤其是习惯本身的权威，而这种权威可能不缺乏解释者，因而更加值得重视；所以如果情理也是上帝的恩赐，你就应当知道，问题不在于要不要遵从习惯，而是为什么要遵从。

五

如果万物的首要准则——自然——也支持基督教做法的论据，我们的论据就更加有力。因为自然是首先规定花环不能成为头的。不过我想，我们的头是造人的上主[④]，自然的上帝；上帝为了使人能寻求、(欣赏、分享)其所造诸物给予的快乐，他赋予人以特定的感觉，以各个感觉的器官作为发挥作用的工具。他在耳上安了听觉；视觉使眼光明亮；味觉设于口中；嗅觉通到鼻子；触觉则在指头上。人身的这些器官为人的内心服务，上天恩赐的快乐经

① 《腓立比书》第 3 章第 15 节。

② 例如使徒保罗在《哥林多前书》第 7 章中谈到守贞问题时，他表示自己虽然没有主的命令，当然也不自诩能指引别人找到一切真理，但他对寡妇守节问题却说，“然而按我的意见，若常守节更有福气。我也想自己是被上帝的圣灵感动了。”(林前 7:40)

③ 此处的导师系指圣灵指导下的正常情理。

④ 参见《哥林多前书》第 11 章第 3 节：“我愿意你们知道，基督是各人的头……上帝是基督的头。”

感觉传到灵魂。是花的什么东西在给你快乐？因为田野间的花儿是花环上的特定材料，至少是它的主要材料。就说它的香味或颜色，或者二者一起吧。颜色和香味的感觉是什么？我看是视觉和嗅觉。什么器官上有这种感觉？当然是在眼睛和鼻子上。通过视觉和嗅觉我们欣赏花儿，因为这些正是欣赏它们的感官；我们以这些感觉所属的器官，眼睛和鼻子来欣赏它们。这种东西来自上帝，而欣赏方式来自世俗；然而某一种特殊方式，并不能排除这种东西的通常使用方式。那么，花儿无论是用线索或草绳捆在一起的，还是自然散开的，都是供人观赏和品嗅的。比如说，你将一束花捆在一起，以便同时将许多花戴着，把它视为花环，要对这些花同时进行欣赏。那么，如果这些花特别纯洁，就将它放在你的怀里，如果它无比轻柔，就把它撒在你的床上，如果它完全无害，就把它放进你的杯中。只要它能引起感官的兴趣，尽可以种种方式去享受。然而对一个成束放在头上的花环来说，头既不能分辨颜色，不能闻到香味，也无法欣赏它的轻柔，这样的花又有什么味道呢？用头去追求花，与用耳朵求食和用鼻子听音同样违反自然。可是任何违反自然的事物，大家都斥之为怪异；而我们却要斥之为亵渎上帝、上主和自然创造者的事。

六

如果你要找一条上帝的律法，这里有普世通行的刻在自然诫板上的律法，使徒保罗也经常提到它，例如谈到妇女的面纱时，他说："本性不是也指示你们？"[①]在其《致罗马人书》中，当他强调教外人根据本性也在执行律法所要求的事时，[②]既是指自然律，也是指揭示自然的律法。正是在该书信的第一章中，在谈到教外人由于男人与女人之间，将受造物符合本性的用途变为悖逆本性的用途，[③]他们的错误受到惩罚性的报应时，就是在为自然作证。实际上，我们首先是通过自然的教导得以认识上帝，称之为众神之神，承认他善良，要求他作审判官的。难道对于享用受造之物，是否应以自然为指导，以免原供人类作一定用途的整个受造物，与人一起滑到为上帝的对头所窜改的方向上，于是使徒才说，人类也被迫屈服于完全丧失其当初特性的虚妄之事，开始追求虚妄用途，然后堕落为下流、不义和邪恶的用途，这难道还算什么问题吗？因此在观赏戏剧时，受造之物由于某些人就其本性确实深知构成戏剧的材料属于上帝，但却未能看到它们被魔鬼窜改了，因而它们受到屈辱。不过关于这个问题，我们为了我们的戏剧爱好者已进行了充分讨论，在一本希腊著作中也是如此。

七

但愿这些花环的讨论者，根据人类的共识，以及如上一章所述，根据作为自然之上帝的崇拜者之独特的宗教的证明，能从中认

---

① 见《哥林多前书》第 11 章第 14 节。

② 见《罗马书》第 2 章第 14 节。

③ 见《罗马书》第 1 章第 26 节。

识到自然的权威；并能从而超越要求之外，进而考虑禁止戴花环的其他理由，尤其是在头上，而且包括各种花环在内。因为我们不得不暂离我们与全人类共属的自然法则，从而在对其他作各种用途，由各种物质组成的花环的问题上，保持我们基督教纪律的全部独特性，以免它们由于并非由其用途已由自然规定的花儿所做成（如此处所说的军人月桂环），人们就可能认为它们不在我教禁止之列，因为它们没有违反自然的情况。于是我认为应当从它们的起源到以后的各个形成阶段及其错误发展，作进一步的更为全面的研究。为此，我们有必要参考异教文献，因为对有关异教徒的问题，就要从他们自己的文献中去求证。我认为，所找到的这点材料已足够了。如果像赫西奥德（Hesiod）[i]所说的那样，真有一个潘多拉（Pandora）[ii]，第一个女人，第一个被美惠三女神在头上加以花环者，由于她得到了诸神的恩赐，于是获得潘多拉之名。然而摩西，一位先知（并非诗人牧者）却告诉我们，第一个女人夏娃不是在额头上戴花，而是更自然地把树叶系在腰间。因此潘多拉是一个神话。所以对花环的起源问题，即使就其牵连到捏造来说，也使人们感到惭愧；这一点根据它的现实情况，不久也可以看得出来。因为肯定有人带头做了这种事，或者有人为这种事增添了光彩，这是毫无疑问的事实。据菲莱塞德斯（Pherecydes）[iii]说，农神是第一个戴花环的；据狄奥多鲁斯说，朱庇特在征服巨人族神（Titans）之后，

---

i　赫西奥德，公元前 8 世纪希腊比奥提亚的农民诗人。——译注

ii　潘多拉，火山神奉宙斯之命所造的第一个女人，她曾受到众神的献礼，头戴花环。——译注

iii　菲莱塞德斯，希腊哲学家，毕达哥拉斯的老师。——译注

受到其他诸神赠予花环的荣耀。狄奥多鲁斯还说，饰带起源于生育之神(Priapus)；黄金与印度宝石的金属花环，乃是火山神的赏赐，以后成为酒神的赏赐，最后成了一个星座，起源于阿里亚德莱(Ariadne)[i]。卡利马库斯(Callimachus)[ii]说，朱诺头上有一葡萄枝条花环。因此在阿尔戈斯城的朱诺神像头上戴有葡萄枝条花环，在她脚下铺着一张狮皮，体现了继母对其两个继子的猎获物的欣赏心情。大力神的头上，有时是白杨树条环，有时是野橄榄树条环，有时是欧芹环。还有三头怪兽(Cerberus)的悲剧，请参阅品达的诗歌；此外卡利马库斯也说，当阿波罗杀死特尔斐蛇怪(Delphic serpent)——一个哀求者——之后，就在头上戴上一个月桂花环；因为古代的哀求者一般都戴花环。哈玻克拉奇翁(Harpocration)强调说，酒神与埃及人的奥西里斯(Osiris)阴间的主宰一样，深有用意地在头上戴上象牙花环，因为象牙的特性是能防醉酒。不过从另一方面看，酒神也是月桂花环的创始者，因为他曾戴着这种花环庆祝他对印度人的胜利，这些暴民对此也予以承认，他们将他的庆日称为“伟大花环日”。如果你们再翻开埃及人利奥(Leo)的著作，就会知道，伊西斯是第一个将谷穗环——这最适合平民的东西戴在头上的。要是有人想作进一步的了解，可以在萨图尔尼努斯(Claudius Saturninus)的著作中找到有关的详尽说明，萨氏是论述此事的一位天才作家，他写过一本论花环的书，

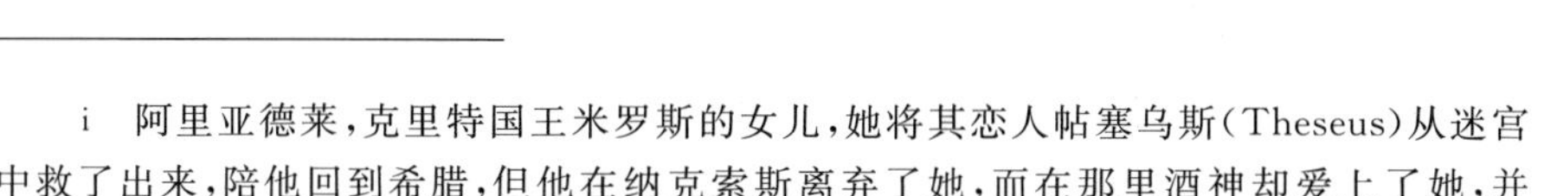

i 阿里亚德莱，克里特国王米罗斯的女儿，她将其恋人帖塞乌斯(Theseus)从迷宫中救了出来，陪他回到希腊，但他在纳克索斯离弃了她，而在那里酒神却爱上了她，并给她戴上了花环，这花环就是一个星座。——译注

ii 卡利马库斯，公元前250年的著名希腊诗人和文学家。——译注

叙述了它们的起源、原因、种类和有关仪式，以便人们发现献给某个头颅的花卉中一切诱人的东西，缘叶青枝以及每块草皮或葡萄树枝中所有美好的东西；从而使我们非常清楚地看出，我们是多么不善于根据头戴花环习俗的实际兴起，及其以后一直用于崇敬世俗视之为神者的作法进行判断。既然从来说谎的魔鬼对此事也在为其骗人的偶像崇拜体系做手脚，它当然要设法使其邪神谎言得逞。一种由异民为了崇敬魔鬼的后继者而兴起，从一开始就是专为这种人而设的，甚至那时就公认为专用于崇拜偶像而且是活着的偶像的这种事，在崇拜真神的人民之中又算什么事呢？并不是说偶像算什么东西，而是因为别人献给偶像的这些东西是属于魔鬼的。既然别人献给他们的这些东西属于魔鬼，更何况那些偶像在生时献给自己的东西呢！当然那些魔鬼自己，当它们处于渴望状态下时，通过被它们附体者之手，已经事先为它们自己做了安排。

八

当我考察所遇到的某个问题时，请你坚持这种看法。因为我已经听人说，有许多其它东西包括花环，都是世人视之为神者所发明的，而这些东西在我们现今和当初神圣的应用中，在侍奉上帝和基督的过程中都会遇到，基督自己在处理其人间事务时，也用这些人世生活的日常用具。那么，就算是这样吧；我也不想再追查这种东西的起源了。假设信使之神墨丘利是首先教人认字的人；我承认文字对于办事和生活来往，以及我们对上帝崇拜都是必要的。不仅如此，与此同时，如果说，墨丘利是第一个在琴弦上弹出旋律的人，当听大卫说，圣者也用这一发明来侍奉上帝时，我也不会否认这个说法。假设医神是第一个想到并发明医术的人；以赛亚也曾给患病的希西家开过药方。[①] 保罗也知道喝点酒对胃有好处。[②] 就说智慧女神是第一个造船者吧；我也知道约拿和使徒们曾在海上航行。此外还有很多事迹：因为我们会看到，基督也有他常用的服装；保罗也有他的外衣。[③] 如果对每一件家具和每个日用器皿，都要找一位此世的神作它的创始人，那么，我就要认基督为它们的创始者，因为他曾躺在某个床上，他曾端起水盆为他的门徒洗脚，而且从一个提壶中向盆里倒水，同时腰间系着一条毛巾[④]——阴间的主宰奥西里斯最珍视的衣物。我就是这样一般地回答这个问题，承认我们与其他人一起都在使用这些东西，但有争议的是，这些东西要在区别符合与违背理智之事的基础上进行判断，因为将它们混淆起来使用，便把屈服于虚妄势力之下的受造物经受的败坏掩盖起来了，[⑤]因而带有欺骗的性质。因为我们坚持认为，只有那些适应人们的生活需要，确实具备其有用之处，并予人以实际帮助和正当慰藉的东西，才能使人确实相信它们来自上帝的亲自昭示，我想当然是上帝首先造成它们，而且教给他自己的人们去使用和享受的，只有这些才是适合于我们和我们的先辈使用的，并且适用于侍奉上帝和基督本身的东西。至于那在这一类事物之外的东

① 见《以赛亚书》第 38 章第 21 节。

② 见《提摩太前书》第 5 章第 23 节。

③ 见《提摩太后书》第 4 章第 13 节。

④ 见《约翰福音》第 13 章第 1 至 5 节。

⑤ 见《罗马书》第 8 章第 21 节。

西，就不应当在我们中间使用，尤其是由于同一原因，也确实不应出现在人间或基督面前。

九

总而言之，你们曾见哪位族长、先知、利未人、祭司或长官，或者以后的使徒、福音宣讲人或主教戴过花环呢？我想，即便是上帝的圣殿，也没有戴过花环；而约柜也好，作凭证的会幕、祭坛、灯台也好，都没有戴过花环；尽管这一切在其初次落成的隆重典礼及其以后的欢庆恢复时，如果说上帝配得戴花环，它们就都应在这些场合中戴上花环了。然而如果说这一切都是我们的象征（因为我们是上帝的圣殿，而祭坛、灯台和圣器是我们的象征），那么它们以象征形式也在向我们提出，上帝的子民不能戴花环。实物总是要与其象征对应的。也许你会反驳说，基督自己也戴过花环，[①]对此可简要地答复如下：你尽可与他一样戴花环，这是完全允许的。不过这种侮辱性的渎神花环也并非犹太民众决定的结果。这是罗马士兵根据世俗做法所搞的发明——上帝的子民在举行公众欢庆和满足其天生奢侈欲望时，从来没有允许这种做法：因而他们从巴比伦流放地回来时，是敲着手鼓，吹着笛子，唱着圣诗，这比戴花环更为恰当；吃了喝了之后，也不戴花环，就起来游戏。就是有关群众欢乐和宴饮场面的描写中，也没有隐约涉及花环是非的地方。以赛

① 见《马太福音》第 27 章第 29 节。

亚也是如此，他说，“他们击鼓、唱诗、吹笛、饮酒”①，要是戴花环的这种做法在上帝的事务中占有一席之地的话，他也许会加上“戴着花环”的字眼。

十

这样说来，当你提出外邦神的服饰并不亚于上帝的服饰，目的在于强调这些日用衣物之中的花环时，你就已经肯定了，凡不得用于侍奉上帝之物，也不得在我们之中视作可与外人分享之物。那么，还有什么比那与偶像相称之物更与上帝不相称呢？可是又有什么像那也与亡者相称的东西那样与偶像相称呢？因为亡者也正是由于他们的服饰，以及神化的崇拜，一下子成为偶像，从而享有戴花环特权的，我们认为这种神化就是另一种偶像崇拜。既然他们没有知觉，那么，将这种东西用于没有知觉者身上，就与完全有知觉而自愿加以妄用一样。使用如果没有实际对象，就没有善用与妄用之分了。如果你想用以达到自己目的的某个事物，其性质与你所要利用的不同，你又怎能加以妄用呢？此外，使徒也禁止我们加以妄用，除非是对于没有知觉的东西，也无所谓妄用问题，这时他一定会教我们不要去用。可是对于偶像来说，整个问题都没有意义，而且实际上是一个死板工作；尽管对于宗教礼仪的对象魔鬼来说是有生气的工作。大卫说，“外邦人的偶像是金是银。”“有

① 见《以赛亚书》第5章第12节。

眼却不能看，有鼻却不能闻，有手却不能摸。”[①]实际上，我们是用这些器官来欣赏花的；可是如果他宣称，制作偶像者也与偶像一样，那么那些按照偶像衣装的方式使用某物者，也就与偶像一样了。“对于洁净的人，什么都洁净；同样地，对于污秽的人，什么都污秽”[②]；然而，没有什么比偶像更污秽的了。事物就其自然状态而言，可任意作各种各样的用途；但其在使用时所作的用途却会带来区别。苏格拉底曾经为医神杀过一只公鸡，我也为我自己杀过一只公鸡；如果某处的气味不佳，我会为我自己点上阿拉伯香，但不会采用崇拜偶像所用的仪式、服装及其盛况。[③] 既然受造之物能因一句话而被玷污，就像使徒所教导的，“然而若有人对你们说，这是祭过偶像之物，你们就不应去碰它”[④]，更何况是经过祭邪神的服装、礼仪及其盛况所玷污了的东西呢。所以，花环也是为祭奉偶像而制造的东西；因为它经过这种仪式、服装和盛况，是献祭给此特殊用途的创始者的，而且正是由于这一原因，凡不属上帝事物之列者，我们也不得像别人那样去使用。因此使徒高声提醒我们说，“你们要躲避偶像崇拜”[⑤]：当然他指的是整个偶像崇拜。试想这是一种什么样的灌木丛，其中又暗藏着多少荆刺。不要给偶像献上什么，这样它也不会从你这里取走什么。如果说躺在偶像庙里与信仰不符，穿起偶像服装又是什么问题呢？基督和彼列有什

① 见《诗篇》第 115 篇第 4 至 8 节。

② 见《提多书》第 1 章第 15 节。

③ 他似乎除丧葬和熏香之外，不知还有什么其他用法。

④ 《哥林多前书》第 10 章第 28 节。

⑤ 《哥林多前书》第 10 章第 14 节。

么共同之处呢？所以你们要躲避它，因为使徒命令我们避开偶像崇拜——不要接近任何形式的偶像崇拜。世上的蛇也能在一定距离内用气息吞吃人。进一步讲，约翰说，“小子们，你们要远避偶像”[①]——这不仅是指偶像崇拜，即对偶像的崇拜，而且是指偶像本身——就是说要避免与偶像相似；因为你既身为永活上帝的肖像，却变得与偶像和死人一样，这与你的身份很不相称。在此范围之内我们认为，这种衣着方式，从它的起源历史和为邪教所用来看，是属于偶像的东西；此外由于在敬拜上帝时从未提到过它，因而它从古以来就是逐渐专用于当时的庆典和崇拜的。总之，就连那时大门、祭牲、祭坛上以及仆役和祭司的头上，都有花环。在萨图尔尼努斯的书中记载着各种祭司班的花环。我们还谈到了两种完全不同事物，符合理智与违背理智事物的区别，来回答那些由于还有某种共同用途的事物，而强调有权分享一切事物的人们。所以针对问题的这一部分，现在就要考查戴花环的特殊理由，以便指出这些东西不仅与我们无关，而且与基督教教规相抵触，从而证明它们都没有任何站得住脚的借口，来为我们也能与别人一样使用这种东西作为辩护的依据，而这些人却正在对我们进行控诉。

十一

在谈论军人花环的现实依据之前，我想先问问究竟战争是否适合于基督徒。如果所依据的东西就应受谴责，讨论次要的细节

① 《约翰一书》第5章第21节。

又有什么意义呢？在对上帝的誓约之外，再加一个对人的誓约，[①]使某人许诺在基督之外忠于另一主子，并宣誓抛开律法命令我们在上帝以下首先应当敬爱的父母和所有亲人，就连福音虽然不像对基督那样重视他们，也同样对其予以敬重，而这种人的态度难道你还认为合法吗？既然主已宣告，用刀剑者必死于刀下，[②]你还认为刀剑职业合法吗？如果上诉于法庭都不相宜，和平之子还能参加战斗吗？如果你对得罪你的人都不能报复，[③]还能以锁链、监禁、拷打和刑罚来对待他吗？难道应为基督以外的人站岗吗？如果你为基督都没站过岗，难道应在礼拜天为别人站岗吗？应当在你所抛弃的神庙前进行守卫吗？可以吃使徒所禁止的祭肉吗？[④]白天你将魔鬼用驱魔经赶走，难道晚上就倚身在曾刺透基督肋旁的长矛上，为它辛勤进行守护吗？难道还要举起与基督为敌的旗帜[⑤]吗？你既已得到基督发出的口令，难道还要得到皇帝的口令吗？一个等待被天使的号声唤醒的人，是否死后会被号兵的号声唤醒呢？一个已被基督判处地狱火刑的魔鬼偶像，本不许对其焚香崇拜，一个基督徒难道可以按照战场仪式焚化吗？此外在履行军中职务时，还有多少我们应当视为违犯上帝律法的事，稍加调查

① 此处对上帝的誓约，系指洗礼中弃绝魔鬼、肉身与世俗的宣誓，对人的誓约指军人效忠皇帝的宣誓。关于一个人不能侍奉两个主人，请参见《马太福音》第 6 章第 24 节；《路加福音》第 16 章第 13 节。

② 见《马太福音》第 26 章第 52 节。

③ 见《路加福音》第 6 章第 27 节。

④ 使徒保罗不许基督徒吃祭偶像之物，见《哥林多前书》第 8 章第 10 节。

⑤ 罗马军旗上原来画有将军的头像，以后君士坦丁一世开始画上十字架和基督的名号。

就会知道。从光明阵营投身到黑暗阵营里去，这本身就是一种违法行为。如果事先即已从军，以后才有信仰，如为施洗约翰接受参加洗礼的士兵，以及为基督所称道的最虔诚的百夫长和彼得所教导的百夫长，[①]情况就不同了；可是当一个人成为信徒，并为信仰宣誓之后，就要立即抛弃许多的习惯行为；否则就会有种种托词来为得罪上帝作辩护，而这即使在军界以外也是不允许的；最后，为了上帝，一个公民的信仰也要同样接受这种命运。从军并不能逃脱犯罪受罚，或者不用殉教。基督徒在哪里也不改变他的性质。只有一个福音，一个耶稣，有一天他会否认所有否认他的人，承认所有承认上帝的人，[②]而上帝也会挽救所有为他丧失生命的人；不过另一方面，也会摧毁所有为顾个人利益而侮辱他的人。对上帝来说，忠诚的公民是一位士兵，正如忠诚的士兵也是公民一样。忠诚态度绝不容许以不得已为借口；信徒在任何情况下都不得犯罪，而唯一的不得已就是不得犯罪。因为即使你是为折磨和刑罚所迫，才去奉献牺牲并公然背弃基督的，可是教规在此情况下也不予通融；因为还有一个更高的必然性力量要我们畏惧背叛，挺身殉教，而不是逃避受苦，按照要求献祭。实际上，这种托词把有意犯罪的障碍也去掉了，颠倒了我教圣事[③]的全部实质；我们也可以认为倾向是一种必然性力量，因为其中也带有一种强制性。事实上，我倒倾向于这种必然性力量的说法，因为该说法经常用以为与公

① 关于施洗约翰为士兵授洗，见《路加福音》第 3 章第 14 节。关于百夫长，分别见《马太福音》第 8 章第 5 节和《使徒行传》第 10 章第 22 节。

② 见《路加福音》第 9 章第 26 节。

③ 指洗礼圣事。

职相连的花环辩护，并予以支持，正是由于这一点，就应当放弃公职，以免陷入罪恶，或者坚持殉教，从而脱离公职。谈到这个问题的主要方面，对于军人生活的不合法性，我不想多说，这样也好讨论次要的问题。实际上，如果对这个问题尽我的力量，将军人生活从我们中间清除掉，现在也无意对军人花环发动一种挑战。那么，关于花环的辩解问题，就先假定军人生活是合法的吧。

十二

不过，我要先对花环本身说几句话。这种月桂枝的东西，原是献给阿波罗或酒神的：前者是作为弓箭之神，后者是作为胜利之神。萨图尔尼努斯谈到士兵一般头戴桃金娘(myrtle)花环时，也是这样说的。因为桃金娘花环是献给维纳斯的，维纳斯为埃涅阿斯之母，[i]她也是战神的夫人，她通过伊里亚(Ilia)与罗慕洛的关系成了罗马人。[ii]可是我不相信维纳斯是和战神一样的罗马人，因为情妇给她带来了麻烦。① 当军人又重新戴上橄榄枝环之后，偶像崇拜者就拜起智慧女神来了，她也是武器的女神，但头上却戴着橄榄枝环，因为她和海神带来了和平。从这些方面来看，军人花环的迷信已经处处被玷污了，并且会玷污一切。而且在这一基础上，我认为它还在继续受到玷污。看哪！每年的公开宣誓是何等情景呢？它首先是在统帅帐所在的军营中举行，其次是在神庙中举行

---

i 根据罗马神话，爱神维纳斯与牧羊人安基塞斯(Anchises)相爱，生下了埃涅阿斯。——译注

ii 战神与伊里亚相爱，生下了罗马人的祖先，罗慕洛兄弟。——译注

① 即伊里亚。

的。除地点之外，再看看所说的话："啊，朱庇特，我们宣誓，你将会得到一头带有黄金角的牛。"这句话是什么意思？当然是否认基督。尽管基督徒在这里口中没说什么，通过头戴花环却作出了回答。在分施赏赐时，按规定要戴月桂花环。所以你看，拜偶像不会没有报酬的，现在为了一点钱出卖基督，就像犹大为了一点银子出卖基督一样。难道"你们不能侍奉上帝又侍奉玛门"[①]，就是为玛门效力而离开上帝吗？难道"该撒的归该撒，上帝的归上帝"[②]，就是不仅不将人间事物归给上帝，而且还要从该撒那里得到钱吗？胜利的月桂枝是树叶做的，还是死尸做的？它是用丝带装点着的，还是用坟墓装点着的？在它上面洒的是油膏，还是妻子和母亲的眼泪？或许还是某些基督徒的眼泪；因为基督也临在于野蛮人中。一个为此而戴上月桂枝环的人，岂不是在与自己作战吗？皇家卫队是另一种类型的军务。战场上的花环，称为军营花环；同样，警卫花环则由皇家勤务得名。不过这时你仍旧是个士兵和别人的仆役；如果说是两个主子，上帝和皇帝的仆役，当你投身于上帝后，就绝不是皇帝的仆役了，因为我想，即使在对双方都有关的事上，也有了更高的要求。

十三

由于地位关系，公民的各个等级也分别戴着不同的月桂花环；

① 见《马太福音》第 6 章第 24 节。

② 见《马太福音》第 22 章第 21 节。

但是雅典和罗马的官员则特别戴上金花环。对埃特鲁斯坎(Etruscan)花环尤其喜爱。这种称呼用以指饰有宝石和金橡树叶的花环,他们戴上它,披上绣有橄榄树枝的外氅,赶着载有神像的马车,奔赴竞技场。还有省一级的金花环,要有比人更大的神像头才戴得上。然而你们的等级、官职,以及你们的集会场所,教堂,却是属于基督的。你们属于基督,因为你们的名字已经登上生命册了。[①] 在那里主的血就是你们的紫袍,你们宽宽的等级条纹就是他的十字架;斧子已经放在树干上了,[②]从耶西的树干上将发出枝条。[③] 对代表等级戴着花环的马,你们不要在意。据《圣经》记载,你们的主胜利进入耶京时,乘坐的还不是他自己的驴。有的人把希望寄托在车辆上,有的人把希望寄托在马匹上,而我们却求助于上主我们上帝的名[④]。约翰的《启示录》[⑤]叫我们从巴比伦的住处出来,更不用说要离开她的繁华了。平民百姓有时为了欢庆皇帝的胜利,有时为了城市节日的习惯,也戴上花环。因为奢华总是尽量利用每个大众欢乐的机会。至于你在现世却是一个异乡人,是耶路撒冷天上城市的市民。使徒说,我们却是天上的国民。[⑥] 你们有自己的名册,有自己的历书,与世俗的节日毫无关系;而且你们有着相反的召唤,因为"世人倒要喜乐,你们却要忧愁。"[⑦]我认

① 见《腓立比书》第 4 章第 3 节。
② 见《马太福音》第 3 章第 10 节。
③ 见《以赛亚书》第 11 章第 1 节。
④ 见《诗篇》第 20 篇第 7 节。
⑤ 见《启示录》第 18 章第 4 节。此处的巴比伦指罗马。
⑥ 见《腓立比书》第 3 章第 20 节。
⑦ 见《约翰福音》第 16 章第 20 节。

为主说过，忧愁的人是有福的，而不是那些戴花环的人。结婚也要给新郎戴花环；所以我们不要娶教外的新娘，以免她们引诱我们去拜偶像，因为结婚是在偶像崇拜中进行的。你们有从圣祖传下来的律法；使徒也命令要嫁给在主内的。[①] 你们在成为自由人时也戴花环；然而你们已经由基督赎回来了，而且是用高价赎回来的。世俗怎么能释放别人的奴仆呢？虽然似乎有自由，但还是受束缚的。世俗中的东西都是名义上的，没有什么是真实的。因为你们既已由基督赎回，就不在任何人的束缚之下；可是现在别人虽然给了你自由，你依然是基督的奴仆。如果你把世俗的自由当成真的，甚至用花环加以保证，把被人奴役的地位想象为自由，还是要再回到被人奴役的地位；你把基督的自由当作奴役，就丧失了基督的自由。关于竞技斗争本身所提出的对于戴花环的理由，如献给鬼神和敬拜亡者等，既已立即受到他们自己理智的谴责，那还有什么可争议之处呢？剩下的只有一个理由，就是奥林匹亚的朱庇特、涅墨亚的大力神、邪恶的小阿尔契摩鲁斯(Archemorus)以及不幸的安提鲁斯(Antinous)等，要在一个基督徒身上戴花环，使他自己成为无聊的观赏对象。我想，戴花环的所有各种理由都列举了，没有哪一个与我们有关系：都是与我们不相干的、邪恶的、非法的，在圣洗圣事的庄严宣誓中已经一次永久弃绝了的。因为它们代表魔鬼及其使者的虚荣，以及世俗的官职、荣誉、节日、大众游猎、虚伪的誓言、人间的奴颜婢膝、空洞的奉承、卑鄙的荣耀，其中都含有偶像崇拜，即使就他们大家都戴的花环起源来说，也是如此。萨图尔尼努

① 见《哥林多前书》第7章第39节。

斯在荷马史诗的序言中告诉我们，在诗中天被戴上星座花环，当然是由上帝为了人才给戴上的；所以人也要由上帝给戴上花环。然而世俗给妓院、浴池、面包房、监狱、学校以及圆形剧场，包括扒掉已死格斗士衣服的房间，甚至死人的棺材，都戴上花环。不过这种装饰品究竟如何神圣，如何可敬和纯洁，并不单纯决定于诗歌之天，而要由世界的总指挥来说。可是一个基督徒如果知道，魔鬼将多少邪神与门户连在一起了，他就不会用月桂花环使它受辱；闸门神由闸门得名；门限神由门限得名，活页神（Forcus）与铰链神（Carna）由活页与铰链得名；在希腊人中，也有阿波罗门神和恶鬼（Antelii）[i]。

十四

基督徒更不能把偶像崇拜的东西放到头上——而且我要说，这是放到基督身上，因为基督是每个基督徒的头——因为他的头与基督的一样是自由的，不用戴什么东西，更不用说是束缚了。然而就是妇女应戴面纱的头，既已有了此物，也不宜再加束缚。她有自己的屈辱需要负担。既然她在天使面前不得抛头露面，[①]如果戴上花环更会得罪长老，这时他们或许正头戴荣冠哩。[②] 妇女头上戴着花环，岂不成了引诱人的美貌，极端放荡的标志，不顾廉耻，

i　恶鬼为罗马人贴在门上的群鬼像。——译注

①　关于妇女在集会时应戴面纱，见《哥林多前书》第 11 章第 10 节。

②　见《启示录》第 4 章第 4 节。

蓄意燃起他人欲火吗？因此一位妇女，接受了使徒们有先见之明的劝告，[①]就不会着意地打扮自己，不会精心修理头发，戴上花环。但是我要问问，作为男人的首领和女人的光荣的耶稣基督，教会之父，为了男女人们的利益所接受的，又是什么冠冕呢？我认为是荆棘之冠——这是肉身的土壤给我们带来的罪恶象征，但是通过我们主头的忍受将死亡的每一刺痛减轻，它被十字架的威力消除了。[②] 当然，除这罪恶象征之外，还有肆意谩骂、侮辱、诽谤，以及包括在那将主的两鬓扎得一塌糊涂的无情东西之中的残暴，于是现在你才能戴上月桂、桃金娘、橄榄，和其他名贵枝条环，以及常见的带有采自迈达斯(Midas)国王[i]花园的多叶玫瑰、两种百合花和各种紫罗兰的花环，而且或许还带有宝石和黄金，甚至可与基督以后得到的花冠媲美。因为他是在吃过苦胆后才尝蜜糖[③]的，而且是作为犹太人之王被判十字架苦刑后，才作为光荣的君王被迎上天庭的，在此之前圣父使其暂居于天使之下，然后才在荣耀之中给他戴上花冠。如果为了这一切，你承认你的头是属于他的，就要像他为了你而献出自己的头那样，尽力进行补偿；否则如果你不能戴荆冠，就根本不要戴花冠，因为你是不能戴花的。

十五

你不要去动上帝所有之物；如果他选定了，他会给人戴上冠冕

① 见《提摩太前书》第 2 章第 9 节；《彼得前书》第 3 章第 3 节。

② 见《哥林多前书》第 15 章第 56 节。

i 迈达斯，古代弗里吉亚国王，因对酒神有恩，于是得到点物成金之术。——译注

③ 见《马太福音》第 27 章第 34 节；及《路加福音》第 24 章第 42 节。

的。到那时他定会作出选择，会召唤我们去领受冠冕。他对征战的人说："我要赐给你一顶生命的冠冕。"[①]你要至死忠诚，好好作战，因而使徒[②]有理由相信，他的花环已经为他保存好了。当天使[③]骑着白马前去征战时，也得到一顶胜利的冠冕；而另一天使[④]也披着云彩，头上有虹（五光十色）——天上的草地。同样地，长老们头戴冠冕，坐在周围，而且戴着金冠，人子在云彩上闪光。如果出现在预言家的异象中的是这种情景，那真实显现中的实况又将如何呢？你看看那些冠冕吧。闻闻它们的气味。为什么认定你只能戴一顶小花环、不像样的束发带、用在王冠上的一束毛呢？因为基督在上帝和天父面前甚至使你们为王了。你们与即将凋谢的花儿又有何干？你们有一朵开在耶西枝条上的花，那上面有极丰富的圣灵恩宠，这是一朵未受玷污、不会凋谢、永开不败的花朵，好士兵选了它才得以列入天朝品级。与其同营的士兵，你们应当感到惭愧，你们甚至不是受到这位士兵的谴责，而是要受到密特拉(Mithras)[i]的士兵的谴责。因为当他在阴暗的洞穴中，完全可以说是在黑暗的战场上入营时，模拟着殉教的情景，有人在刀尖上递给他一个花冠，然后放到他的头上，他被劝告要加以拒绝，将它丢掉，或者将它推到肩头上说，密特拉是他的花冠。从此以后，他一直不戴花冠；如果他在什么地方为其宗教受到考验时，就以这一点

① 见《启示录》第 2 章第 10 节；《雅各书》第 1 章第 12 节。

② 见《提摩太后书》第 4 章第 8 节。

③ 《启示录》第 6 章第 2 节。

④ 同上书，第 10 章第 1 节。

i 密特拉是波斯教中的太阳神。该教后传入罗马，属于秘密宗教之一。——译注

来说明他是什么人;如果他将花冠丢掉,说他所信的神就是他的花冠,人们立即相信他是密特拉的士兵。我们要留心魔鬼的伎俩,他惯于模仿某些上帝之事,其办法不外乎通过其仆役的忠诚,来羞辱我们,攻击我们。

致斯卡普拉[①]

一

对无知者所加的迫害，我们既不过分惊慌，也不害怕；因为我们参加此教时，完全接受了她的条件，把自己的生命置之度外，我们进到这些冲突中，就是希望得到上帝所预许的赏赐，以免遭到非基督教生活将要带来的灾难。因此，对你们的极端狂暴并不逃避，甚至主动地迎接斗争；而且定罪比释放给予我们的快乐还要大。所以我们向你上书，并不是为我们自己担忧，而是十分关心你们以及我们所有的仇人，更不用说我们的朋友了。因为我们的宗教命令我们爱自己的仇人，而且要为迫害我们的人祈祷，使万物都臻于

① 斯卡普拉(Scapula)为迦太基的前执政官，其所在年代虽带揣测性质(公元217年)，本篇却对其时代和背景提出了有价值的根据。本篇是在塞维鲁斯皇帝逝世后写的，第四节中提到过他，这时在古拜占庭城国灭亡(公元196年)之后，第三节中涉及这一点；而Allix博士提出，是在乌提卡黑暗之日(公元210年)以后，这一点也是在该第三节中提到的。第四节中所提到的秦奇乌斯·塞维鲁斯，是在公元198年被塞维鲁斯皇帝处死的。本篇为作者晚年所著，这里没有孟他努主义的踪迹，并且说明他如何关心基督徒的共同事业。谁能舍弃这样一个以法莲(Ephraim)，而不想到主对误入歧途者充满爱心的话呢？——见《耶利米书》第31章第20节；《何西阿书》第11章第8节。

完美，并在信徒身上追求高于世俗美善的东西。因为大家都爱那爱他们的人，而基督徒的特点却在于爱那些恨他们的人。所以，我们既然痛惜你们的无知，同情人性的错误，并看到每日都显示着危险征兆的未来，不得不采取这种方式，以便向你们展示你们不愿公开听取的真理。

二

我们是唯一的上帝的崇拜者，自然已将其存在与特性告诉给我们了；你们在他的闪电与雷声中发抖，他的恩惠使你们幸福。你们认为别的东西也是神，我们知道那是魔鬼。然而人有一个基本权利，一种本性特权，即每个人都应根据自己的认识进行崇拜：一个人的宗教既不会有害也不会有助他人。任何宗教也不得将其强加于人——只有自由意志才能引人信教，而不是强制力量——奉献牺牲也要出自内心。强迫我们献祭，这也不是对你们神的真正侍奉。因为他们不会想要一个不愿者的奉献，除非他们喜好争斗，而这是不合神性的。所以真神既惠及坏人，也赐福予其特选者；为此他规定了一个永久性的审判，到那时知恩者与不知恩者，都要到他的台前听审。不过你们还从未发现我们有谁行窃，更不用说有什么亵圣行为，尽管你们把我们看作亵圣的坏蛋。可是你们神庙中的盗贼，都以你们的神起誓，并予以崇拜；他们并非基督徒，然而却发现他们有亵圣罪行。我们无暇尽数你们的神遭到其信徒多少种方式的嘲弄和蔑视。然而同样地，叛逆的罪名也无故加到我们头上，尽管在基督徒中无法找出，谁是阿尔比努斯、尼杰尔和卡西

乌斯[i]的同伙;然而正是这些曾经以皇帝之灵起誓,为他们的平安献过祭,一再给基督的门徒定罪的人,至今被发现为皇朝的叛徒。基督徒不与任何人为敌,绝不是罗马皇帝的敌人,他明知皇帝是上帝所派遣的,只会去爱慕他,尊崇他;此外基督徒应祝愿皇帝福寿康宁,及其所治理的皇朝与此世共垂永久——与罗马一道永世长存。① 因此,我们对皇帝的尊崇,对我们来说合法,对他来说有益;把他看作在上帝以下,由上帝那里取得一切权力,仅次于上帝的人。这是按着他自己的心意。这样一来——既然仅次于真上帝——他就大于其他所有的人。因此他也大于众神,众神都处于他的权下。所以我们为皇帝的安康献祭,而且遵照上帝所定的方式,纯粹以祈祷将此祭献与我们和他的上帝。因为上帝,万有的创造者,并不需要香味或血。这些东西是魔鬼歆享之物。而我们不仅弃绝这些邪神,还能战胜它们;我们每天以它们为笑柄,将它们从其牺牲品上赶走,这是人所共知的。于是我们尽力为皇帝的康

---

i 阿尔比努斯,罗马帝国将军,公元 193 年佩提那克斯逝世后称帝,不久战败自杀。卡西乌斯,罗马帝国将军,谋杀恺撒的刺客之一。公元前 42 年战败自杀。(另参第 81 页注 3)——译注

① Kaye 指出,作者对此问题并不一致。如果卡拉克塔库斯(Caractacus)确实说过(Bede 或 Gibbon,第七十一章)认为是他所说的话,就可以证明他曾皈依基督的说法。Mr. Lewin[*St. Paul*(《圣保罗》),第二章,第 397 页],根据副主教 Williams 的美妙理论认为,圣保罗的助手革老底亚(Claudia)很可能是 Caradoc 的女儿,对其美好品德,我们从 Tacitus(《编年史》)(同前)第十二章三十六节中有所了解。Williams 提出的充分理由,足以令人相信他是一位基督徒。他很可能活着看到圆形剧场建成。鉴于基督徒在这里所受到的残酷虐待,人们归之于他的说法就自然不过了。在这种情况下,在他的话里含有巧妙双重意义,对此基督徒是赞赏的,而当作者说——"世俗还会存在多久"时,他也是这种心情。对一个每天等待着复临的人来说,这不会代表异教徒的心意。

比德(Bede)对这句话的表达方式是这样的:"圆形剧场存在,罗马就存在;圆形剧场崩溃,罗马也会崩溃;罗马崩溃,世界也会崩溃。"

宁祈祷,因为我们向上帝所求的,是他能够赐予的东西。而且人们必将认为,我们按其规诫行事的宗教体制,是以上帝的耐性教人的体制;因为我们虽然人数众多——在各个城市都占大多数——我们却十分平静和克制;也许应当说,与其说我们是以有组织的集体形式出现的,不如说是以个人身份出现的,而其为人重视的一点,就是改正了我们以往的毛病。我们绝不会为自己甘愿承受的遭遇而耿耿于怀,或者想什么办法亲手进行应由上帝进行的报复。

三

然而,正如上文所指出的,令人痛心的是,凡有倾流基督徒鲜血罪过的城邦,没有哪个不受惩罚的;实际上你们也看到了,在希拉里安(Hilarian)任总督期间,为了我们亡者的墓地稍有骚乱时,有人大叫什么,"没有地方——没有墓地给基督徒",他们自己的地方——打谷场还空着,因为他们没有收获。至于去年的大雨,显然那是要提醒人们什么——毫无疑问它是在说,古时的洪水淹没了人类的不信和邪恶;至于最近通夜在迦太基城上燃烧的大火,看到的人都知道是在警告我们什么;前不久隆隆作响的雷声在说什么,被它吓昏了的人可以告诉我们。这一切都是上帝的义怒将要降临的征兆,我们不得不尽力加以宣布和传达;同时但愿这只是局部地区的事。那些将上述事例另作解释的人,将有一天会以全面和最终的方式对其加以体验的。在大都会乌提卡(Utica)[i]上空太阳失

i 乌提卡,古腓利基人和罗马人的城市,今突尼斯的乌提克。——译注

光，当白昼之主高坐天宫之际，这是一般日蚀中不可能出现的奇事。关于此事，你们可请教星象学家。我们还可以给你们指出一些行省长官的死，他们在其最后时刻，对自己迫害基督追随者的罪过深感内疚。卡帕多细亚的赫米尼亚努斯(Claudius Lucius Herminianus)对其妻信基督教大为震怒，于是以极残酷的手段对待基督徒；而当其独处宫中时却身染瘟疫，在活蛆堆里翻滚，并大声叫道，“不要让人知道此事，以免基督徒得意，基督徒妻子受到鼓舞。”以后，他终于认识到妄图以酷刑动摇许多人决心的大错，去世时几乎成了一个基督徒。在拜占庭灭亡之日，[i]卡佩拉(Cæcilius Capella)情不自禁地大叫道，“基督徒们，高兴吧！”当然，自认为并未受罚的迫害者们，也逃不过审判之日。因为我们诚心希望这只是一次警告，就是当你将阿德鲁迈图姆(Adrumetum)的马维鲁斯(Mavilus)判以喂野兽之刑后，你就遭到这些灾殃，而且即使现在，由于同样理由你也要清算血债。但是不要忘了将来。

四

我们自己不害怕，也无意要吓唬你，但我们想警告你们不要与上帝为敌，从而尽力挽救所有的人。你可以履行你的职责，同时也要记住人性的权利；如果除了你自己可能受到惩处外，没有其他原

---

i 拜占庭，公元前 650 年希腊人在博斯普鲁斯西岸建立的殖民地。公元前 358 年独立，成为海上的一个强大势力。公元 196 年被罗马皇帝塞普提米乌斯·塞维鲁斯(Septimus Severus)所灭。——译注

因(你只好这样做)。你的任务难道不就是判处那些认罪者,对不认罪者施以折磨吗?那么,你看看,你们是如何违背指示行事,迫使承认者予以否认的。事实上,当我们承认时,你们不立即定罪,就是在承认我们无罪。如果尽力消灭我们就是你们的目的,那就是在向清白进攻。可是有多少比你们更顽固更残酷的统治者,千方百计想从这些问题中脱身,[①]如塞维鲁斯(Cincius Severus)在提斯德里斯(Thysdris)想出一个办法,如何使基督徒们回答,才能得以宣判无罪;甘地陡斯(Vespronius Candidus)在法庭上将一名基督徒开释,理由是满足了其他公民的要求,将会引起骚乱;阿斯佩尔(Asper)当某基督徒稍一受刑便放弃信仰之后,并未逼他按事先对律师和法官们的许诺进行献祭,于是为其自身牵连到案件之中感到不安。普登斯(Pudens)从起诉书中看到,对传到堂上的某基督徒的控告并无实据,就立即拒绝受理;将状纸撕毁,甚至拒绝在原告缺席的情况下听诉,因为这种做法不合皇帝旨令。以上种种情况,可能你通过官方途径以及律师们已经掌握,这些律师们对我们也有责任,尽管他们在法庭上顺着你们说话。因为他们之中有个书记员,被魔鬼附体后摔到地上,又得救了;还有另一个人的亲戚和某人的小孩也是如此。多少有地位的人(且不说平民)被救出魔掌,获得痊愈!就连安托尼努斯(Antoninus)之父,塞维鲁斯也感激一些基督徒;他曾尽力寻找一位曾经用圣油为自己治好病的基督徒普罗库鲁斯(Proculus),别名托尔帕奇翁(Torpacion),

① 作者之所以这样说,是由于许多地方官的做法自相矛盾。他们既以基督教信仰的罪名逮捕基督徒,又千方百计要他们否认这一罪名,以便将其释放,从而使他们自己得以从这一问题中脱身。

欧霍迪亚(Euhodia)的管家，并将他藏在自己宫内到死为止。安托尼努斯靠吃基督徒的奶长大，他与此人也很熟。塞维鲁斯明知许多尊贵男女是基督徒，不仅不容许他们受到伤害，甚至亲自为他们作证，将他们从一些暴民手中救出来，公开交给了我们。奥雷利乌斯在远征日耳曼时，依靠其基督徒士兵们献给上帝的祈祷，在那人所共知的大旱中获得时雨。事实上，干旱什么时候不是靠我们跪伏禁食才解除的呢？此外，有时就像现在一样，民众在朱庇特的名义下，向着“万神之神，唯一的万能者”高呼，从而为我们的上帝做了见证。再者，我们从来也不否认我们所持有的信仰宝藏，从不玷污婚床，真诚地对待青少年，扶助有困难者，决不以怨报怨。至于冒充基督徒的和我们所弃绝的人，就让他们为自己作答复吧。总之，谁还有什么理由对我们不满呢？一个基督徒除其本团体的事以外，还有什么是他所关心的，而该团体在其长期存在的过程中，又曾有谁被查出犯乱伦罪或有残暴行为呢？正是为了避免如此严重的罪恶，为了如此伟大的公正、正直、纯洁、忠诚、真理和生活的上帝，我们才被判处火刑；而这种刑罚你们一般也不用以对付亵圣者、罪证确凿的公开敌人、有叛国之嫌者等，而这类人并不少见。不仅如此，我们基督徒甚至也受到军团统帅和毛里塔利亚总督的迫害；不过按当初的规定，我们都是要以刀剑予以处决的。然而斗争越激烈，赏赐也越丰厚。

五

你们的残暴就是我们的光荣。你们只要看一看，我们经受此等遭遇之后，并不认为定要奋起战斗，只不过证明我们不怕他们，反而欢迎他们的刑罚。当阿里乌斯安托尼努斯（Arrius Antoninus）在亚细亚行省拼命推行这一暴政时，全省的基督徒一起来到他的法庭上；这时他一方面下令把少数人带去惩处，同时对其余的人们说："可怜的人们，如果你们要死，尽可去跳崖或上吊嘛！"如果现在我们想采取同样的行动，当成千上万的男女，各种性别、年龄和地位的人们来到你面前时，你把这样的群众怎么办呢？这要用多大的烈火和多少刀剑呢？在你对迦太基大开杀戒之际，当人们得知其中有自己的亲人好友，看到其中或有自己阶层的缙绅和贵妇，城中的一些头面人物，以及你们所属阶层的亲友时，迦太基又将何等痛苦？如果你不顾及我们可怜的基督徒，也要顾及你自己！如果不顾及自己，也要顾及迦太基！你要顾及全省，当你的意图一旦暴露后，可能遭到来自军人和你敌人的威胁和压力。

我们除上帝之外没有其他主人。他在你之前就有，他不可能隐藏起来，但你也无法加害于他。然而你所视为主人的不过是人，有朝一日他们自己也要死。可是我们这个团体是不会灭的，在她似乎被打倒之际，正是她力量更为强大之时。任何人看到其殉教者高尚的坚忍精神，在震惊之余，都急于要对这一问题进行考查；而在他们了解实情之后，就立即报名做了她的门徒。

图书在版编目(CIP)数据

护教篇/(古罗马)德尔图良著;涂世华译. —北京:商务印书馆,2017
(汉译世界学术名著丛书:120年纪念版:珍藏本)
ISBN 978-7-100-14870-2

Ⅰ. ①护… Ⅱ. ①德… ②涂… Ⅲ. ①基督教—护教学 Ⅳ. ①B975.2

中国版本图书馆CIP数据核字(2017)第160086号

汉译世界学术名著丛书
(120年纪念版·珍藏本)
护 教 篇
〔古罗马〕德尔图良 著
涂世华 译

商 务 印 书 馆 出 版
(北京王府井大街36号 邮政编码100710)
商 务 印 书 馆 发 行
北 京 冠 中 印 刷 厂 印 刷
ISBN 978-7-100-14870-2

2017年12月第1版 开本710×1000 1/16
2017年12月北京第1次印刷 印张16¼
定价:82.00元